Angelic Monks and Earthly Men / Ludo J.R. Milis

天使のような修道士たち

修道院と中世社会に対するその意味

ルドー・J・R・ミリス

武内信一――訳

新評論

訳者まえがき

本書は、中世ヨーロッパの修道士と修道院について述べたものである。しかし、いわゆる「修道院の歴史」ではない。副題にもあるように、著者の意図は「中世の修道院が社会や人々に対してどのような意味をもっていたのか」というテーマを探ることにある。そこで、本書の内容をよりよく理解していただくために、中世ヨーロッパにおけるキリスト教の修道院がどのような歴史をたどったのかを簡単に述べておきたい。

「修道士（monk）」という言葉は、本来「独り住む」という意味のギリシャ語「monachos」に由来する。また修道士は、四世紀ごろのエジプトに初めて現れたといわれている。彼らは俗世間から離れ、肉親との交渉を絶ち、「独り」砂漠に引きこもり、ひたすら神との合一《ごういつ》を求めて祈りと苦行の生活を実践したのである。彼らのほとんどは共同生活をせず、孤独の隠棲《いんせい》生活を行っていたので、「隠者（hermit）」とも「隠修士（eremite）」とも呼ばれている。このような修道士の代表的人物が、キリスト教修道院制の父とも呼ばれる聖アントニウス（二五一～三五六）である。

一方、かつてはローマ帝国の兵士であったパコミウス（二九〇頃～三四六）も、同じエジプトにあって修道士が共同の生活をする「共住修道院」を初めて創設している。彼は三二三年にエジプト中部にあるテーベのタベンニシに修道院を建設し、「父（abbot）」の指導のもとで三〇～四〇人の隠修士が一つ屋根の下で共同生活をする、今日的な意味での共住の修道院を創始したのである。さらにパコミウスは、共住修道院の柱ともいうべき最初の修道院の戒律も執筆している。

やがて、修道院制はエジプト以外の地域にも浸透していった。カエサリアのバシリウス（三三〇～三七九）は、東方における修道院制の確立に大きな影響を与える一方、アタナシウス（二九六～三七三）はドイツのトリーアに亡命中（三四〇～三四六）にパコミウスの戒律を西方に伝えたといわれる。また、近東からガリアに赴き、修道院を指導したヨハンネス・カシアヌス（三六〇頃～四三〇）は修道生活に関する著作を数多く残し、西方における修道院に大きな影響を与えた。とくに、彼の指導によって創設された南ガリアのレラン修道院は西方修道院制の中心的存在となった。その影響はアイルランドにまで及び、後の聖コルンバヌスに代表されるケルト系修道院運動の礎ともなったのである。こうして五世紀、六世紀には、イタリア、スペイン、ガリア、アイルランドにおいて修道院が続々と創設されていった。またそれに伴って、修道院を律する「戒律」もつくられていったが、とくにこの時代は、他を圧倒するだけの影響力をもつような戒律はなかった。

本書の中心的なテーマである西方キリスト教会における共住修道院制は、「西欧修道院制の父」といわれる聖ベネディクトゥス（四八〇頃～五五〇頃）に始まる。ヌルシア（現ノルキア）の聖ベネディクトゥスは、イタリア中部のモンテ・カッシーノに修道院を創設した。しかし、彼が創設したのはこの修道院一つだけであって、彼は生涯この修道院にとどまって指導を続けたのである。したがって、聖ベネディクトゥスの名を世に知らしめることになったのは、彼が修道院を数多く創設したからというわけではなく、むしろ彼が執筆した『聖ベネディクトゥスの戒律』（以下『戒律』と略記）による。しかもそれは、彼の死後数世紀経ってからのことである。

『戒律』は全体で七三章からなり、清貧、貞潔、従属、そしてとくに聖ベネディクトゥスの特徴ともいえる「一所定住《いっしょていじゅう》」の遵守を規定している。これは、それまでのケルト系修道院や東方の修道院の戒律の特徴である「厳しすぎる禁欲主義」的傾向や聖コルンバヌスの行動に見るような「異郷遍歴《ペレグリナティオ》」の慣習を排して、修道院長の指導のもとに「一所に定住」し、観想《かんそう》の共住修道生活を目指すものであった。『戒律』がのちに西欧で広く受け入れられるようになる要因は、『戒律』のこのような中庸の精神にあったともいわれている。

　このように、聖ベネディクトゥスの『戒律』は西欧において徐々に浸透してゆくことになるが、標準的に用いられるようになる契機をつくったのが、九世紀のカロリング朝のシャルルマーニュ（カール大帝・七四二～八一四）とその息子ルイ敬虔王（ルートヴィヒ一世・七七八～八四〇）である。シャルルマーニュは「ヘルスタル勅令」（七七九年）の中で、帝国内の修道院に住む正規の修道士に対して聖ベネディクトゥスの『戒律』に従うように命じている。

　このようにして、『戒律』はカロリング朝の後ろ盾を得て、その普及が促進されることになった。また、シャルルマーニュはヨーロッパの各地から学識者を宮廷に集め、自らの政策に関する助言者とするとともに、文化の育成と教育の振興にも力を入れた。これを受けて、帝国の庇護と俗の支配者からの寄進を受けた（ベネディクト系の）修道院では、ローマ時代の古典とキリスト教神学の研究が盛んに行われるようになり、いわゆるカロリング・ルネサンスに貢献をすることになったのである。

しかし、シャルルマーニュの死後、磐石《ばんじゃく》の統一を誇るかに見えた帝国は九世紀中頃にはもろくも分裂し、崩壊の道をたどった。そして、帝国の崩壊に伴って、修道院も九世紀末ごろには、マジャール人やサラセン人、またイスラム教徒やヴァイキングなどの異教徒の侵攻を受け、掠奪・破壊が頻繁に繰り返されるようになった。修道院は物理的にも荒廃する一方で、文字の読めない俗人が修道院や教会を所有したり、修道院長を務めるというような風紀の荒廃や戒律の弛緩も起こるようになったのである。

一〇世紀になると、このように荒廃した修道院の改革・再建運動が起こり始める。九〇九年にアキテーヌ公ギョーム（敬虔公）が所領地に創設した「クリュニー修道院」はその代表的な例であるが、基本的には『戒律』を厳格に遵守し、祈りと典礼を中心とした修道院を目指すものであった。やがてクリュニー修道院は中央集権的な修道会に発展し、一二世紀ごろまでには所属修道院は一五〇〇を超えていたといわれている。

クリュニー修道会の特徴は、典礼を重視し、労働を軽視したことである。しかし、組織が肥大化するにつれて、やがてはこの改革修道会にも当初の理念とは裏腹に、富と成功に流され、風紀

クリュニー修道院。クリュニー修道会は巡礼路の教会堂を整備し、ロマネスク芸術の主な導き手であった。しかし、地方色の豊かさと発想の多様性こそ、ロマネスクの最大の特徴である。（出典：P,Lavedan,*Monuments de France*,1970）

や規律の弛緩傾向が出始める。カロリング朝崩壊後の修道院の荒廃と同じような風潮が再び現れたのである。事実、第八代修道院長の尊者ペトルス（一〇九二頃〜一一五六）は、自らの修道会の乱れを嘆く書簡をリヨンの大司教に宛てているほどである。

規律の弛緩したクリュニー修道会に対する批判として、また共住修道院制にあって堕落した修道生活に対する幻滅と危機感から、厳格な戒律遵守と禁欲主義への回帰を求める運動が再び一一世紀末から一二世紀初頭にかけて起こり始めることになった。とくに、クリュニー修道会に批判的であったのが「シトー修道会」である。もともと同じブルゴーニュに一〇九八年に創設された「シトー修道院」は、『戒律』を厳格に遵守し、祈りと労働の生活に回帰するために創設されたものであった。『戒律』を拡大解釈し、世俗的富と物質の生活にかかわりをもつようになったクリュニー修道会とは異なり、シトー修道院の修道士は『戒律』を文字通りに解釈・遵守し、原初の修道士の理念であるキリストの清貧に回帰しようとしたのである。物質的にも、これまでの伝統的な修道士が身に着けていた黒染めの修道服の代わりに、さらしていない羊毛でつくった無染めの白い修道服を纏《まと》って清貧を示した（伝統的ベネディクト会士（クリュニー会士）が「黒の修道士」と呼ばれるのに対して、同じベネディクトゥスの『戒律』に基づくシトー会士が「白の修道士」と呼ばれるのはこのためである）。

シトー修道会の特徴は、『戒律』を厳格に遵守することに加えて、クリュニー修道会とは正反対にみずからの手による労働を重要視したことである。農奴や俗の借地人に代えて労務修士《コン》（助修士《ウェルシ》）を大規模に集め、所領地を直接管理したのである。また、シトー修道会は中央集権型ではなく、それぞれに独立した修道院長をもつ修道院の連合体であり、『愛の憲章《カルタ・カリターティス》』（七章二九五ページ参照）に基づいて、年に一度すべての修道院長が総会に出席する義務をもつということもその特徴である。

シトー修道会は、一二世紀末までにはヨーロッパに広く浸透し発展していった。しかし、組織が巨大化するにつれて再び風紀の乱れや戒律の弛緩が起こり始め、シトー修道会も俗化した大土地所有者にすぎないという傾向を呈するようになっていった。同時に、都市の発達に象徴されるように時代は大きく変化し始めており、新しい宗教観を求める動きが現れ始めていたのである。

　このような時代的・社会的背景の中で、異端の問題も顕在化していた。その代表的な例が、南フランスのラングドック地方に発生したカタリ派である。この二元論思想を信奉するカタリ派とそのかかわりの中から、ドミニコ会が誕生することになる。その精神は「福音を説き、完全なキリストの清貧に生きること」であり、そのためには伝統的ベネディクト修道会の「一所定住」を排して、放浪と托鉢の生活に生きることであった。また、同じころ、アッシジの聖フランシスコ（一一八一頃〜一二二六）も「キリストの清貧」への回帰を説いてフランシスコ会を創設している。その後にはカルメル会も創設されることになり、一三世紀初めには、隔絶された没個性の修道院に隠《こも》ることなく、放浪しながら積極的に俗の人々とかかわりをもち、キリストの福音を説くことを是とする、いわゆる「托鉢修道会」の時代が到来することになる（映画『薔薇の名前』の異端審問官ベルナール・ギーはドミニコ会士であり、バスカヴィルのウイリアムはフランシスコ会士である）。

　托鉢修道会のほかにも、中世後期には聖堂参事会運動や騎士修道会運動が現れる一方で、大学や学校も誕生・発展し、互いに競い合うというダイナミックな宗教環境が出現していった。このような状況の中、『戒律』の弛緩と俗化の問題を抱えた伝統的ベネディクト修道会の共住修道院は時代に取り残され、その存在意義を揺さぶられることになる。一四世紀以降、まさに中世の「秋」を迎えて、伝統的修道院はその存続を模索することになるのである。

凡例

❶本文行間の算用数字（1）（2）（3）…は訳者による脚注である。

❷本文行間の＊付き算用数字（＊1）（＊2）（＊3）…は巻末の引用出典である。

❸原著者による脚注は（原注1）（原注2）（原注3）…として示し、訳者による脚注と区別した。

❹「　」は原則として原著の（1）引用符に囲まれた語句、（2）斜体字による強調表現、に用いた（一部傍点に変えたところもある）。また、論文のタイトルや聖書に収められたそれぞれの「書」を表示するのにも「　」を用いた。

❺『　』は作品や著作物を示す。

❻（　）は訳者による補記として用いたが、原著にある原語表記を並列する場合にも用いた。

❼地名は原則として原音表記を心がけたが、慣例を優先させたものもある。

❽人名は原則としてラテン名を採用したが、慣例を優先させた場合もある。

❾原著の索引は簡略化した。

もくじ

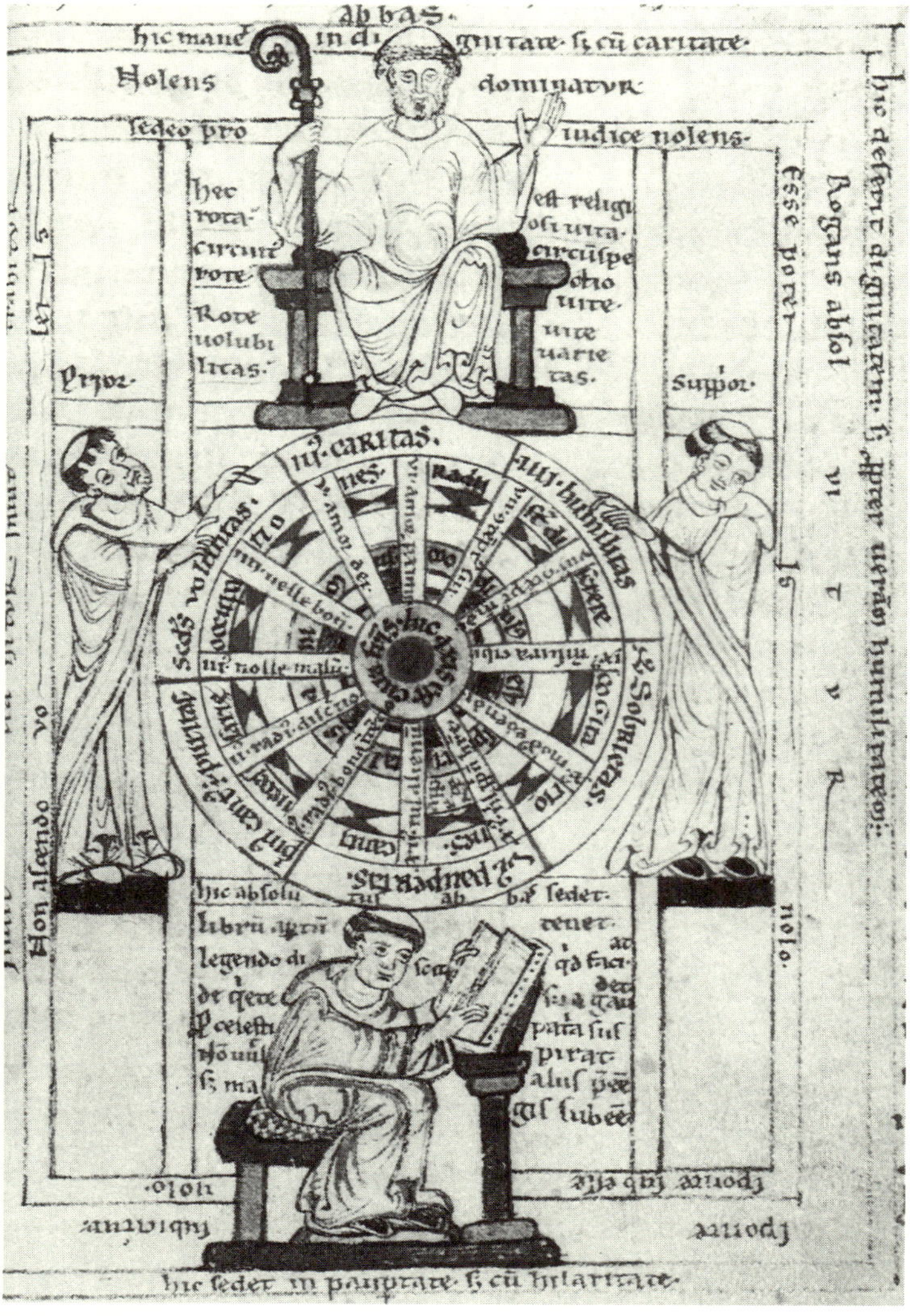

真実の宗教の輪（13世紀、フーヨワのヒューの『真実の宗教の輪の書［*Liber de rota verae religionis*］』ブリュッセル・王立図書館、ms. II 1076）

天使のような修道士たち——修道院と中世社会に対するその意味

序文

慣例にならって、この序文は最後に書いたものである。本書は、私がニュージャージーのプリンストン大学高等学問研究所で過ごした実り多い数ヵ月の総決算であり、また過去一〇年、いや一五年にわたって頭の中で準備をしてきた成果でもある。これは長い間温めてきたテーマであった。私は自分の考え、目的、定義、予想結果などについてたくさんの人々と議論をしてきたが、そのとき交わされた意見や反論がこの序文においては述べてある。そこで誤解を避けるために、この研究の視野をできるだけ明確に概略しておきたい。

実際、議論をした人たちの中には、中世の修道院《モナスティシズム》は概して俗社会にとって重要な存在であったと考えている人もおり、彼らは当然のように、この点については科学的に再評価をする必要があるという私の考えに憤慨することもあった。また、彼らの中には、中世の修道士は六種類の人生を生きていたと思い込んでいる人もいた。確かに、修道士は一日中祈りの生活をする。野に出て労働もした。学校で教えることもした。また、施療院で病人の世話をしたり、さらには魂の癒しに尽力することもあれば、王侯の宮廷でも活躍していた。それで、修道士はこのような六人分の人生を生きていたという印象をもっている人がいたのである。しかし、これらの反論や誤解をした人たちは、現存する一次史料が圧倒的に修道院で書かれたものであるという事実が、かえって修道院《モナスティシズム》の影響力を過大に強調することになるという危険について充分考慮していないのである。また、ベネディクト修道会(1)の歴史記述の伝統が一七世紀以来あまりにも支配的であったために、このような偏った見方がさらに助長される傾向が充分にあるということも考えていないのである。

以上のような中世修道院のイメージが広がったことについては、学校の教科書に大きな責任がある(原注1)。

著者が、どのような読者を対象とするかを決めるのは常に重要なことである。本書は、知的な関心はあるがまだ歴史学の教育は受けたことのない人たち、すなわち歴史学の初心者を読者として想定している。本書は、歴史上のある重要な宗教現象が社会に与えた影響を批評する知的な試みとして、大学生のために書き下ろされたものである。本書のアプローチ法をこれまでの古典的な修道院史と比べてみることは、学生にとって有意義なことであると同時に、知的な意味で実り多いことであることを願う次第である。さらに、本書の読者としては、ヨーロッパを訪れ、中世の修道士が残したすばらしい芸術的成果に触れることの多い旅行者や、熱心に博物館に通う人、また中世修道院を舞台にした推理小説を読むのが好きな人のことももちろん念頭に置いた。

本書は修道院史ではない。このテーマを扱った本は多く、中には著者のもつ博識、力量、

（原注１）ほとんど神話的とも言える中世のこのような宗教［的側面］に関して、（学校で）教わることは超俗的とは言い難い修道院のことである。特に、その公的に具現化された諸制度や……それらが及ぼす（政治的、経済的、社会・文化的な）不特定の影響に関する説明には、一種の付帯現象が示されている。［213］111頁。

知性のおかげでかなりの成功を収めている本もある。たとえば、D・ノウルズ(2)の『イギリスの修道院』(＊1)は非常に賞賛に値する著作である。C・N・L・ブルックの『修道院の世界』(＊2)は純粋に楽しめる本である。また、J・ヴァン・エンゲンの「共住修道制の危機」という論文は内容がしっかりしていて啓発的な論文である(＊3)。C・H・ローレンス(3)の『中世修道院』やG・ザルネッキーの『修道院の業績』(＊4)などもすばらしいものである。

　私としては、ほかの人たちの著作も含めて、彼らが残した見事な研究業績を書き直そうという意図はない。むしろ私が考えていることは、修道院が中世社会にとってどのような意味をもっていたのかということを評価することであって、古典的な意味での歴史を書くことではない。したがって、長く途切れることのない一つの大きな時代を総合的な視野から検証してみたわけであるが、このやり方は、フランス歴史学の方法論である「大期間接近法」(longue durée-approach) にぴったりと当てはまっている。というのは、必然的にそうならざるをえないのであるが、社会に発現してくる諸々の精神的な影響や変化は、短い期間ではあまりに遅すぎて感知できないからである。したがって、理解に差し障りのないかぎり、時代区分はとくに考慮には入れていない。年代順に考察する代わりに、テーマを中心としたアプローチをとった。なぜならば、修道院の概念や目的――共同生活という特徴をもつ社会状況での霊的自己完成の追求――は、その解釈や実践の方法が変わったとしても、古代後期から中世を通じて現在に至るまで変わらずに継続してきたからである(原注2)。

(1) 創立者聖ベネディクトゥスの書いた『戒律』を遵奉する修道会。529年創立。
(2) (1896－1974) イギリスのウォリクシャー生まれ。修道士。教会史学者。
(3) ロンドン大学中世史教授 (1970－1987)。

概して著作者は、自分で用いる概念はめったに定義しようとはしないものである。これは、明らかに人文学の科学的弱点の一つになっている。修道院に関する本ですら例外ではない。そのために、修道院《モナスティシズム》という言葉が広く曖昧すぎる意味で使われることになり、修道院に付随する現象——本来は無関係であっても——までをも語義の中に含めてしまうことになってしまうのである。このような明瞭さの欠如を是正するために、『新カトリック百科事典』を参照してみることにする。それによると、修道院（Monasticism）の定義は「古代および中世に起源をもち、共同で、あるいは瞑想的な孤独状態で営まれる宗教生活の形態に禁欲的かつ社会的な条件を確立・規定した制度(＊5)」となっている。本書では、「完徳という特定の霊的理念と目的を成就するために実践される一つの生活形態(4)」と定義してもよい。これは修道院の戒律——とくにもっとも重要で権威のある聖ベネディクトゥスの『戒律』——に述べられている規定に従って特定した定義であるが、少なくとも、標準的な物差しとして使ってほしいと考えている定義である。この序文の後半で、さらに詳しくこの概念を定義することにする。

私の目的は、中世全体を扱った簡潔な本を書くことであった。というのも、私の同僚の中には、この時代を懐疑的に見ている人たちがいたからである。しかし、総合的にとらえようとすれば、当然、細かい微妙な部分が失われてしまうという不都合が生じてしまったり、記述の内容が大まかになりすぎてしまう可能性もある。しかし、これは逆に利点にも

（原注２）中世の修道士と同様、現代の修道士にとっても、彼らの生活形態の基本的な特徴は神の賞賛、すなわち祈りと労働である。後者は、修道的召命に準じるものである。［140］191～210頁。

ならないだろうか。というのは、一般化は時として表面的になることはあるけれども、それはいろいろな考えや利害、あるいは人間集団がどのようにかかわりあっていたのかという問題をもっとも分かりやすく提示してくれるからである。紙数に制限があるということも、表現手段が極端に制限されてしまうということでもある。このような犠牲は、概論を書こうとする者すべてが支払わなければならない代価である。

どの専門家でも、ほかの専門家よりもとくに詳しい研究の分野や時代はもっているものではあるが、私が援用する史料は、概してほかの専門家たちが使うものと同じである。我々研究者すべてにおいて共通する考え方は、いろいろな一次史料を系統的に引用し始める場合は、それらの史料をすべて引用しなければならないということである。見かけ上は動かしようのないような反証に見える史料でも、全体として見れば、現実には例外的で問題全体の本質を決して表していない場合があるからである。

概論を書く者は、読者が寛大に読んでくれることを期待するものではないが、地道な努力で獲得した科学的確信という保証を読者に提供しようとするものである。私の書いた概論は、一次史料を三〇年にわたって調査し、それを分析した結果に基づいたものである。私の考えは、これまでに行ってきた数え切れないほどの授業や講演の中で少しずつ形づくられてきたものであるが、固有の特質というよりは一般的特質、差異というよりは類似性に焦点を当てたものである。

(4) L. perfectio, E. perfection：「マタイ伝」(5－48) 何の不足もないことを意味し、神のみがこの状態にある（絶対的完徳）。修道者は清貧、貞潔、従順（属）の福音的勧告の実践と会則の遵守により、修道的完徳（相対的完徳）を得ようと考える。

加えて強調しておきたいことは——修道院史の著作によくあることであるが——「躍動」と「退廃《たいはい》」の変遷史はあまり重要なことではないということである。宗教理念としての修《モナス》道院《ティシズム》が与えた影響を総合的に研究する上では、この二つの概念は充分な範疇《カテゴリー》ではない。というのは、ほとんどの場合「躍動」は物質的富と世俗的権力を蓄積することであると解釈されるが、宗教的には真の躍動は不可避的に正反対の方向——隔絶と俗事からの隠退——に向かうものだからである。このような明らかな範疇化の間違いは、修道院の定義があまりにも曖昧すぎるということに起因しているように思われる。

先に定義したように、修道院自体は具象化された概念であり、日常生活の浮き沈みに影響されないものであると我々は考えてしまう。修道院の意味が外部の無関係な現象——たとえば、封建制のような現象——に結び付けられてしまうと、この現象の方にうまく当てはまるような「繁栄する」や「退廃する」というラベルが、不当にも間違った意味で修道院そのものにまで転用されてしまうのである。

土地所有制や政治的影響などの現象は、修道院の社会とのかかわりを示す証拠としてあまりにも頻繁に取り上げられてきたことである。しかし、私の定義に従えば、これは間違っているということになる。比喩を使って説明すれば、この二つの現象はダニのようなものである。ダニは寄生主と共生して生きるが、両者は個々別々の存在である。修道院が巨大な土地所有者であったことに異を唱える者は誰もいないが、我々の定義によれば、大土

ていたかという問いに答えることはできない。［111］240～248頁、また［186］90～92頁を参照のこと。ここでは、修道院と俗の農業管理の類似性を数値的に確認している。

地所有者という事実と修道院とは本来何の関係もないものである。すなわち我々は、いわゆる「完徳という特定の霊的理念と目的を成就するために実践される一つの生活形態」が及ぼす特定の影響を調べているわけであるが、所領地を管理運営する方法は聖俗いずれの領主の方法とも同じであった。したがって、修道院の土地所有という問題は、制度としての修道院にかかわる問題としてではなく、封建制あるいは領主制とのかかわりでとらえられるべき問題ということになるのである。(原注3)

「これは修道院ではない」ということも述べておきたい。同僚と議論をしているときに、彼らは私の主張に反駁するためにしばしば秘史としての出来事や状況を持ち出したことがあった。すべての史実は少なくとも一度は起こったことであるから、歴史学は非常に寛大な科学である。私の場合は、歴史の中に現れる傾向を見極めようとする。しかし、傾向を見極めようとすれば、概して例外的史実は考察から除外することになってしまう。したがって、修道院が――個人としてもまた共同社会としても――修道士の行うすべての行為・振る舞いが一つに統合されたものであるという解釈は、私としては考えられないのである。修道院の全体像を描くのには、史実は一般性のあるものでなければならないと同時に、修道理念に基づいて行われた行為の特定の結果でなければならない。たとえば配偶者として、親として、友として、大学教授が行うすべての事柄を盾にとって、教授としての適性や能力を評価したり非難したりすることはできないであろう。ならば、どうして同じように、

(原注3)ジョルジュ・デュビーは、俗の領地がどのように機能していたのかを記述するために、たとえば修道院所領地を利用している。両者に驚くほどの類似性があることから、一般的に言って、修道院特有の管理システムがあったとは言えないことが分かる。したがって、この点からは修道院が中世社会にどのような意味をもつ↗

土地所有者や領主としての修道士が行うすべての行為を修道院としてひとくくりにできるのであろうか。

一〇〇〇年という期間を網羅し、そのメカニズムを特定しようとしているわけであるから、修道院史上の偉人名は、ある意味では本論では取り上げられていない(原注4)。これらの偉人が成し遂げた個々の業績は、たとえどんなに重要なもの——実際そうであるが——であろうとも、ほとんど我々の視野に入ることはない。鳥瞰図では、活発に動き回る群は見ることができるが、個を確認することはできないのである。

残念なことに、図表に依らずに言葉で記述されると、鳥瞰図的に見た傾向には構造的な弱点が露呈してしまう。「一般的」、「普通の」などのような言葉が、(避けられないこととはいえ)頻繁に記述に入り込みすぎてしまうからである。実際、歴史を記述する言葉は、科学的厳格さと分かりやすくて読みやすい文体という取りなし不可能な両極端の間で、宙に浮いた状態になっているのである。

先に述べたように、ここで、修道院《モナスティシズム》に対する私の定義をさらに詳しく述べてみたい。私は、D・ノウルズや『新カトリック百科事典』やW・O・チャドウィックの「修道士だけを考察すべきである(*6)」という権威ある意見に従うことにする。すなわち、外見上は修道士の生活形態にきわめて類似しているほかの宗教組織は、この研究には含まれていないということである。私の論文を読んだ後で、ある歴史家は「この主張はあまりにも一枚岩的す

(原注4)したがって、我々の視点は、たとえばJ・デカロー([104] 7頁)とは異なるものである。

ぎる」と言った。諸々の概念を厳密に考えれば、私はこの意見に同意できない。たとえば、聖堂参事会員(5)や托鉢修道会士(6)は修道士ではない。したがって、厳密な意味での修道士の外見や役割を簡潔に規定するのに有効な場合を除いては、彼らは我々の視野に入ることはない。

このような修道院改革運動の多くは、修道士の社会的・宗教的意義や役割に対する改革者たちの不満が高じて出現したものであった。聖堂参事会員は、ある程度は魂の癒しに活発であった。というのは、修道士が少なくとも実質的な規模においてかかわっていなかったという事実に加えて、下級の世俗聖職者の訓練があまりにも不充分であったからである。

聖ベネディクトゥスの(7)『戒律』ではなく聖アウグスティヌス(8)の戒律を彼らが選んだということが、当時、世界により広く浸透していた修道生活の考え方を示している。彼らのアウグスティヌス的伝統が、ベネディクト修道会が何世紀にもわたって保ち続けた独占を破ったのである。その結果、ベネディクト会士が充分社会とのかかわりをもっていないという理由から、托鉢修道会士は社会・宗教的な関係を重視する修道形態を発達させた。ドミニコ会は聖アウグスティヌスの戒律に従ったが、アッシジの聖フランシスコ(9)は同胞修道士のために独自の戒律をつくった。

これら二つの托鉢修道会と同じように、ほかの托鉢修道会の場合も、ベネディクト修道会の理念を排除することは意図的に決定したことであった（もっとも、ベネディクト修道

（5）第4章168ページの訳注（21）（22）を参照。
（6）13世紀初めに、托鉢と説教とにより完全な「使徒的清貧」の生活を実践するために現れた修道会運動。ドミニコ会、フランシスコ会、カルメル会などがある。

アッシジの聖フランシスコ

（7）(480頃－547頃)　西欧修道制の創始者。その『戒律』は、中世ヨーロッパの修道制に長く大きな影響を与えた。

（8）(354－430)　ヒッポの司教。キリスト教4大教父の一人。『告白』、『神の国』の著作がある。

（9）(1181－1226)　托鉢修道会のフランシスコ会を創立。

（10）俗世を離れて砂漠に住み、独り祈りの生活を通して神との合一を得ようと修行する修道士。

（11）メッツのアルヌルフに起源をもち、カール・マルテルの代にフランク族の王となった頃からカロリングの名を冠することになる。シャルルマーニュ、その息子のルイ敬虔王において王朝の絶頂期を迎えたが、その後間もなく没落。

会の影響は今なお感じられることがあるけれども)。しかし、このような新しい決定は、「ベネディクト会士のためのベネディクト修道会的生活形態」を譴責《けんせき》したものではない。それはむしろ、ベネディクト修道会の修道理念では社会と交流することは本質的に不可能であるという認識の表れであった。したがって、これらすべての正反対の運動をも修道院《モナスティシズム》という一語に含めてしまうことは、たとえ聖務日課や霊性において共通している点があっても、それぞれの運動の起源と目的がもつ特殊性を正当に評価することにはならなくなってしまうことになる。また、しばしば私は隠修士のことにも言及するが、彼らも修道士には含めてはいない。(原注5) 彼らの存在は断片的で蜻蛉《かげろう》的——事実、多くは後に修道士になってしまう——であったために、大きな影響を与えることはなかったからである。

以上のことから、我々が描いている修道院という風景画には二つの修道形態が入ってくることになる。一つは、ケルト系あるいは地中海系の中世初期の修道士である。彼らは非常に緩やかな組織形態をもち、非常に多様な考え方をしていたが、一所不定住(instabilitas)を絶対的義務と考えていた。また中には、果てしない放浪を理念として唱えているものもあった。中世初期の宣教師は、ほとんどの場合このグループに属していた。(*7) 二つ目のタイプはベネディクト会士である。彼らは地中海系の修道生活に端を発する修道形態である。しかし、彼らは自分たちの修道院に閉じこもり、一所定住(stabilitas)を唱えた。九世紀のカロリング朝時代になると、ベネディクト修道会はほかの運動を圧倒し、その後何世紀

(原注5)近年、隠修士や隠修士生活(eremitism)の特徴について盛んに研究されるようになった。英語で書かれたものとしては、[97][174][230]を参照のこと。

にもわたって宗教上において支配的な勢力となるのである。

　修道女のことは本書では論じていないが、女性の宗教性に関する研究が昨今流行のテーマになっていることを考えると、若干の説明が必要であろう。修道生活者の実質的部分を修道女が占めていたことは疑いのないことである。しかし、修道院が社会に与えた影響を調べていると、ある二つの大きな障害が存在したために、修道士が本来果たすべき大きな役割が阻害されていたことが分かるが、修道女の生活においては、これらの二つの障害はさらに大きな阻害の原因になっていたのである。一つは、俗世からの隔絶である。修道女の場合は、修道士に比べてはるかに厳格な世俗からの孤立を意味していた。二つ目の障害は、男子修道院の場合以上に、女子修道院が社会的地位の高い階級の嫡子外子女を吸収する施設として機能していたということである。しかし、中世後期になって、女性が修道生活一般において異彩を放つほどの独特の役割を果たすようになるころには、中心的な修道生活形態としてのベネディクト修道会は、すでに托鉢修道会やベギン会など[12]（原注6）の（制度的には曖昧な）運動に凌駕《りょうが》されていたのである。

　最後に、もう一つ定義をする必要がある。本書の副題にある「中世社会」はどういう意味かということである。私は、焦点をとくに普通の人々に当てたが、この普通の人々という表現も科学的に言えば実際的な表現とは言えない。しかし、この表現のおかげで、私が本当に言おうとしていることがかなり正確に表現できているのである。貴族階級、聖職者、

(12) 従属と貞潔の誓願を立て、都市に住み、俗と修道院の中間のような（疑似）修道生活を送った平信徒女性の団体。1180年に、ベルギーでランベール・ル・ベーグによって創設された会に由来する。

都市の富裕で有力な商人などのような社会の上流階級それ自体には私は関心がない。むしろ、社会的にも、法律的にも、また物質的にも限界《マージナル》に近い生活をしている、全人口の九〇〜九五パーセントを占める人々に私は興味があるのである。

　社会学者のアーノルド・M・ローズの少数集団《マイノリティーズ》の定義は、私が扱っている人口統計的に多数派である普通の人々に対して、修正なしでそのまま当てはめることができる。その集団とは、「自らを区別されたグループと考え、また他者からも、否定的な含蓄を込めて区別されたグループと見なされている人間集団である。さらに、彼らは相対的に権力をもたないため、ある種の排除や差別、あるいは賤視に忍従を強いられる立場にある集団」である。(*8)

　ローズはさらに続けて、「少数集団の立場は排除を受けたり、経済、政治、司法および社会交流という生活の四つの分野の二つ以上において低い地位を強いられる立場である」とも述べている。彼は少数集団に対して向けられる敵意や偏見には、さらに三つのタイプがあるとしている。一番目は「権力が中心的な要素を占める態度」。二つ目は「イデオロギーに関する態度」。三番目は「人種差別的な態度」である。もし、ローズの言うように、人種差別主義的態度が（権力をもつ）多数集団の生物学的優越感の信奉を意味するのであれば、以上の三つのタイプはすべて、中世ヨーロッパに特徴的な社会形態に当てはめて考えることができる。

　すでに述べたように、社会的少数集団は少なくとも全人口の九〇パーセントを占めてい

（原注6）ベギン運動に関する研究はきわめて多い。近年の研究で、簡潔ながら最良のものとしてシモンズ（[232] 63〜105頁）がある。

た。時間が経つにつれてこの比率は減少していったが、それでもほんのわずかでしかない。この変化がいかに限定された小さなものであったとしても、それは中世後期における社会、司法、宗教の状況を一変させることになるような新しい経済的可能性が出現してきた結果であった。新しく台頭したグループは、伝統的な貴族階級と富を競いあった。彼らは貴族階級の権力に挑戦し、その組織や生活形態の中に浸透していった。やがてこれらの新しいグループは、これまでの貴族階級と一緒になって同じようなタイプの社会的多数集団となっていった。

一方、人口統計的な多数集団については、歴史家は構造的な問題に直面する。要するに、彼らに関する一次史料がないのである。修道院の所領地で農民がどのような生活をしていたかは、彼らが回想録でも残してくれていれば再構築することは易しいことである。また、俗の私有地に暮らす人々が日記を付けてくれていれば修道院所領地の農民の生活と、俗の私有地に暮らす農民の生活との違いや類似点を比べることは簡単なことである。しかし、もの言わぬ大衆は、自分たち自身では史料を残すことはない。したがって、どの社会でも、有力な階級という偏り《バイアス》を通してしか彼らを語ることはできないのである。

本書の目的は、すでに述べたように、「修道士の態度に現れた修道理念が普通の人々に及ぼす特定の影響」を評価することである。この影響に対して本書が示している懐疑的な態度は、これまで固く信じられてきたことを根底から覆すようなことに映るであろう。また、普通の読者にとっては、受け入れられない考えと思われるかもしれない。しかし、私は修道院《モナスティシズム》という言葉を普通よりも限定された、厳密な意味で用いていることを読者には理解していただきたい。我々の検討しようとしていることは、霊的理念としての修道院の価値を高め浄化することはあっても、決して否定するものではないと確信している。修道院は、神にささげた生を実践するためにキリスト教徒が考え出したもっともよくバランスのとれた道である。修道院には、その原初の本質的目的から注意を逸らしてしまうようなあらゆるダニがいたにもかかわらず、それが「霊的理念の特定の実践の場」として存続できたことは驚異的なことなのである。

一九八九年にニュージャージーのプリンストン大学高等学問研究所で一学期間を過ごすことがなかったならば、私は本書を書かなかったかもしれない。仕事の環境はきわめて刺激的なものであった。いろいろ違った国々の出身で、違った科学的伝統をもつ多くの仲間と接することができたことはとても勉強になった。また、組織で働く人たちや設備は完璧であった。中世研究会に参加させていただき、知的支援をしていただいた私の友人ジャイルズ・コンスタブル教授にはとくに感謝を申し上げたい。修道院史の著名な専門家としての氏の名声は、それ自体がすでに大きな刺激であった。ノースウエスタン大学のロバート・ラーナー、マジソン大学のウイリアム・コートニー、オックスフォード大学のジーン・ダンバビン、プリンストン大学のジョン・フレミング、ジョージタウン大学のクリスティーン・スミスの各氏には、プリンストン大学の研究仲間として刺激的な会話を楽しませていただいた。特筆してお礼を申し上げたい。本書の潜在的読者としてお手伝いいただいたジュリアン・ケメック嬢にも感謝を申し上げたい。とくに、本書の芸術に関する章で私が弁護しようとした考えを、寛大にも率直に評価していただいた私の友人のジョアンナ・E・ジーグラー教授とマサチューセッツ州ウースターのホーリークロス大学教授ヴァジニア・ラグインの両氏にも感謝を申し上げたい。ブラウン大学のジェームズ・マキルウェイン教授とラッジャーズ州立大学のマーサ・ハウエル教授にも感謝を申し上げたい。両教授には、私の論文発表を慫慂《しょうよう》していただいた上に、発表後に著名な同胞研究者やほかの知的関心の高い参加者たちとの充実した議論の機会を提供していただいた。

太西洋の対岸、厳密には私のホームベースであるヘント大学で私が教えている大学院生には、本書の特徴はすぐに理解できるはずである。その多くは、私が何年にもわたっていろいろなクラスで行ってきた討論の結果だからである。このような機会に、議論に参加して多くの貢献をしてくれたウォルター・シモンズ博士、ルック・ジョケイ、ゲールト・ベリングス、ピーター・ラフェラールをはじめとする多くの方々に感謝したい。編集のお手伝いをしていただいたJ・リザベス・ファックルマンとピーター・アーネードの両氏にも感謝を申し上げる。勅許状に関するコンピュータ情報を提供していただいたポール・トンバー教授とルーヴァン大学の史料電算処理センターのクリスチャン・ルーエル教授にも感謝したい。ケンブリッジ大学のクリストファー・ブルック教授、ジル・マン教授、ヘント大学のC・L・クラトフ博士には多くの示唆に富む助言をいただいた。感謝を申し上げる次第である。

当然のことながら、いろいろと気配りをしてくれた私の妻グレイタには特別な謝辞をささげたい。彼女は原稿を批評的に読み、いつもそうであるように大きな間違いに陥らないよう手伝ってくれた。

ニュージャージーの空の、あの明るい光を私は忘れることはないであろう。

第一章 文字に書かれた情報

例外的なものの記録から日常的なものの記録へ

モン・サン・ミッシェル
修道院

中世に関する我々の知識は全体像を表しているか

西暦五〇〇年から一五〇〇年までのいわゆる中世という長い時代は、おおよそ二つの著しく異なる段階に分けることができる。第一の段階は最初の六〇〇年であり、次が、一二世紀の一〇〇年を過渡期として考慮したその後の三〇〇年の時期である。中世という時代を知る手がかりとなる文字史料のタイプがこれら二つの段階で異なっていることから、以上のような時代の発達過程を裏付けることができる。したがって、この現象を説明するのに有効と思われるさまざまな要因の中でも、心性《メンタリティ》の変化ということがもっとも重要なものであると考えてよいかも知れない。

着実に発展を続け、ますます社会的に組織化されてゆく世界には、それだけ信頼できるコミュニケーションの手段が必要であった。このことは、十分な記録システムが必要であることを意味していた。また、情報を伝達するのにほとんど口承的な手段に頼っていた状態から、文字という手段にかなり移行したことを示唆していた。情報を記録するという行為によって肉体的な記憶のもつ限界を克服することが可能になると同時に、伝達の質——オリジナルなメッセージと同じになるということ——が保証されることになる。

しかし、書き記されるべき内容は、一つの基本的条件を満たしていなければならない。

つまり、記録に値すると判断されなければならないということである。記録文書をつくる側にとっても、それを利用する立場の側にとっても、内容は重要なものでなければならない。しかし、重要性というのは相対的なものである。中世の時代を通じて書き記されるものが増大するにつれて、重要性という考え方も変化していった。これまではごく普通に、また伝統的に記録の対象となっていた項目に加えて、さらに違った事柄も羊皮紙や紙に記録する価値があるものと考えられるようになっていったのである。

記録に値する重要性という基本的条件はまだ生きていたが、以前はさほど重要ではなかったものまでがますます多く記録されるようになった。さらに時代が進むと、生み出される文書の数は確実に増加の一途をたどった。中世初期には、「神」や「永遠」に関するものはすべて重要であり、またそれがすべてであった。しかし、後期になると、たとえば商取引の記録が出現してくることからも分かるように、これら以外にも関心の対象となるものが記録に加えられるようになった。

文字による記録が発達するということは、単なる知的、精神的現象というだけではないことは明らかである。筆記用具の材料や記録技術が進化、発達した結果でもある。それでは、たとえば、文字で記録するためにはどのようなものが必要であっただろうか。

パピルスは中世の初期にはすでに西ヨーロッパからほとんど姿を消していたので、ここでは考えないことにする。では、蝋《ワックス》はどうか。とくに下書き用としては、あらゆるものの中でももっとも多く使われたことに疑う余地はないが、消滅しやすい材料であるため、長期間保存して使用できるように工夫や改良がなされることはなかった。中世に使われていたワックス書字板[1]は現在ではきわめて希少で、ほとんど目にすることのない道具であり、ごく少数の博物館にしか現存していない。

羊皮紙は耐久性に優れているおかげで、充分な記録をするのにはとくに優れた材料であった。またインクも、比較的短期間で消えてしまわないように高品質のものでなければならなかった。しかし、実際のところは、入手が困難という意味で大きな問題だったのはインクではなく羊皮紙の方であった。ちなみに、私の知るかぎりでは、当時入手可能だった動物皮革のうちで、どれだけの比率でそれぞれ羊皮紙や衣服や道具などの備品の製造に使われていたかを詳細に検討した研究はない。

長期間保存するための記録用材料として羊皮紙が唯一の材料であるかぎりは――ワックスは考える必要はないのであるから――書き込み可能な紙面とページのレイアウトの間には相関関係があることになる。すなわち、紙面とそれに対して使用される文字の大きさ、省略文字、装飾的要素などがどれだけ頻繁に使われるかなどが相互に関係するのである。心性《メンタリティ》が変化して、文字の使用が以前よりもさらに増大するようになると、結果としてこれまでの相関関係も変化していった。反対に、相関関係に変化が生じても同じように心性《メンタリティ》の変化が生ずるということも疑いのないことである。

(1) 蝋《ワックス》を塗った木、象牙などの薄板。2枚以上を綴じて、尖筆（stylus）で文字を記録する道具。

中世初期の、平均的な勅許状を一例として取り上げてみよう。中世初期の勅許状は余白が大きくとってあり、多くの装飾的要素が書き込まれている大型の羊皮紙である。ところが、一三世紀の勅許状になると全体的にこれよりはずっとサイズが小さくなる。はるかに小さな文字で書かれるようになり、省略記号も増え、装飾は少なくなる。厳粛さや形式的な面が少なくなり、より通俗的になってくるのである。それに対して、内容《テクスト》そのものは中世初期の写本に比べてはるかに詳細なものになっているのかもしれない。換言すれば、勅許状は、より少ない紙面により多くのメッセージという方向に進化したのである。

しかし、繰り返しになるが、生産される全体の動物皮革のうちで、どの程度の割合が羊皮紙として利用されていたのか、あるいは

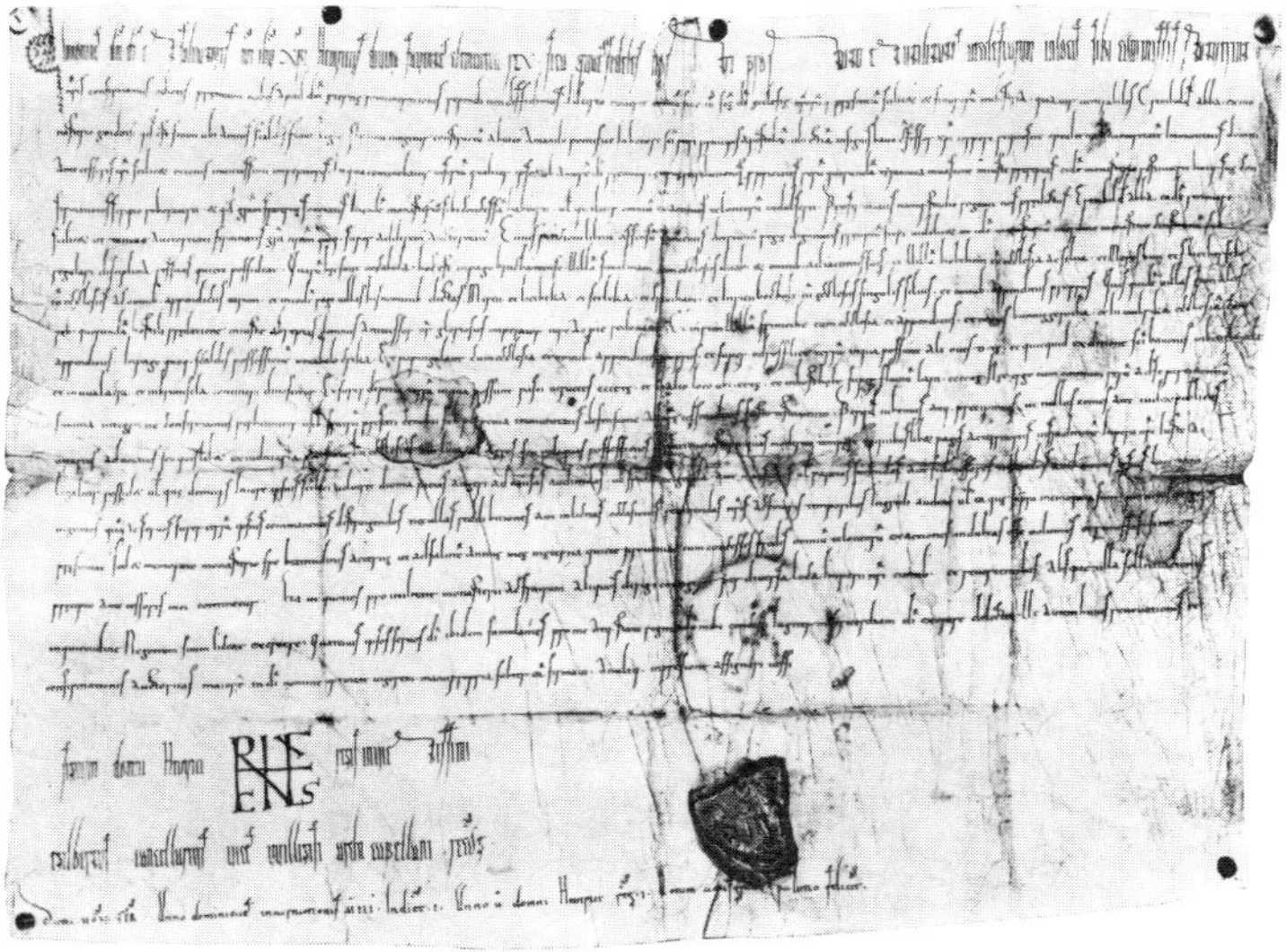

ドイツ国王ハインリッヒ２世（在位1002～1024）が1003年にヘント（ベルギー）のサン・バヴォー修道院に宛てた厳粛な勅許状（原寸 51cm x 63cm）。

（たとえ間接的にせよ）羊の飼育がどの程度まで文字による記録の発達に影響を与えたのかを確定しようとする研究はこれまでになされていない。織物が使われることが多くなるにつれて、衣料品の製造用に使われる皮の比率は低下していったとも考えられるが、この両者の相関は現実性をもっていると言えるかもしれない。一二世紀以後、さほど重要でもない行政上の目的のために、英国王たちが早くも文書《ライティング》を広範に使ったという例はこの見解を支持する有力な論拠になるかもしれない（＊1）。

しかし、大躍進をもたらしたのは紙の導入であった。一四世紀初頭には西ヨーロッパで紙が導入されたことが（記録に）述べられており、きわめて急速に全ヨーロッパ大陸に広がった。一五世紀半ばに発明された印刷術に加えて、紙は安く、速く、しかも簡単に製造することができるために、後に近代社会へと発展する基となる社会の知的構造を築き上げるための申し分のない手段となった（原注1）。史料にどのようなタイプのものがあったのかを研究している学者であれば、中世初期に使われていた文書と後期のものとではタイプに大きな違いがあるが、中世後期と初期近代期の文書の間にはタイプ的にほとんど違いがないということはすぐに指摘できることである。

当然、文書が入手できるか否かは、それがどのようにつくられているかにもよる。しかし、偶然の存続にも左右されるところが大きいのである。その際には、さほど重要ではないにしても、文書の材質そのものが一つの要因になる。紙よりも羊皮紙の方が明らかに生

（原注１）理性に対する文字（ライティング）の影響に関しては［238］165〜183頁。

き残る可能性が高い。同様に、中世初期に使われた丈夫な羊皮紙の方が、後期に見られるような上品な羊皮紙よりも時の移ろいという危険に容易に打ち勝つことができたのである。

しかし、文書が生き残るか消滅するかが最終的に決まるのは、一般的には、まったく外的な要因によるところが大きいのである。天災や人災が原因で火や水が襲ってくれば、どんなに丈夫であっても、どんなタイプの材質でも破壊されてしまう。過去の時代を通じて、多くの古文書や蔵書が材質の如何にかかわらず破壊されたことは、それらがいかに外的要因に脆弱《ぜいじゃく》であるかということを物語っている。反面、たとえばロンドンのブリティッシュ・ライブラリー(2)が現在所蔵しているロバート・コットン卿(3)が収集した写本は、一七三一年の壊滅的な大火にもかかわらず焼滅を免れた。これは、羊皮紙がいかに炎に強いかを示す見事な例である。

文書にとって最大の脅威となるのは、戦争やそのたぐいの出来事ではない。それよりも、はるかに危険な要因が存在する。

第一に考えられるのは利害の喪失である。一般的に文書は、現在であれ将来であれ、何らかの役に立つと考えられているかぎりは保存される。また、その期限を越えて保存されることもあるが、その場合は、保存のためのスペースが簡単に確保できる場合である。スペースがなくなれば、目的にそぐわなくなった、あるいはそうなるであろうと思われる写本の取捨選択が行われる。

(2)英国国立図書館。1973年に大英博物館より独立。

(3)Sir Robert Cotton（1573－1631）古物蒐集家。ヘンリー8世による修道院解散によって散乱した書籍や原稿などを蒐集した。息子のトマス・コットンはさらに蔵書を増やしたが、孫のジョン・コットンが1700年に全ての蔵書を国に寄贈した。

二番目の要因は、第一番目の要因にある程度関係している。実際のところ、利害とはどのようなことを指すのであろうか。テクストが時代を超越する永続的価値をもつ可能性があるか否かで利害は左右される。また、文書にかかわりをもつ個人、集団、組織が時代を超えて継続的に存続しているか否かにも左右される。この点では、修道院のような組織は明らかに都合のよい立場を占めているということができる。もともと修道院は永続的な制度として意図されているので、時代を超えて存続している。その構成員は時代を超越して同じ目的、同じニーズを共有しているので、利害も永続的である。

最後に、写本が保存されるか否かを決定する大きな要因になるのは、写本の保存場所の永続性ということである。保存のスペースがなくなると不要な写本は取捨選択され破壊されてしまうように、保管場所を移動する場合も写本の取捨選択が行われることになる。引っ越しのような移動の際には、実際に価値があるか、もしくは価値がありうると判断される文書（と他の物品）のみが継続して保存されるのである。

中世修道院《モナスティシズム》に関する我々の知識は全体像を表しているか

これまで考察した内容に関連して、修道院や修道生活の占める立場とはどのようなものなのであろうか。その社会的意味を考察する上で正確さを期するため、この問題はできるだけ明確に規定しなければならない。修道士の社会、すなわち俗世から隔離された人々の共同体にとってどの程度文書《ライティング》が必要であり、また使われていたのだろうか。修道士たちは完徳という修道理念の成就に向かって共同の生活をするのであるから、この理念の内容を表現し、それに到達するための手段を示す「きまり」が必要である。「きまり」というのは、単に戒律のみを言うのではない。修道士は霊的充足を目的としているのであるから、文書・口頭という伝達手段の如何を問わず、戒律を補足する慣例規則、談話、解題なども含まれるのである。

さらに修道院社会は、全体として俗社会の中に利害関係をもつ集団でもある。このことは、俗社会における自分たちの立場を明確に規定することによって、その立場を強化し、保証し、あるいは防衛し、正当化しなければならないことを意味している。このような条件は、規範的な文書をつくることによって確実なものとすることができる。また（修道院の）社会環境——すなわち、土地の開拓や資産の管理などの管理行政——をしっかりと組織化することによっても可能である。したがって、この管理行政の項目が多ければ多いほど、文書《ライティング》が増えることになるのである。

このような集団は、俗社会全体に対しても、ほかの集団や個人に対しても、明示的・暗示的に定められた権利と義務をもっている。しかし、社会史に目をやると、人々がいつもあまりにも自分たちの権利にばかりこだわりすぎる結果、義務に対しては注意を払わなくなる傾向のあることが見えてくる。言い換えれば、他人に義務を強制できるようにするためには、誰もがまず自分の権利を熟知していなければならないということである。より多くの権利を守ろうとすれば、それだけ文書の使用が増えることは必定である。しかし、集団や個人の振る舞い方に関してこのように一般化してしまうことには注意が必要である。道徳や社会関係、さらには個人的特徴にかかわる世論というものは、他人の権利にはより寛容になるよう人々を誘導してしまうことがあり、何らかの意味で、ある種の自己否定を生む結果となるからである。自分自身の利益を守るためには文書をつくり出す方向に発展することになるが、自己否定ではその方向には向かわないのである。明らかに、この点は文明化の過程の一側面であり、厳密に注意を払う必要がある。

ここで考えておかなければならない最後の要因は、集団が自分たち自身の社会的重要性をどのように認識しているかということである。この場合の重要性には、非常に広い意味がある。たとえば、集団に参加する人間の数や、組織がその権利維持のために伝統的に注意を向けてきた事柄、あるいは当然保証されるべき既得の権利などにかかわるような重要性が考えられるが、これらの点は主観的判断に流れがちである。また、修道的理念は概して犠牲を強調することになるが、そのために、かえって物質的環境や社会的条件の重要性が軽んじられてしまう傾向が出てくるかもしれない。理想的な状況においては、修道士にとっての重大事は、人間的・現世的な生を超越するものが何であるかを考えることである。したがって、彼らと外側の社会とをつなぐものを完全に、あるいはもっと現実的に言えば可能なかぎり断たなければならない。この点では、隠住生活がもっとも極端なものである。これは、少なくとも原則としては隣人との接触を拒絶するものであるから、社会全体を否定することを意味する。すなわち、それは現世の拒絶であり、俗世との相互接触を排除することである。

以上のような考察に基づいて、理論的には、修道生活あるいは修道院社会における文書の重要性という問題を評価検討することができる。しかし、ここで留意しなければならないことは、本章の冒頭で論じた条件は、実際にはかなり普遍的な特徴をもつ条件であるために、とくに際立っている条件であるということである。このような条件は、研究を進める場合の第一段階のフィルターである。

修道院という社会組織は、利益を守るという一つの大きな原則によって支配されている。これは、ほかのすべての社会組織にもごく一般的に見られるものである。しかしそのほとんどが、当然の権利として、また文化的に意味のある存在として生き残るために物質的、社会的利益に限定されているのに対して、修道院は超越的な意味が存在することを本質的に守ろうとする。したがって実際には、その活動の枠組みは超俗的でもあり世俗的でもある。ここでは、わざと「修道院制度《モナスティシズム》」ではなく「修道院《モナステリー》」という言葉を使ったが、この区別を説明するのは簡単である。すなわち、前者のような抽象的な観念は文字文書をつくり出すことはなく、活動している組織の個人のみがつくり出すのである。

これまで述べてきたことから、さらにどのようなことを導き出すことができるであろうか。すべての文書記録——保存されたすべての文書——は、文書をつくった人たち自身の利益が基本的にどのようなものであるかを映し出す可能性がもっとも高い。勅許状を例にとると、ほとんど常にその対象となる組織の権利を確認する役割を果たしていた。本来の存在理由ではないにしても、その副次的な効果として、勅許状には組織を認証する役割のある可能性が高いのである。したがって、過去を再構築するのに勅許状という史料を利用する場合には、歴史家はこの点を理解しておいた方がよい。史料のタイプにヴァリエーションが少なければ少ないほど、また、史料の出自・役割にヴァリエーションが少なければ少ないほど情報は一辺倒になり、再構築された過去も誤解を招く恐れのあるものになることは強調しておかなければならない。

割合は計ることができるか

これまで述べたことを具体的に説明するために、文書の出自の割合を計ってみるのもい

（4）正式名称は「史料電算処理センター（Centre de Traitement Electronique de Documents, Catholic University of Louvain）」である。

いだろう。たとえば、ある特定の地域の、特定の時代において入手可能なすべての文書のうち、どの程度の割合の文書が修道院に起源をもっているのか。また、その中の幾つぐらいが修道士たちによって書かれ、利用されていたのか。これらのことは査定できないことではない。

しかし、実際にはそのような計算は難しい仕事である。さらに、調査対象となる地域で修道院がどの程度重要な存在であったのかという程度の問題もあるので、算出された結果は誤解を招くことになりかねない可能性がある。いずれにせよ、少なくとも今日のベルギー内の中世時代の領土に関しては、ルーヴァン・カトリック大学（ルーヴァン・ラ・ヌーヴ）のＣＥＴＥＤＯＣ[4]が構築したデータベースを利用して慎重に検討すれば、ある程度の方向性を見ることは可能である。現在、そのデータベースには、西暦一二〇〇年以前のこの地域すべての勅許状が含まれている。

結果を見ると、現存する勅許状がかかわる時代の初期、すなわち西暦六三四年から七〇〇年においては、四八の勅許状のうち四七（九八パーセント）までが修道院社会にその起源ないしは背景をもっていることが分かる。それ以後の数世紀に関しては、数値的には減少を示しているものの、割合の大きさは変わらない。一一世紀には六五パーセントにまで減少するが、一二世紀には再び七四パーセントまで増加している[原注2]。それ以降、この割合がどのように変化していったかは、もっと小さな地域についてさえも算出するのは難しくな

（原注２）CETEDOCの計算は、Nouveau Wauters. Brussels, 1989, vol. I (microfiches) に基づいたものである。12世紀になって改めて増加に転ずるのは、参事会などの新しい修道院運動の出現やカトリック教会内で文書をより多く使うようになったことが挙げられる。

る。制作された――そして現在にまで残る――文書の数があまりにも多くなり、ほとんど計算不可能だからである。(原注3) しかしながら、そのころまでには、修道院で、あるいは修道院のために書かれた文書の割合は著しく減っていったことはまちがいない。文書の使用は、カトリック教会内ではより広範なグループに広まっていたが、同時に俗事を扱う新しい集団にも着実に浸透していったからである。そのような変化が起きていただろうということは、CETEDOCにある同じ時代の、同じ地域の説話史料を調べることで確認することができる。(＊2)

事実、今述べたことは、クランチー(5)がイギリス王室尚書院での封蝋《シーリングワックス》の使用がどのように増えていったかを調べた際に指摘した方向と同じ方向を示している。その報告に基づいて、幾つかの重要な結論を引き出すことができる。すなわち、どこまで中世史を再構築できるか、また修道士の行った特定の貢献をどの程度まで認識することができるか、彼らの理念が与えた影響をどこまで推し量れるかという問いに答えることができるということである。しかし、修道院でつくられた文書が圧倒的に多いということは、社会の本質を表す全体像がつかみづらいということを必然的に意味することになる。少なくとも、中世初期についてはそうである。

人口の〇・五パーセント前後を占めるにすぎない修道士が、文字情報の六五～九八パーセントをつくり出していたのである。さらに、この事実に加えて、文書が利益保持や組織

(原注３)たとえば、７世紀末では勅許状は31が修道院の起源であり、８世紀には74、９世紀には93、10世紀では169、11世紀は441、12世紀には2,767にまで増えている。

(５)Michael　T. Clanchyグラスゴー大学中世史教授（1964－1985）を経て、現在、ロンドン大学歴史研究所教授。

の認証のために存在していたということを考慮すれば、修道院のもつ重要性が強調されすぎてしまう危険性があることは明らかである。

中世研究者としては、これは焦点の合わないメガネをかけているようなものである。そもそも、メガネをかけていること自体にほとんど気が付いていない研究者も我々の中には存在するなどと言ったら、それは冷酷というものであろうか。過去を再構築する際には、上述したような人工的に算出した比率・割合がもつ限界や歪みというものを認識すべきなのである。

歴史家にとっては、中世後期になってこの割合が減少するということは都合のよいことである。なぜなら、より本質的な社会像を再構築することができるからである。しかしながら、像をゆがめてしまうレンズの危険性は依然として明らかである。つまり、修道院起源の文書の比率が徐々に減少するとはいっても、必ずしもそれに伴って修道院の理念や生活様式が社会に及ぼす影響が変化したというわけではないからである。それは単に、文字を書く技術を習得した人たちの性格（アイデンティティ）が変化したことを示しているにすぎないのである。

第二章 創造された世界の世界観

神の意志を成就する

中世社会でもっとも注目すべき特徴は、天地創造の世界観におけるその一貫した立場である。「創世記」や「ヨハネによる福音書」などの聖書の言葉は、神と人間、霊的世界と物的世界、生と死、との間の表裏一体となった共存の枠組みを提供していた。

そして、生命や存在するすべてのものには意味があるものと考えられていた。というより、意味がなければならなかったのである。中世の社会では、万物が全能の神の天地創造を通して創られ、それは、永遠へとつながるように計画された広大なパノラマに当てはまるものと考えられていたからである。本質において、天地創造とは神自身の自由意思を表現したものであった。

このような考え方の背景にある基本的原理は、きわめて単純であった。すなわち、中世のキリスト教会が公的に帰依していた神は、唯一の神——私という神は、私という神が存在するから存在する——であったということである。このことは、神が自分自身の中で善と考えうるすべての特質を集めたことを意味していた。神は、これを完全無欠に遂行した。神は完全に善であり、完全に正義であり、そしてあらゆる意味で完全であった。だから、神の意志を推し量りそれを実現することは、神自身の本質と何ら異なることではなかった。

「創世記」によれば、神は七たび自ら創造したものを眺め、善としたのである（「創世記」1・4、10、12、18、21、25、31）。

このような考え方にとっては、世俗世界や世俗の生は、天国の生と本質的には異なるものではなかったはずである。なぜなら、それらはすべて神の意志の表れであるからである。異なるところがあるとすれば、ただ単に霊と物質との相違の結果生ずるものだけである。事実、キリスト教は、霊と物質との間の質的な相違は、アダムとイヴが犯した原罪の結果だけであると信じていた。アダムとイヴは、知恵の実をとって食べることにより人間の自由意思を行使してしまったために、神が彼らのために創造した楽園の生を失ってしまったのである（「創世記」2・17）。それ以来、悪が人間の中に存在するようになった。

また、アダムとイヴ以前には、天使たちが自らの傲慢さ（superbia）のために天上界から追放されるということがあった。悪魔は、善なる神の対抗者として悪の権化となっていたのである。また、神が被造物を善としたにもかかわらず、アダムとイヴは原罪を犯すことで、完全なる善である神とその目的とに反する意志決定をすることができることも示した。「創世記」の第三章以降では、喜びに満ち溢れる場所として描かれている天国と地上の世界との落差が示されている（「黙示録」では、天国は天上のエルサレムとなった）。地上では出産は苦痛となり、食物を得るのに労働が必要となった（「創世記」3・16、17、19）。これは、人間が神に背いたからである。それに対して神は怒り、人間を罰したのである。

天地創造と原罪についてこれ以上神学的に詳しく論ずるつもりはないが、主要な特徴――とくに地上の生に対するキリスト教的態度――は強調しておかなければならない。キリスト教の教義がつくり上げた中世の世界観は、物質に対しては否定的な態度をもっており、かなり悲観的なものであった(*1)。天地創造の理念は消滅したと人々は考えていた。人間は善として創造されたにもかかわらず、悪が襲った。悪は単なる観念ではなく、現実であった。聖書はそれに対して、悪魔が住み火が燃えさかる地獄、悪魔のまやかしや待ち伏せ攻撃、悪魔の欺きに満ちた恐ろしい言葉に耳を貸す者たちを待ち受ける永遠の苦痛という、想像《イマジネール》の世界を提供した。

かつては善であった世界は悪となった。中世初期の作家たちが記述したもの――とくに、人祖《じんそ》の堕落と悪の台頭がもたらす結果に関する彼らの預言――は、初期キリスト教が世界に対して抱いていた基本的悲観主義を裏付けている。物質に対してキリスト教は懐疑的ではあったが、必ず善が最終的には勝利し、最後には報われるという肯定的な確信をもっていた。すなわち一般的に、悪魔は最終的には神を打ち負かすほど強いものではないと考えられていたのである。確かに、キリスト教内部には、悪魔が勝利するという致命的な危険性も否定はできないと考える運動がなかったわけではない(*2)。しかし、このような運動は、かぎられた支持層以外にその思想を浸透させることには成功していない。しかし、マニ教(1)

(1)紀元215年頃、バビロニアに生まれたマニによって創始された宗教。その特徴的な二元論思想は、中世に至ってもカタリ派に見るようにキリスト教における異端の温床として影響を与えた。

として知られるこの種の運動は驚くほど長期にわたって生命を保ち続け、一一世紀以降になって再び復活を見たほどである。過去のマニ教徒たちとは違って、これらのネオ・マニ教徒たちは自分たちをほとんどキリスト教徒と考えていた（もっとも、彼らの悪魔に関する考え方はキリスト教的ではなかったけれども）。

教父作家の中でもっとも偉大なヒッポ——今日のアルジェリア——の聖アウグスティヌスは、聖書の解題を通じて、キリスト教神学の形成に主要な役割を果たした。彼は『告白』(2)において、若いころ自分がいかに罪深い人間であったか、どのような経緯でマニ教の呪縛にはまってしまったかを述べている。彼は、聖パウルス(3)にも比肩する情熱を傾けてキリスト教の教義を形づくった。それは主に自由意思を問題にし、神と人間との関係にかかわる教義であった。彼のもっとも優れた著作である『神の国（*De Civitate Dei*）』(4)において、聖アウグスティヌスは今日の我々の時代にまで残る神学論を築いた。この見解によると、神の世界は理想的なものであるから、人間の世界はそれをまねて反映させなければならないという。

両者の間には、つながりがなければならない。前者は後者から切り離すことはできないのである。したがって、俗世の支配者たちの責任は神に対する責任なのである。彼らは神の名と神の祝福において民を支配し、人生の終焉に際しては自らの最終的清算を提示することが求められるのである。神は、あたかも聖マタイの福音書にある地主（20・1）のよ

（2）アウグスティヌス／服部英次朗訳『告白』岩波文庫、1976年。第1巻10章16（25頁）「遊びと見せ物に熱中して学習を怠る」、第3巻3章5（69頁）「マニ教の迷妄の虜となる」を参照。
（3）（？－67）（聖パウロ）『新約聖書』の「パウロの書簡」の筆者。

コンスタンティヌス大帝が４世紀にローマを教皇シルウェステル１世にゆだねる様子を示す13世紀のフレスコ画（サンクトゥス・クワトロ・コロナッティのベネディクト会修道院、ローマ）

（４）聖アウグスティヌス（ヒッポの）著作の一つ。宇宙の遠大さと人間に対する神の計画を説き、ローマの滅亡も大海の一滴にすぎないと説いた。

（５）カール大帝。（742－814）フランク王（在位768－814）。西ローマ皇帝（在位800－814）。サクソン人、ロンバルド人、スペイン国内のアラブ人と戦い、西ヨーロッパのキリスト教普及地域のほぼ全域を支配下に置いた。800年に教皇レオ3世より皇帝の地位を授けられ、後年は宮殿や教会を建立して、帝国の支配を確固たるものとした。

（６）（778－840）ルートヴィヒ1世。西ローマ皇帝。シャルルマーニュの息子。

（７）神聖ローマ帝国初代皇帝オットー1世（在位962－973）からオットー3世（在位983－1002）までのドイツ王国の総称。

（８）（274頃－337）ローマ皇帝。キリスト教を推進する最初の皇帝となった。大帝の名はこの業績による。

（９）（342頃－420）修道士。教会博士。ヘブライ語からラテン語に聖書（ウルガタ聖書）を翻訳した。

うに、彼らの行いを査定するのである。

天国の秩序と俗世界の（無）秩序を全体的な一つの総合と見る、この考え方が知れわたり受容されるようになるまでには長い年月がかかった。またそれが実践されるようになるには、さらに長い年月がかかった。事実、少なくとも西ヨーロッパに関するかぎり、八世紀後半のシャルルマーニュ[5]や九世紀初めのルイ敬虔王[6]などカロリング朝の皇帝たちは聖アウグスティヌスの思想を実践していたのである。もっと正確に言えば、そうしようと試みたのである。

圧倒的に慣習法的伝統を特徴とする時代思潮を引き継いだ彼らが行った立法措置には、神に対する責任の意識が取り込まれていた。一〇世紀末のオットー朝[7]の皇帝たちの時代にも、政治を同じように解釈していたことがはっきりと認めることができる。両方の王朝とも、コンスタンティヌス大帝[8]のキリスト教ローマ帝国が復活し、存続していかなければならないと固く信じていたからである。つまり、帝国の復興（Renovatio Imperii）が彼らの使命であり理想とするところであった。実際、イデオロギーの点からもそれが必要だったのである。伝統的で目的論的な歴史観——とくに、聖ヒエロニムス[9]に基づいた歴史観——では、ローマ帝国は人類の歴史における最終段階と考えられていた。したがって、ローマ帝国が滅びることは、すなわち歴史の終わりを意味することなのである。[*3]

被造物の不可避的な衰退

旧約聖書では、メシアの到来は人類救済のために神が与えた解決策である。新約聖書によれば、生ける神の子であるキリストが俗界の人間として到来したことは、その預言を実現するものであった。

「御言葉はこの世にいた。神はこの方によってこの世を創ったが、この世はこの方を認めなかった。この方は、自分の民のところへ来たが、その民はこの方を受け入れなかった」（「ヨハネ伝」１・10〜11）(10)

そこで神は、その怒りのためにすべての被造物をハルマゲドン、あるいは最後の審判で破壊するという最後の段階を預言したのである。しかし、救済を希求する態度には根元的に悲観的な見方がのしかかっている。たとえば、ロマネスク様式の聖堂の半円形壁画ティンパナム(11)には怒りの神を目にすることができる。そこでは、神は最高の審判者であり、最後の審判の日に善と悪を分けるのである。したがって、人類とすべての被造物の歴史は緩やかな衰退の歴史なのである。

このイデオロギーそれ自体は、キリスト教特有のものではない。たとえば、ユダヤの伝統である旧約聖書には四つの王国のことが記されており、それぞれが種々の金属とその可《か》

(10) 以下、特に断りがない場合は、本書中に用いた『新約聖書』の訳文は、『新約聖書　共同訳・全注』（講談社学術文庫、1981年）による。

(11) ジルベールはオータンの聖ラザロ教会の建設に携わり、聖堂の半円形壁画（ティンパヌム）に「最後の審判」を彫刻した。

鍛性《たんせい》——従順さ——になぞらえられている。その「ダニエル書」（2・31～35）[12]の預言書には、純金の頭、銀の胸と両腕、銅の腹と太股、鉄の脚、そして一部分鉄と粘土の足をもつ像が描かれており、一つの石が転がり落ちてきてその像を打ち、「（その石は）大きな山になり、全土に満ちた（＊4）」と記されている。しかし、キリストの到来と救済をもってしても、このようなプロセスは避けられないものであるという人々の確信を実際に変えることはできなかった。

かつては、理想とされる「エデンの園」があった。それは、生きる苦しみのない社会であった。また同時に、歓楽の地であると考えられていた。しかし、人類は罪を犯し「エデンの園」から追放された。悪魔の勢力がますます人類に群がり、その悪魔に打ち勝つのは、、、、世の終わりの時である。

文化史の観点から見れば、当時は、時間が進行するプロセスは直線的に退廃に向かうプロセスと考えられていた。このような考え方には実に根強いものがある。一八世紀の啓蒙時代に至るまでのすべての時代を通じて、中心的とはいえないまでもこのような時間の解釈が流布しており、自由思想家《フィロソフ》[13]の論理的思考とそれに伴って進歩した理論・応用科学の到来を見て初めて、不完全ながらもこのような退廃に向かう直線的方向性を変えることになるのである。実際、先に挙げた旧約聖書の預言者の先見はまさにその同じ一八世紀に消滅し、歴史的虚構（imaginaire historique）の単なる一要素となったのである。

(12)『旧約聖書』の預言書の一つ。詳しくは「ダニエル書」（2・31～35）を参照。
(13) philosophe：ヴォルテール、モンテスキュー、ルソーなどの人間の理性の至上性を唱えて活動した18世紀フランスの文学者、科学者、思想家の総称。

右方向に進行する時間軸に対して左上から右下斜めに下がる直線、これが中世および近代初期に歴史のプロセスとして解釈されていた考え方である。したがって、一歩一歩の前進は必然的に下降の一歩であり、より大きな退廃へ向かう一歩であると考えられていた。このような考え方にあっては、「進歩」という概念は「先に進む」というその語源的意味に沿って否定的にしか解釈されない。事実、先の一歩に続く次の一歩は、さらに低い次元に導くものと考えられていたのである。一般に、進歩と退廃という言葉は互いに反意語として使われるが、啓蒙期以前はほとんどの社会においては同義語であった。したがって、このような文脈においては、唯一人々が望み得るものは「一所定住（stability）」と「復古（restoration）」の二つだけであった。

第一に、一所定住とは動いてはならないという意味である。一定の場所にとどまっていることは堕落しないことを保証する。もちろん、意味は空間的なものであり、一所定住は空間的理想のことである。たとえば、農奴には一所定住が義務づけられ、自分たちの仕事場である荘園の土地を離れることを許されなかった。新しく興りつつある都市や村に生活の基盤を見つけて逃亡した農奴たちは、領主に追跡され、彼らが話す方言のためにすぐに発見されてしまった。

この意味では、一所定住はコントロールであることも意味していた。したがって、権力をもつ者たちは、このようなコントロールをさらに強化するためにいろいろな制度やしきたりをつくった。しかし、彼ら自身はこのようなコントロールの極限まで強制されることはなかった。というのは、同じように押しつけられた一所定住でも、領主はもっと高い次元のシステムに属していたからである。たとえば、結婚に対する考え方は、身分・階級によって一所定住の考え方がどのように機能していたかを語る格好の例である。史料で見るかぎりでは農奴は、彼らの領主の所有する農奴仲間以外の者と結婚することは許されていなかったようである。それ以外の者と結婚したい場合は、領主の同意が必要とされた。しかし、領主自身の方は、自分の住む地域外から花嫁を見つけることが権利として認められていたのである。もし、領主が有力な一族にでも属する身分であれば、まちがいなく遠い外国の花嫁とも結婚したであろう。

さらに、一所定住は共通の記憶が守られるということを意味していた。文字文書がほとんどなかった時代は、社会の人々の経験は口承的に伝えられるものによって裏付けられていた。人々が移動すれば、知識を伝達するサイクルが断たれてしまうことになる。この点からも移動は禁じられており、少なくとも避けるべきものとされていたのである。判断できないようなことが起こったときは、地域社会の長老たちにうかがいを立て、過去の出来事、領主と農奴に課せられた義務と権利、あるいは領地の正確な境界に関することなど諸々の問題について意見を求めた。長老たちは、ペストや飢饉など重大な問題が過去においてどのように処理されたかを伝えることができたのである。たとえば、洪水を防ぐための堤防を造るなどの合理的な解決策を人々に思い起こさせることもできた。長老たちは、過去から踏襲した儀式――神、聖人、部分的に残る異教の神々に、自分たちの願いを効果的に伝える行列祈祷や生け贄の儀式――のことなども人々に語ったのである。

一所定住は服従を意味することでもあった。服従という道徳的価値は、過去における実際の経験に基づいて、社会の観点から必要な慣習として捉えられていた。過去の出来事にはすべて解決策があった。その解決策は、長老たちの記憶の中に記録されていたのである。試行錯誤はたぶん過去においては成功したのであろうが、現在においては避けなければならないことであった。要するに、「新しい解決方法は試してはならない！」のである。衰退に向かう着実な進歩に基づいて形成された社会通念では、新しいものはこれまで慣れ親しんできた伝統的なシステムよりも劣るものとされた。新しいものは、役に立たないものなのである。たとえば、古典および中世ラテン語のどちらにおいても、「inutilis」は単に「役に立たない」という意味だけではなく「害のある」ということをとくに意味していた。聖ベルナルドゥス[14]でさえ、将来予見される批判に対して、「私が言うことは何でも新しいものである、と非難されるだろう」と言って自己弁護せざるを得なかったのである。[*5]

このような状況では、服従という概念は、原始的でゆっくりと変化する共同体社会がどのように機能していたかを把握するための大きな手掛かりとなる。ひいては、中世の社会全般を理解する手掛かりにもなるのである。服従のもつ重要性は、革新のもつ重要性のま

(14)（1090－1153）クレルヴォーの聖ベルナールとも言う。神学者、宗教改革者。シャンパーニュにクレルヴォー修道院を創設して初代院長となる。

さに裏返しである。社会のモルタルとしての役割を果たす伝統的経験である一所定住は、服従という不文律を破ってしまえば機能しなくなるが、新しい試みのもたらす結果はそうはならない。中世のようなスローモーションの世界の中では、全体の教育システムは個人を社会やその規律に適応させるという意味で服従や隷属さえをも強調しているのである。

この現象に関して重要な証拠を含む史料は、（＊6）常に長老《セニョーレス》の存在の重要さを扱っている。「Senior（年齢を重ねたもの）」と「sanior（より分別のある）」は、指すものは違っているが意味は同じである（この問題については、後に検討することにする）。年長の者は、その年齢ゆえに賢明である。若年であっても賢明な者は、長老に相応しいライフスタイルをもっていれば賢者であると判断されるのである。これは、若き日の聖ベネディクトゥスのことを述べる際には、これまでにおいても用いられてきた比喩である（原注1）。

修道院の生活においては、一所定住と服従の両方が重要な役割を果たした。ベネディクト修道会の伝統やそのほかの修道院運動においても、一所定住という考え方は誓願の一つになっていた。誓願とは、修道士にとって修道生活の柱となる厳粛

聖ベネディクトゥスを描いた13世紀の細密肖像画（イタリア・スビアコ）。

な約束であり、具体的には、貞潔、清貧、上長《じょうちょう》に対する服従（！）、そして一所定住を意味する。初めの三つは、修道生活の形態の違いや解釈の違いに関係なく、常にどの時代にも存在している。

　したがって、大きな社会的枠組みの中で、修道院は（範疇としての）小グループとして機能していたのである。すべてのこのようなグループが必ずしも同じ目的をもっていたわけではない――たとえば、俗人はたぶん富と権力を手に入れることを目的としていたであろう――が、基本的理念は同じであった。事実、キリスト教が中世という時代に何か一つ植え付けるのに成功したものがあるとすれば、それはまさしく、共通の価値観を理論的に認識させることができたということである。

　徳という考え方はこのような価値観が表現されたものであるが、それに近づくにはコントロールという手段しかなかった。そのコントロールによって、万事は可能なかぎり静的な状態へと変えられていったのである。人祖《じんそ》の堕落の結果である人間の邪悪は、この方法でしか規制できなかった。服従と一所定住が重要であったために、長老修道士たちの果たす役割は必然的に大きなものとなっていった。修道院長とは、その語源の示す通り誰もが服従する「父」のことである。聖ベネディクトゥスは、『戒律』の序文で次のように述べている。

「我が息子よ、汝の師の教えを聴き、こころの耳を傾けよ。不服従なる怠惰のために離れ

景のためである。彼らの場合は、実年齢とは関係なく長老的英知を示していたということである。（たとえば、アルエーズの修道院長ウォルターは25歳で修道院長に選ばれたが、自分を評して「神聖な修道院長の座に就いた少年」と言っている。[52] 1123頁。

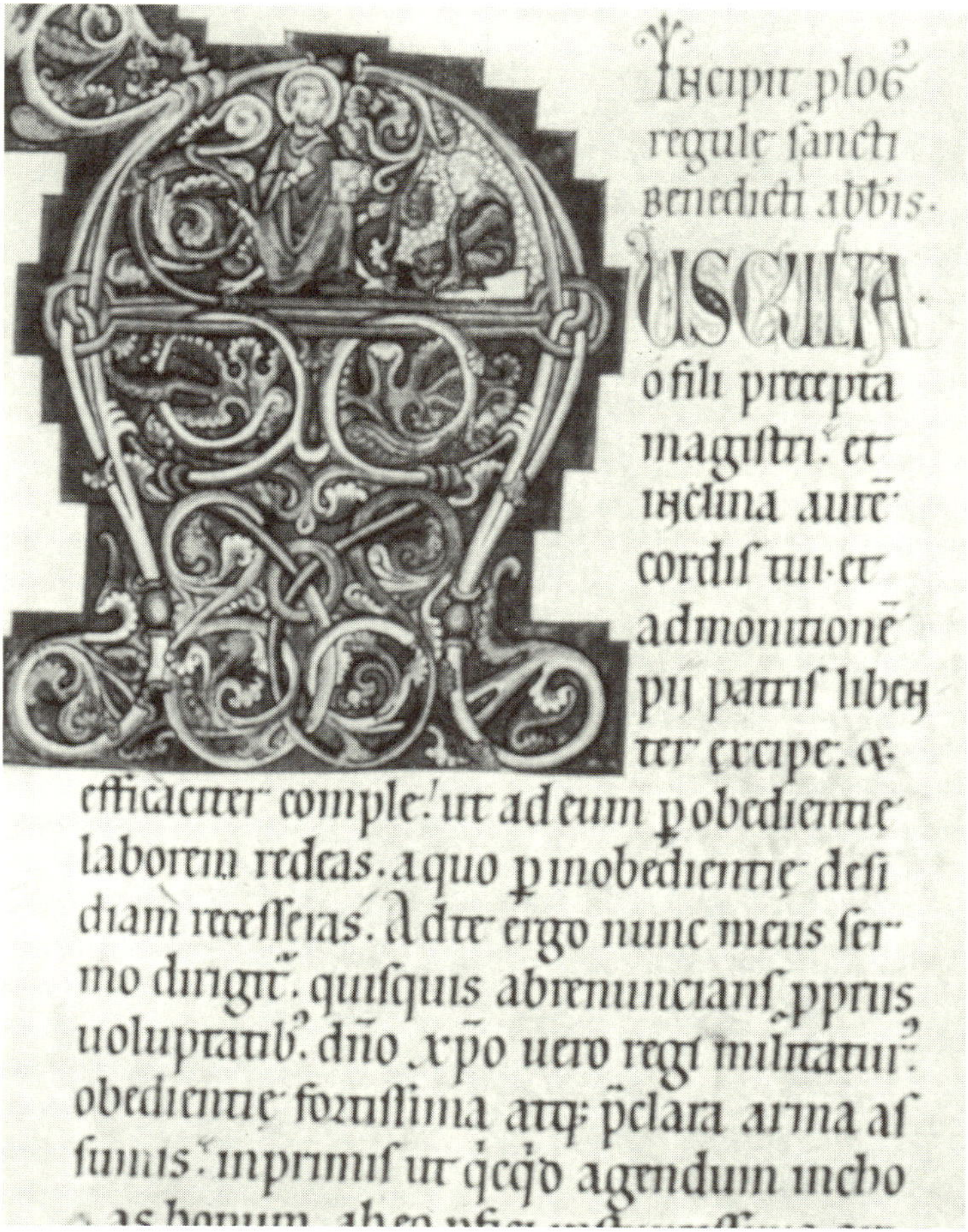

『聖ベネディクトゥスの戒律』のプロローグ（序文）（13世紀の写本）

（原注１）「幼少の頃から、彼は大人の心をもっていた」［26］126頁。「若輩ではなく長老といわれる者たち、すなわち年齢ではなく徳において経験を積んだ者たちをあらゆる所から招いて社交することは義務である」［9］121頁。しばしば、年齢的に若い修道士や聖堂参事会員が修道院長に選ばれることがあったのは、このような背 ↗

たる神のもとに、服従たる労働を通して戻れるように、汝の慈愛に満ちた父の助言を喜び受け入れ、実行せよ」（序章1～2）(原注2)

修道院では、年下の者たちは年長の修道士たちの言葉を真摯《しんし》に受け止めなければならなかった。また、特別な機会には、修道院長といえども長老（seniores）たちには相談しなければならなかった。すでに述べたような、賢明であることと肉体的に老齢であることが必ずしも相関するものでないことは、聖ベネディクトゥスのすばらしい『戒律』の中にも記述が認められる（3章）。『戒律』には、父子主義的で保守的なイデオロギーを感じさせるものがあるが、まさしくこの結果、そのテクストには見事に均整のとれた生き方が示されているのである。

一所定住という考え方の次にくるものは、「復古」という考え方である。退廃を防ぐということは、致命的な下降直線を回避しなければならないことであり、すなわち、それは歴史の梯子《はしご》を一段下りなければならないことであった。だから下に降りることは、同時により高く、より良くなることであった。このような精神的態度は一八世紀まで続いた。しかしその結果、いかなる変化をも精神的に受容するためには、とくに教会はその変化を過ぎ去ったことへの回帰として示されなければならなかった。(＊7)この場合、もちろん歴史事実としての過去ではなく、解釈・想像された過去への回帰ということである。したがって過去とは、人々によって理想化され、想像によって着色され、未知のものや歴史の現実の中

（原注2）『戒律』からの引用はすべて［8］による。

から取捨選択されたもの、すなわちフィルターを通して見た過去のことであった。

「わしらの時代はよかった。今は、何もかもがおかしい」

中世の史料を読んでいると、我々はこの種の嘆きを何度も目にする。現に、我々の日常会話の中にもそれはまだ生き残っているのである。

実際、このようなイデオロギーの退歩は使われた語彙にも反映されている。あらゆる変化は、昔の状況への「復古（restoration）」、「改革（reformation）」、「復興（renaissance）」として提示されなければならなかった。変化は、現実にはそうでなくともイデオロギー的には過去を振り返る必要があったからである。

根本的悲観主義と祀り上げられた修道院の創造性

神の創造した世界が不可避的に衰退に向かって進みつつある中、やはり不可避的に最後の審判の日が近づきつつあった。物質を否定的に考えることは、中世の宗教人たちが自分たち自身の宗教や世界に対して抱く精神的態度の顕著な特徴であった。（原注3）楽観主義的態度は、最後の審判を経て至る天国の生という、最終的な段階が確実に達成されて初めて抱きうるものであった。しかしそれは、成就されないのではないかという恐れから、確信をもつま

（原注 3）俗平民に関しては、このような全体的な悲観論が当てはまるかどうか疑問である。［80］186～202頁、［82］155頁。結局は、キリスト教の教義がどこまで社会に浸透していたかということによるのである。

でには至らなかったのである。ラテン語の葬儀典礼のもっとも感動的なものとして世に残る『怒りの日（*Dies irae*）』という、あの一三世紀のすばらしい聖歌のことを思い出していただきたい。それはまさに、ここで論じている感情を「正しい者でさえも決して安全ではない時代に・・・（Cum vix iustus sit securus・・・）」という恐れに満ち満ちた一行で見事に表現しているのである。

これまでの議論は、実際の行動の根底となる価値観の重要性を過大に強調しているという印象を与えるかもしれない。確かに、これまでのページで述べてきたことよりも人生はずっと楽しいものであったかもしれない。たとえば、祭日はたくさんあったであろう。貴族階級にとっては、騎士の馬上試合もあったであろう。また、都市のギルド仲間にとっては無節制な会食もあった。田舎の人々にとっては、守護聖人を祝う縁日もあったことであろう。すべて本当のことである。

しかし、忘れてならないことは、常にキリスト教イデオロギーの圧力が背後に存在していたということである。このイデオロギーの圧力があったために、すべての幸福の感情には——それが霊的なもので神に向けられたものでないかぎり——罪が内在しているということを騒ぎに興ずる者たちの脳裏から離れないようにさせていたのである。世俗的な環境の中で安楽を貪り、快楽のための快楽を得ることは逃避として認められていたが、それは伝統によって慣習化された、かぎられた状況においてのみ許容されていたことである。これは、俗にいう「転倒した世界」として知られるものである。カーニバルは異教の時代にその源を発し、本来は仮装して遊興にふける時間、すなわち人々が動物の扮装をしたり、異性の格好をすることに興ずる時間という意味で行われたものであった。

キリスト教はこういう時間に対しては否定的態度を示したが、完全には解消させることはできなかった。背後にある伝統があまりにも強すぎたことに加えて、このような催し物が社会的には民衆のストレス解消弁として機能していたからである。純粋な形のカーニバルがほとんど稀にしか存在していない今日でも、カーニバルには――慣習的な仮面や扮装は別として――特別な日を祝っての無礼講として、権力をもつ上司、配偶者、親などに対して罵声を浴びせるなど、一年を通して蓄積された欲求不満の発散を促す要素が含まれている傾向がある。年に一度の逃避の必要性が、年に一度の寛容を生み出したのである。社会の中心的な精神パターンを反映した社会秩序は、制限された範囲内でルールの逸脱行為を許すことによって維持されていたのである。言い換えれば、ルールは条件付きルール違反によって維持されなければならなかったのである。

「世の軽視（contemptus mundi）」は、キリスト教の中心的なイデオロギーである。それは、パラダイムとしての中世のキリスト教理念である。また、たとえば一一世紀の終わりから一二世紀の初めのように、時代によってはそれがはっきりと強調された時代もあった。カンタベリーの聖アンセルムス(15)やヒルサウのコンラートなどの作家が当時このテーマに関

(15)（1033－1109）スコラ学者。ノルマンディーのベック修道院に身を置くが、1093年、ランフランクの跡を継いでカンタベリーの大司教に着任するためイングランドに渡る。

して論文を発表したのは、人々が理念を忘れて人生があまりにも俗物的関心事で占められてしまっていると彼らが感じていたからであった。彼らの目には、根本的な改革が緊急に必要であると映っていたのである。必然的に、このような著作には退廃が必ず襲ってくるという心情が表されていた。すでに厳格に教義化されていた精神構造は、時代の経過とともにますます再構成が必要になってきていたのである。

　悲観主義と俗世の拒絶が、中世のキリスト教思想における中心的重要概念である。宗教のもつ社会的重要性――もっと厳密に言えば、修道院《モナスティシズム》のもつ社会的重要性――を研究する者にとって、これらの概念は何を意味するのであろうか。天使のような修道士たちは、俗世に縛られた人々に対してどのような貢献をすることができたのか。進歩が必ず退廃に終わると信じられていた時代に、悲観主義や俗世の拒絶がどのようにして進歩に至ったのか。悪い状態になることを防ぐという意味での保守主義が、地上に生きる修道士の生き方の目的ではなかったのか。一年、一生涯、俗世から逃避して生きることが、修道士が永遠の生を得るために労働する唯一の意味ではなかったのか。もし、修道士が（俗世間に目を向けていたという意味で）社会的役割を果たしていたのならば、それは天国に至るという霊的理念が達成できないことの結果ではないのか。修道士をして俗人の中にとどまらせ、社会の役に立つ存在たらしめたものは、単に彼ら自身の弱さだったということを最終的に意味することにはならないのか。本書は、以上のような疑問に答えるものである。

第三章

世俗的富の源

農村の環境——清貧の誓い

「このような悪は、根こそぎ切り取り修道院から駆逐しなければならない。修道院長の命令(原注1)なしには、何人たりともいかなるものも与えたり受け取ったりしてはならない。本であれ、書字板であれ、ペンであれ、何であろうと自分のものとしていかなるものも所有してはならない。修道院に身を置く者は、自分の肉体や意志でさえも思いのままにすることが許されていない。必要なものがあれば、修道院長にうかがいを立てること。修道院長が与え、許可したもの以外のものを所有することは戒律違反である。万物をすべての人と共有し、いかなるものも自分個人の所有物であると言ったり思ったりしてはならない」（33章）

聖ベネディクトゥスのこの言葉は、修道士の置かれた霊的立場のみならず経済的な立場をも非常に明確に規定している。彼らは個人財産の所有が許されておらず、すべての所有物は共有される。それに対して、修道院長は修道士たちを養い、彼らの共有財産を管理する責任をもつのである。『戒律』の別の章では、この神聖なる立法者は、修道生活に入る新しい修道士の持ち物をどう処理したらよいのかを述べている。

「もし、何か財産がある場合には、貧しい者たちに与えさせるか、厳粛な布施として修道院に喜捨《きしゃ》をさせなければならない」（58章）

（原注１）ドイル訳の「許可」は、原典のラテン語が「iussio」なので「命令」に変更した。

また、親が子どもを修道院に預けるときには、親は子どもに対していかなる所有物をも与えないことを誓約しなければならない（この慣習については後に述べる）。しかし、共通の財産となるような喜捨をすることは可能である。親が財産をもっていない場合には、何も喜捨をする必要はない。『戒律』を見るかぎり、このことは後の時代の、いわゆる持参金が修道生活に入るための必要条件ではないということを意味している。このような規定は、「我々が経験から学んだこと」の結果なのである。しかし、聖ベネディクトゥスは生前すでに気づいていたことではあるが、財産を共有するという理念と個人や家族の利己心という現実との間の闘いは明らかに修道生活に特有の問題であり、その後この問題は恒常的な問題となり、繰り返し表面化してくることになるのである。

以上の、『戒律』からの抜粋が意味するところは非常に明確である。すなわち、私有財産を否定することは物質的に貧しい生き方を意味するものではないということである。中世の時代においては、「貧しい《プア》」という言葉は、ものを持たない人間を主として指すのではなく、権力をもたない人間を指していた（58章）(＊1)。修道士は、自分自身の肉体に対しても権力をもたないのであるから、必然的に修道士は貧しい《プア》ということになる。よい修道服を着たり、おいしいものを食べることは『戒律』の文言に反することとは考えられていなかった。しかし、このような行為は、やがて聖ベネディクトゥスの言葉を正統に解釈するのには危険と見なされるようになるのである。

大土地所有

修道院に対する喜捨を容認していることからも分かるように、『戒律』は修道院の所領地をつくることは暗黙に認めている。聖ベネディクトゥスは、修練士(1)の持ち物は貧しい者たちに分配してもよいと冒頭で述べているが、『戒律』のほかの章では、実際上は修道院に喜捨すべきであるとしている。史料に間違いがなければ、中世初期のころから持参金は、修道院に入るために必要なものとして一般的な慣習、ときには条件にさえなっていたようである。(原注2)

何の喜捨《きしゃ》もしないで修道院に入る者がいたことは理論的にはあり得たことであるが、現存する史料には、これに関する形跡は何も残っていない。というのは、主としてこれらの文書が権利と物品の取引記録だからである。しかし、修道的共同生活という現実の状況においては、喜捨に代わるものを何も支払わないで一生涯にわたって生活の世話をしてもらうということは修道院全体にとっては負担になったはずであるから、喜捨なしに入ることはきわめて稀なことであり、通常ほとんどあり得ない話である。

実際、喜捨なしで入ることはほとんどなかったということは間接的にしか証明できない。修道院運動の歴史がしばしば示しているように、霊性ということが強く、より深く追求さ

(1)L. novicius：修道誓願をする前の試用期間にある見習いの修道士志願者を指す。
(2)11世紀に聖ロベルトゥスによって、フランスのシトーに創設された観想修道会。
(原注2)［180］では、強制的な喜捨という意味での持参金が、12・13世紀に教会法学者から聖職売買であるとして非難されるようになった経緯を述べている。

れた時代には、『戒律』は字句通りに解釈された。たとえば、一一世紀後半から一二世紀前半にかけてそうであったように、『戒律』を文字通りに解釈しようとする運動がはっきりとした形で起こると、生活手段をもたない人々も確かに修道院に自由に入ることができたようである。しかし、このような人々には、修道院に入ってからきわめて短期間の内に——たぶん数年以内に——とくにシトー修道会(2)などでは厳格な分離差別のシステムが実施された。修道院内において、ラテン語の読み書きができない平信徒たちは、読み書きのできる裕福な出自の帰依者たちから分離されたのである。後者は「聖職者」と呼ばれる修道士であるが、前者は「労務修士《コンウェルシ》」(3)と呼ばれ、修道士になることは許されなかった。このことは、修道院内に厳格かつ静的な差別の形態があったことを示すものであり、平等な権利を主張する現代人の世論には馴染まないものである(原注3)。

修道院が物質的富や広大な所領地を所有していたということは、単に持参金の結果だけだったのだろうか。そうではない。ベネディクト修道会の『戒律』が、中央イタリアのホーム・ベース以外の地域で確たる影響力をもつようになる以前、すなわち最初の修道院が中世初期のガリアに創設されたとき、これらの修道院はキリスト教の改宗プログラムを熱心に実践していた。これらの修道院の創設と基金の寄付は、たいてい王侯を介して行われていたのである。君主たちは、臣民を異教からキリスト教に改宗させるのは自分たちの責務であると考えていたからである。したがって、王侯からかなり実質的な基金が確保でき

(3)助修士とも呼ばれ修道士ではない。主に、修道院内の肉体労働に携わっていた。シトー修道会が、労働力確保の目的で無学な農民を募ったことは有名である。

(原注3)階級を識別するための印として、彼らはたいていあご髭をはやしていた。［3］128〜130頁、［78］65〜97頁。

ていたのである。そのもっとも顕著な例の一つに、パリの城壁外に位置するサン・ジェルマン・デ・プレ修道院(4)がある。この修道院の九世紀の土地資産目録には二二の所領地のことが記載されており、その総面積はおよそ三万二七〇〇ヘクタール（八万六〇〇〇エーカー）に及んでいる。しかも、これはこの修道院が所有する土地のほんの一部にすぎない(*2)。その土地の大半が、修道院が創設されたメロヴィング朝(5)期の五四三年に寄進されたものである。

実は、メロヴィング朝の君主たちは、五世紀に覇権をとったときにローマ帝国の広大な公有地を受け継いでいた。ローマ的な管理運営や組織の形態が、どのように、どの程度まで中世初期の数世紀間存続していたのかという問題に関してはここで詳しく検討することはできない。しかし、ゲルマン民族の進入の結果、荘園（villa）内の建物は破壊され放棄されたが、古代の大土地所有者の所領であった土地は、一般的には継続して耕作されていたとする意見が歴史家の間では近年有力になってきている。ゲルマンやローマの流れを汲む王侯や高い位の貴族全般のもつ莫大な資産は、ほとんど無尽蔵と思われていた。少なくとも、中世初期においては実際にそうであった。そうでなければ、ヨーロッパ中に散在するきわめて裕福で影響力のある数十にも及ぶ修道院に対して大規模な寄進をすることは不可能だったはずであり、さらには、労役と忠誠の代償に土地を与えて報いるという封建制度の確立はあり得なかったはずだからである。しかし、最終的には、土地資産は無尽蔵ではなかったのである。

（4）パリのセーヌ川南岸に位置する修道院。フランス革命時に建物のほとんどを消失するが、写本のコレクションは免れ、国立図書館に保存されている。

（5）キリスト教に改宗したクローヴィス1世（482－511）に始まり、6世紀に領土を拡大したが、751年にフランク王ピピン（714－768）によって滅亡。

修道院あるいは修道院運動全般が、長期間にわたって裕福な寄進者の雅量《がりょう》の恩恵を受けていたことは驚くべきことである。しかも、ほとんどの場合が、『戒律』をもっと厳格に遵守することが叫ばれるようになる時代まで恩恵を受け続けていたのである。喜捨が多くなればそれだけ修道院の富は増え、さらに修道士の数も増えただろうと考えられるが、実際には必ずしもそうではない。資産に損失が出たり、修道士の管理能力不足などのために必ずしも富や修道士の数が増え続けていったわけではないのである。教会史の研究者や当時の修道士の説明によれば、修道院の経済的凋落《ちょうらく》はしばしば道徳の退廃が原因であるといわれる。しかし、霊的忘我（Spiritual Absentmindedness）を修道理念として積極的に掲げていたために、資産管理の能力が修道院に欠如していたことが原因であるということはあまり指摘されることはなかった。つまり、修道士は実務能力があるものと考えられていたのである（原注4）。これは、貴族の管理能力は近視眼的で間が抜けていると一般に思われていたこととは対称的である。

霊的忘我は、彼らが修道生活に対していかに強い熱情を抱いていたかを裏打ちしているが、このために、天国を手に入れようと貴族が修道院に喜捨した物質的富をかえって危うくすることになった。このことは、修道士が自らのために書いた文書が絶えず我々に訴えかけているように、在俗の修道院長や教会財産管理者などの俗人が修道院の内政に干渉する場合の多くは、必ずしも修道院の富の略奪を意図した行為ではなかったということを意

（原注４）［131］241～283頁。「修道士の経済的メンタリティがしばしば指摘されてきたが、あまりに理想化されてきたきらいがある」［131］242頁。

味している。(原注5) 言い換えれば、このように俗人が干渉してくるのは、修道院の宗教的役割に対する自分たちの財政的投資が無駄な投資に終わることのないようにという懸念の表れと解釈することができるのである。

妨害とも思われるこのような俗人の干渉を避けるために、また、霊的、制度的、経済的自由を確保するために、修道院はしばしば為政者たちによって世俗的義務や責任が免除されていた。修道院とその財産は通常の世俗の行政・司法の枠外に置かれ、高いレベルの自治が保障されていたのである。修道院――あるいはキリスト教会全般――に対する免除措置（immunity）は、メロヴィング朝後期およびカロリング朝期に頻繁に行われた一つの特徴となった。

修道院の創設は、本書で後に述べるような「役割的互恵関係」とでもいうべきものが存在していた結果であった。そのため、富裕な貴族階級が存在することは、すなわち富裕な喜捨《きしゃ》を受けた修道院が存在することを意味していた。しかし、権力と富がそれを所有するごく少数の人間の指からすり抜けてこのように修道院に集中していった背後には、封建制度、財産の相続制度、侵略、意思伝達手段の不備など、ありとあらゆる社会的要因がかかわっていたのである。

まず、封建制度の結果としては、土地財産が社会的地位の高い一部の人間からたくさんの身分の低い人間――たとえば、王が自分の貴族たちに、貴族が自分の騎士たちにという

（原注5）［116］47〜58頁、305〜307頁。11世紀と12世紀には、改宗した貴族が出家に際して喜捨した財産を管理し続けることがあった。［259］3〜24頁。

（6）ハンガリーの ウラル語族に属する語族の主要民族。

ふうに――に譲渡されることになった。(原注6) また、相続遺産は息子たちで平等に分配されるのが伝統であったが、これは一族の結束がきわめて重要であったにもかかわらず、かなり裕福な一族でも数世代で財産が消散してしまう可能性があることを意味していた。第三の要因として、一般に考えられているほど危機的ではなかったとしても、八世紀から一一世紀にかけてヴァイキング、イスラム教徒、マジャール人[6]の侵入を受けた結果、ヨーロッパの広大な地域が荒廃し、略奪や身代金のために財産が失われたということが挙げられる。そして最後に、カロリング朝の情報伝達システムがうまく機能しなかったということについても、帝国の領土があまりに大きすぎたということがその理由である。帝国は、ピレネー山脈の真南からデンマークの国境にまで広がり、この巨大な領土のために、とくに危急のときには充分かつ効果的な統治ができなかったのである。

以上述べてきたこれらすべての要因のために、この時代は、事実上同義語であった二つの概念、すなわち一極集中の権力と一極集中の土地所有制の崩壊が加速してしまったのである。

修道院側から見れば、これは創設者や後援者の平均的、社会的地位が確実に低下していることを意味していた。カロリング朝終焉の一一世紀以降、修道院に対する寄進の規模は、かつて歴史ある修道院に寄進されていたものとは比較にならないほど小規模になってしまう。この議論に対する反論として、九〇九年に創設された、きわめて財政豊かなクリュニ

(原注6) イギリスでは、封建制のこのような遠心的影響力は事実上存在しなかった。封建制そのものは、大陸に比べるとはるかに遅れて、1066年のノルマン征服以後に導入されたものであるが、イギリスでの社会崩壊の要因が何であったかを見極めた上での導入であった。

ー修道院の集めた富の例を挙げる人がいるかもしれない。しかし、クリュニー修道院の創設者アキテーヌ公ギョーム[7]が寄進した額は、実際は、ほかの富裕な貴族たちがそれぞれ自分たちの修道院にたいして行った寄進の額とさほど大差はないのである。クリュニー修道院は、当時ベネディクト修道会では伝統となっていた個々の修道院単位の自治のシステムを変えて中央集権の修道会をつくった。そのことが刺激となって、その後数多くの寄進がなされ、幾つもの修道院がたて続けに建設されたのである。

　このことからも、富の流入がいかに大きなものであったかがはっきりとうかがい知ることができる。概して、新しく創設された修道院は、敷地面積、修道士の数、建物や貴重な写本の重要性の観点から見ても、以前からあった修道院よりも小規模である。その結果、一一世紀ないし一二世紀のベネディクト修道会の修道院は、数千ヘクタールを超える所領地

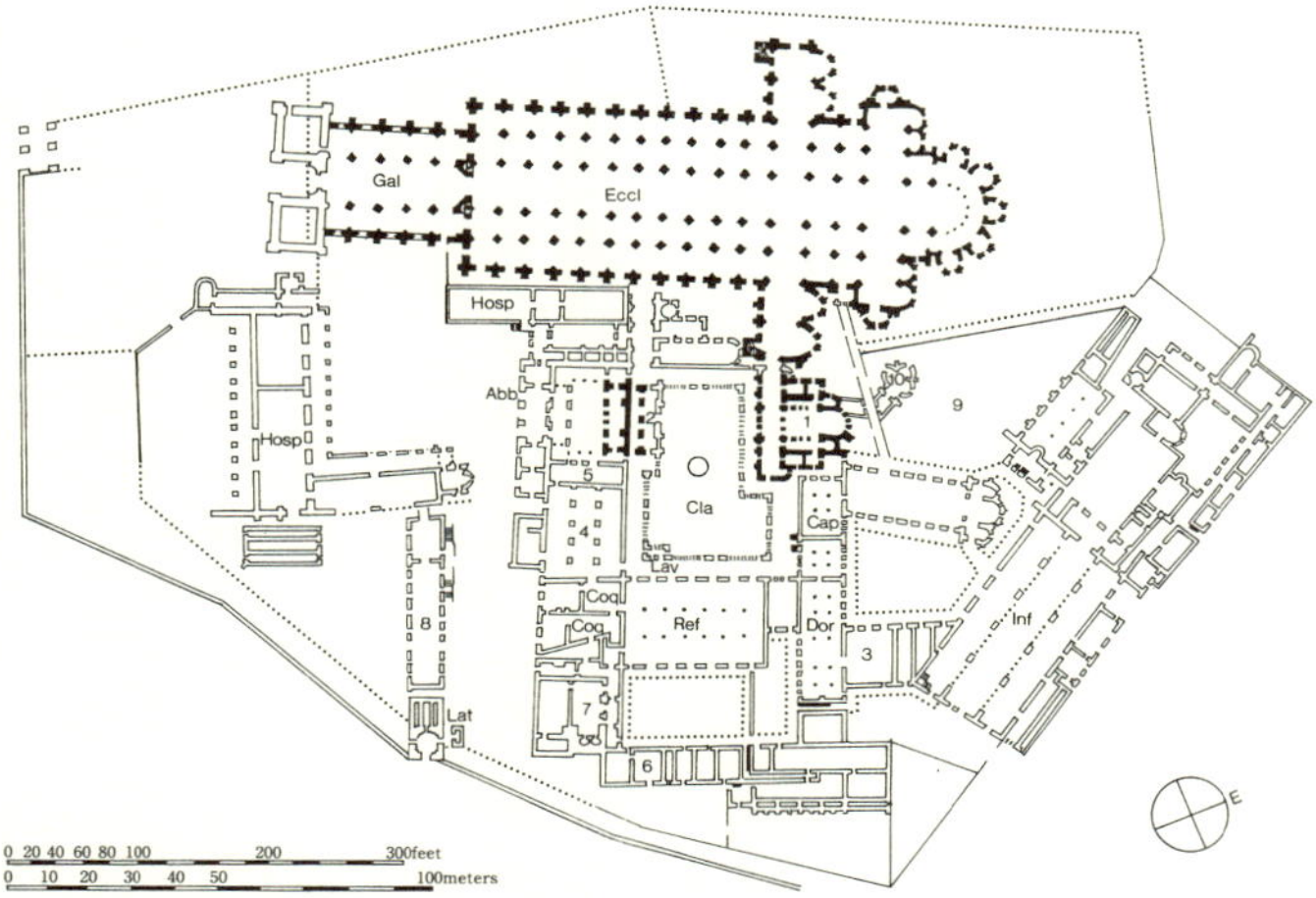

クリュニー修道院（フランス・ブルゴーニュ）。発掘調査と現存する建物に基づいて復元した平面図。

を誇るものはほとんどなくなったが、これは彼らが巻き込まれていたシトー修道会運動との決然たる競争の結果でもあった。歴史のある修道院と比較的新しい修道院との間に一般的に見られる格差は、一六世紀イギリスにおける修道院解散のときにも、一八世紀、一九世紀のヨーロッパ大陸でもまだ見られたことである。

ここまでは、土地資産について概略を論じてきた。しかし、現実には、土地資産のいろいろな形態――そのほとんどは年代によって決まった形態であった――もすべて明らかにしなければならない。古い時代の寄進は――たとえばローマ帝国の皇帝基金《フィスクス》(8)のように――大きな農業区画で構成されており、通常は幾つかの村落にまたがって広がっていた。寄進される土地はこれよりはもっと小さいこともあっただろうが、一一世紀ごろまでには少なくとも一つの荘園全体、すなわち今日の村落一つほどの規模になっていた。

同時に、このことから寄進されたのは単に土地だけではなく、農奴、家畜、農業機材など、その土地に帰属するすべての動産も含んでいたことが分かる。資産の流出、相続に伴う土地資産の細分化、修道院の増加に伴う競争の激化などのために、一一世紀以降に行われた寄進は以前に比べて規模が小さくなり、さほど名声の伴う行為でもなくなっていた。寄進されるものはもはや単に一区画の農地だけであったり、一家族の農奴であったり、あるいは荒れ地であったりという具合であった。一三世紀以後になると、ますます寄進の重要性は減ってゆき、たとえば、家賃なども一般的に喜捨されるようになっていた。中世後

(7)正確には、オーヴェルニュ伯ギョーム1世（敬虔伯）が9世紀末にアキテーヌの公爵位を獲得したので、アキテーヌ公ギョーム3世（敬虔公）である。

(8)古代ローマ帝国の国庫（aerarium）に対する皇帝の私的基金。帝国領土からの収益、没収財産、所有者不詳の土地からの産物などが資金源であった。

期や初期近代期に見られるたくさんの訴訟事件は、社会がより法律的な意識に変わっていったことや、文字の使用がますます増えていったことを示している。また、修道院が、自分たちの資産にもっと注意深くなる必要が出てきたことも示している。

修道院の所領地には、通常、たとえば一〇分の一税(9)、教区教会、領主の権利など、ほかの収入の要素も含まれていた。聖書やフランク王ピピン(10)の法律によれば、一〇分の一税とは、収穫された作物の一〇分の一を意味し、聖職者や貧者を扶養するのに使うことを本来の目的とするものであったが(*3)、カロリング朝終焉後の混乱期に地方領主によって頻繁に強奪されることになった。一一世紀後半になって教皇グレゴリウス七世(11)の下で始められた改革だけが、一〇分の一税を本来の姿に戻そうとする運動に刺激を与えることとなった。

概してこの時代は、一〇分の一税は管轄の教区聖職者の手に入ることはなく、かなり頻繁に修道院に納められていた。これは領主たちにとっては幾つかの理由で望ましいことであった。一〇分の一税改革は、天国を手に入れるための新しい手段であり、税が在俗の聖職者ではなく高潔の修道士に支払われることは、その目的を達成する確実な手段と考えられていたからである。同時に、たとえ不正に手に入れた品物を与えているにすぎなかったとしても、領主たちの雅量《がりょう》に対する名声は変わることはなかった。第三の理由としては、一〇分の一税は、しばしば自分の修道院——自分の一族が創設し、子どもや少なくとも一族のメンバーが修道士や修道女として暮らしている修道院——に納められたということで

(9) 教会の維持と貧民の救済を目的として設けられた公租で、収穫物の10分の1を教区教会に納めることが義務づけられた。この制度が廃止されるのは19世紀になってからのことである。

(10) (714−768) カロリング家のアウストラシア王。シャルルマーニュの父。

ある。

　聖堂を所有している俗人も、同じような不法感に苦しんでいた。教皇グレゴリウス七世の政策は、教会の内政に干渉してくる俗人に対処するためのものであった。教皇グレゴリウス七世によれば、キリスト教会は聖職者が支配するべきものであり、キリスト教会そのものがキリスト教社会全体を支配しなければならないものであるという。教皇も司教も物質的には自分たちの考えを実現するだけの力はなかったので、このような問題においては霊的な圧力のみが武器だったのである。一〇分の一税が主として修道院に与えられたように、世俗教会も修道院に帰属していた。したがって、これらの教会が、教会法や教会の伝統でいう魂の癒しに携わる人たちである司教の手にゆだねられていないという現実が頻繁に起こったのである。

　修道院は、たいていこれらの教会を単に補助的収入源としか考えていなかった。説教活動で得られるお布施や収入、あるいは教区の帰依者からの喜捨《きしゃ》は修道院に集められた。また、これらの教会が信仰のあついカルトの中心になっている場合には、修道士たちは巡礼者たちからの収入も手に入れた。通常、修道院――個人的には修道院長――はこれらの教会の「主任司祭《レクター》」(12)いう肩書きをもっていた。したがって、一般的には世俗聖職者である司祭は、実際には「教区司祭代理《ヴィカー》」(13)として教区の管理にあたっていたのである。ちなみに、教区主任司祭《レクター》と司祭代理《ヴィカー》は英国国教会に今日も存在している。

(11)（1020－1085）聖人。ローマのクリュニー修道院で教育を受ける。教皇権の絶対性を主張し、聖職売買、司祭の結婚、平信徒の任職権を禁止したため、神聖ローマ帝国皇帝ハインリッヒ4世（1050－1106）との間で「教権」と「帝権」をめぐる争いに発展した。

修道院の所領地には、公的権益あるいは封地上の権益も一部含まれていたと考えられる。すなわち、橋や渡し船の料金、領主の特権である製粉所の所有権などである。

以上、表面的ではあるが、修道院が所有する資産にはどのようなものがあったかをこれまで検討してきた。しかし、このような考察を通して初めて、修道院所有の資産がいかに地理的に散在していた可能性があるか、またその資産のタイプや取得時期がいかに多様性に富むものであるかという問題を考えることが容易になるのである。

これまで詳しく研究されてきたランス地方の修道院の例を具体的に挙げる。サン・レミー修道院は一八九ヵ所もの違った場所に資産や権利をもっていた。サン・ニケース修道院は一二九ヵ所、ノートルダム・ドゥ・ムゾンは一一五ヵ所、そしてサン・ティエリ修道院は九一ヵ所において資産や権利を所有していたのである。(*4)

開墾と管理の方法

以上の数字から、少なくとも一つの結論を導き出すことができる。それぞれの修道院には所領地があり、それは形態的にも地理的にも多様であったということである。それは、経済的な自給自足に至る方法であった。しかし、このような多様性は、霊的隔絶を成就《じょうじゅ》す

(12) rector：本来は聖職禄をもつ教区の司祭で、教区の全ての10分の1税を掌握する立場にあったが、修道院やその他の霊的組織が主任司祭（レクター）として10分の1税の掌握権をもつようになると、教区司祭は代理（ヴィカー）として教区の管理にあたった。

るための単なる理念ないしは要因にすぎなかったのであろうか。それとも、現実でもあったのだろうか。

中世の経済活動が農業中心であればあるほど——実際、一二世紀まではそうであったが——聖・俗いずれにおいても、大土地所有者たちは自ら生産するものにしか頼ることができなかった。歴史家がこれまで考えてきたほどには中世初期の商業が崩壊していなかったとしても、経済的に実益が大きかったのは主に長距離貿易であったことは明らかである。貴重な物品を輸送するという危険な要素には、確実な利益というカウンターバランスが作用していたのである。これに対して、農産物は一二世紀後半に輸送手段が改善されて初めて効率的に輸送されるようになった。以上のことから分かることは、土地の所有者が食料を必要とするときは、自分自身の供給システムをつくらなければならなかったが、贅沢品が必要なときは買うことができたということである。

農業の管理システムの中では、いわゆる荘園組織（manorial organization）がもっとも発達したシステムだったようである。これは、とくにライン川とロワール川に挟まれた地域に特徴的なことであった。歴史家はこの荘園制度——「villa - system」ともいわれる——が、メロヴィング朝に起源をもつものなのか、それともカロリング朝に起源があるのか、またローマ帝国後期の所領地である「大所領（latifundia）」がどの程度モデルや前例となったのか長い間議論してきた。(＊5) 最終的な結論の如何を問わず、この荘園制度については、

(13) Anglican Church：ヘンリー8世の離婚問題でローマ・カトリック教会から離教（正式には、エリザベス1世の時代にローマ・カトリック教会から独立）。英国王を首長とする。

それがしっかりと組織されるようになった九世紀の第２・四半世紀のころの古典的形態が、もっともよく知られている。しかし、史料の大半が修道院で書かれたものであることに加えて、主に修道院の資産しか扱っていないために、この制度がどこまで一般化していたのかということに結論を下すのは難しい。俗世間の大規模な土地所有に関しては、ほとんど何も史料がないのである。

シャルルマーニュが発布した法律文書には王室の荘園をどのように管理すべきかが述べられており、これは修道院が管理する荘園（villae）の形態とほぼ同じである。したがって、修道院の荘園管理は俗界の荘園管理と大きな違いはなかった可能性が高いと考えてよい。それはカロリング朝の司法権が強大だったからではなく、当時の時代とその社会構造を考えれば荘園制度自体が明らかに単純であったからである(原注7)。

「ポリプティクス」(14)と呼ばれる特殊な種類の史料を見ると、この荘園制度において司法、社会、農業がどのように組織されていたかを知ることができる。中でももっとも有名なものが、サン・ジェルマン・デ・プレ修道院長イルミノが九世紀初めに書いた文書である。これを読んで分かることは、所領地である荘園（villae）が管理上の単位になっていたということである。このような管理単位としての荘園は、今日の多くの（また、西ヨーロッパの地域によってはほとんどの）農村社会の前身と考えることができる。また、ある程度までは都市部の共同体の前身と見ることもできる。このような農業活動の背後にある考え方

（原注７）［158］297〜343頁は、微細ではあるが若干の違いを強調している。

(14) 中世初期に見られた土地や資産の調査台帳「所領明細帳」。

は、自分たちで消費するためにできるだけたくさん生産するということであった。そのためには、いろいろな土地、たとえば、牛や羊の放牧地や開墾地、豚を飼育したり木材を供給する森林などが必要であった。

農業の管理単位としての荘園の一部は領主が直接管理をしていたが、地域によっては行政長官が荘園所有者の代行を行うこともあった。これは所有者が二つ以上の荘園をもっている場合や、当該荘園が修道院のものである場合に行われたことである。農園での労働は、荘園に定住している人間が一部を行い、残りの仕事は荘園所属の小農園に住む自由小作人や農奴が行っていた。彼らは、自分たちの借地に対しては労働で借地料を支払わなければならなかったが、たいていの場合、週二日ないし三日の労働であった。馬や荷車がある場合には、その賃貸料を支払うか賃貸料の代わりとして輸送貨物を供出しなければならなかった。また、修道院が所有者の場合は、借地人は、たとえばミサの式典用としてワインの供出が求められた。したがって、借地人は、ときには数百マイル離れたほかの荘園まで出掛けてゆかなければならないこともあった。週の残りの日は、借地人とその家族は自分たちの自作農地（mansus）で労働をした。荘園全体がそうであるように、借地人自身も自由になる土地で自給自足の生活を維持しなければならなかったのである。

九世紀から一二世紀の間にかけて、管理方法や耕作技術に変革と革新がもたらされた。その技術革新の結果、生産が向上した。また、管理方法に変革がもたらされた結果、借地人にとっては好都合なことに荘園制度が崩壊した。まず、耕作技術については四つの技術革新があり、収穫の規模に大きな影響を与えた。新しい型の犂《すき》が導入されたことが第一の技術革新である。第二の技術革新は、これまでのような二年に一度作付け穀物を変える代わりに、三年に一度のローテーション——すなわち、冬穀物用、夏穀物用、休耕地というように耕作地ローテーションを変えること——になったことである。これによって、多種多様な穀物や野菜を栽培することができる耕作地が拡大することになり、凶作のリスクが減ることになった。第三の変化は、少なくとも北ヨーロッパでは、これまでの動きの遅い牛に代わって馬が使われ始めたことである。さらに後になると、蹄鉄も使われるようになる。そして最後の革新は、たとえば水車に見られるように、動力の使用が増えたことである（原注8）。

　このような構造的革新がもたらされたことによって、これまで述べたように伝統的な荘園制度が崩壊し、少なくとも一一世紀後半以降は、借地人の立場は改善されることになった。つまり、借地人から直接搾取することは廃止されていったのである。農民の支払う税が減額されたり、一定の納入金に変わることになった（しかし、それは反面、インフレには脆弱であった）。強制労働を前提とするこれまでのような伝統的制度では、結果として必然的に生産性が低迷するという問題があった。数値的に証明することはできないが、技術革新の主要な狙いの一つはこの問題を解決することにあったのである。しかし、史料を検討して推測できることは、教会と俗の領地の間には組織構造上の違いはほとんどなかっ

and Culture, 27, 1986,pp477～500）は、修道士（とキリスト教全般）が中世の技術革新にのための環境を創り出したというよりは、それに対して反応したにすぎないという的を射た指摘をしている。

たということである。事実、俗の荘園が修道院に寄進されることを記した勅許状を読むと、組織構造に手を入れる必要があるということはいっさい書かれていない。

九世紀においては、平均的な借地人が使用していた土地は、聖・俗いずれの所領地でもおおよそ一五ヘクタール（三七エーカー）であった。このことは、いずれの所領地においても借地人の生活水準はおそらく同じようなレベルであり、どちらの場合もギリギリの貧しい状態であったことを示している。しかし、修道院の所領地に関しては、もっと充分な生産性が期待できたのではないかという点について幾つかの疑問が出てくる。第一の疑問は、たとえば『戒律』によって修道士に義務づけられていた肉体労働は、生産性にどのような影響を与えたかということである。二番目の疑問は、とくに製粉設備などは資金のかかる設備であることを考えると、修道院の富が増えるにつれて、農業に対して投資は増えていかなかったのかということである。

修道士の肉体労働が、農作物の総収穫量に大きな影響を与えたとは考えられない。リン・ホワイトは労働を肯定的に考えることが修道院の特徴であり、それが労働倫理全般の向上につながったと自著で述べているが、我々としてはこのような意見には懐疑的にならざるを得ない。実際、「日々の肉体労働」（48章）と題する章で聖ベネディクトゥス（および、いわゆるマスター）が規定している内容を読むと、生産それ自体が目的ではないことを示す意味があったことが分かる。これら霊的立法者たちにとっての肉体労働の目的は、

（原注８）［111］211～225頁、［255］39～103頁。フェアフルスト（［250］）は、技術革新は11世紀から13世紀にかけての人口増加の前ではなく、後に起こったとする意見を支持している。G・オヴィットJr（'The Cultural Context of Western Technology : Early Christian Attitudes toward Manual Labor', in : *Technology*↗

怠惰な生活と闘うことであった。怠惰は魂の敵だからである。

また、肉体労働は廉恥心の鍛錬でもあった。ほとんどすべての文明において、野の労働は卑なるものと考えられていた。それは、奴隷やほかの野卑な存在が行うものであったからである。日焼けした首は恥辱の印とされ、いかなる犠牲を払ってでも避けなければならないことであった。だから、富裕で高貴な修道士が最初に学ぶべき重要なことの一つが、プライドを捨て、肉体労働——すなわち奴隷のする労働——を実践することだったのである。このように、肉体労働は修道士がつらい思いをして廉恥《れんち》心を身に着ける過程であることを裏付けているが、『戒律』のどこにも、勤労の義務や生産性向上の義務などはうたわれていない。隷属《れいぞく》的特徴をもつ肉体労働は、廉恥心を美徳として強調することに本来の目的があったのである。このように、肉体労働の意味は主として霊的なものであり、物質的なものではなかったということができる。

果たして、それは物質的でもあり得たのであろうか。平均的な修道院を考えてみたい。たとえば修道士が一三人おり、おおよそ二〇〇〇ヘクタール（五〇〇〇エーカー）の土地——すなわち、五つの村落ほどの規模で、数百人から最大でも一〇〇〇人程度の人間が暮らし、そのうちの三分の二ほどが経済活動に従事している広さ(原注9)——をもっている平均的な修道院である。一三人の修道士は、これらの労働人口の生産する農産物の余剰物とは部分的に無関係な生活を営んでいる。部分的にというのは、修道士にはほかの収入源——この

(15) 瀉血（blood-letting）がいつ頃から修道院に導入されたかは不明である。修道士は、年に5回ないしは6週間に一回程度瀉血を行う義務があった。シトー会では、2月、4月、6月、9月の年4回行われた。瀉血を行った者は、食事の内容、聖務日課などの点で特別に扱われたために、中世後期にはこの制度を乱用する者が現れるようになった。

場合は、たとえばお布施など直接収入となるもの——がもっとたくさんの物資を供給していたからである。

修道士自身が働く時間は、夏で六～七時間、冬はもう少し短くなるが[*6]、修道院全体の仕事の量に比べると何ほどのことでもなかった。さらに、彼らの労働は聖務日課のために中断することがあった。また立場上、必然的に修道院の建物の周辺で行う労働になるため、食事の内容も野良の重労働に相応しい栄養価のものではなかった。加えて、修道士のすべてが肉体労働をすることができたわけではない。彼らは、年に数回瀉血《しゃけつ》[15]をしなければならなかったからである。また、ものを書いたり、修道院内部の雑務や、維持管理業務などの仕事も肉体労働と見なされていた。これらのことを考えると、修道士の労働はほとんど取るに足らないものであったことが分かる。この点に関して、聖ベネディクトゥスの『戒律』がいつも熱心に遵守されていたか否かは定かではない。大きな影響力をもつクリュニー修道会運動[16]が日常生活における典礼の重要性を強調していたために、肉体労働はまさしく脇に追いやられてしまっていたからである。

つらい隷属的労働は、天国に至るための有効な手段であるということがカトリック教義で一般的に受け入れられるようになった[原注10]。しかし、隷属的労働の倫理と修道院《モナスティシズム》との関係ははっきりしていない。前者に対する聖書的背景は、「創世記」（3・19）にいう「人類は日常生活に必要なものを額に汗して稼ぐ必要がある」という部分に見いだすことができるが、

（原注９）［225］31～41頁。彼の試算する平均人口密度は、定説より低い値を示している。

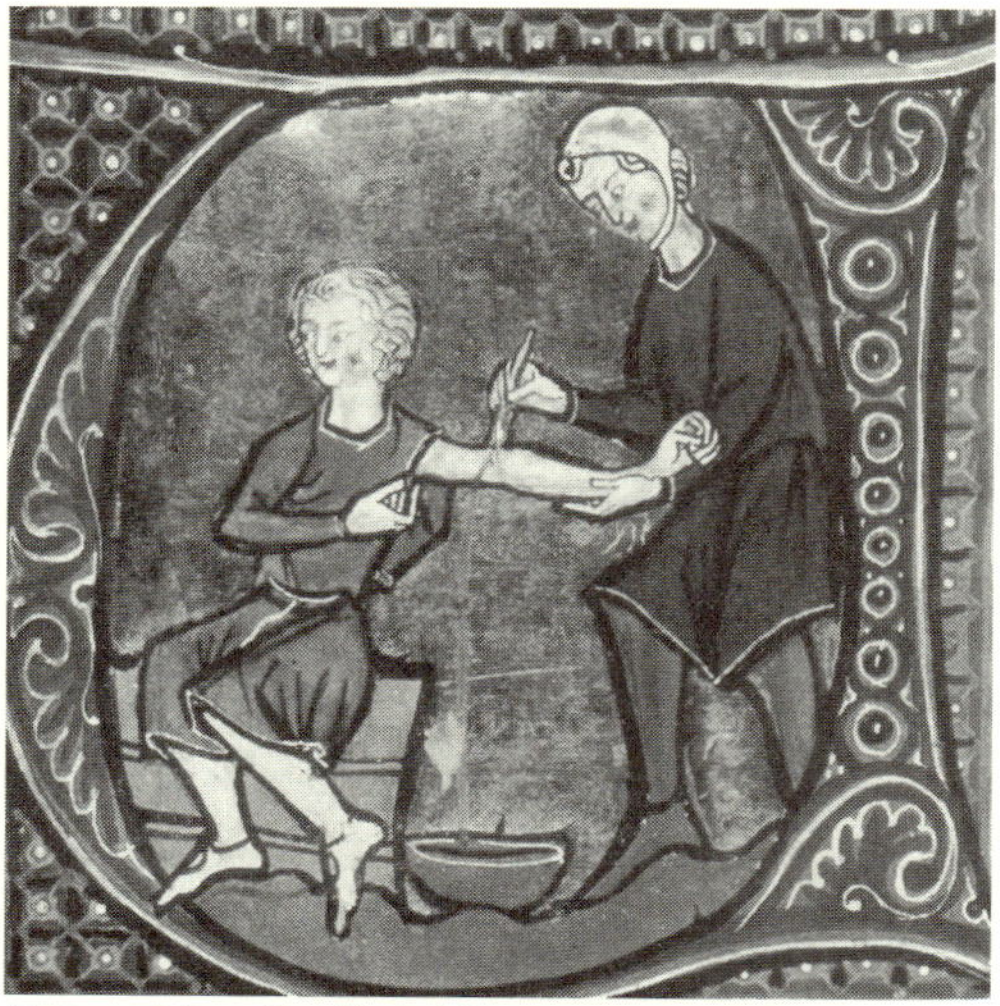

瀉血。万病に効く治療方法と考えられていた。
（出典：Maggie Black “The Medieval Cookbook” British Museum Press, 1992）

---

(16) カロリング朝崩壊後の修道院改革運動の一つ。909年創設のクリュニー修道院に由来し、「労働」を軽視し、祈りを中心とする「典礼」を重視したのが特徴。

(原注10) しかしながら、このような考え方はマックス・ウェーバーのいう初期近代のプロテスタント商人階層の労働倫理とは異なるものである（[253] 138～173頁）。キーザー（[149] 103～123頁）は、ウェーバーの理論を応用して、ピューリタンの労働倫理は修道士によってつくられたものであると主張しているが間違いである。

(原注11) D･ローアマン（[178] 367～404頁）は、水車製粉所が早い時期に導入されたことを強調している。荘園領地が修道院財産となるはるか以前から、水車製粉所が多数存在していたことを非常に明示的に示している。中世でもっとも徹底した人的・資産的資源の調査書である『ドゥームズデー･ブック』によると、イギリスでは修道院領地と俗領地のどちらにも水車製粉所が存在していた。水力が利用できる所であれば、一村落当たりに最低一つの水車製粉所があるのは当たり前のことであった。[171] 278～287頁。

『戒律』の目的である怠惰な生活に打ち勝つという考え方とはまったく異なるものであった。事実、前者はギリギリの生存に対するあからさまな欲求を昇華するものであるのに対して、後者は経済的な意味では怠惰な生活が可能な富める者たちに対するモラルの武器であった。

修道士は、たとえばコストのかかる製粉所などのような農業の下部構造には、多くの投資をしていたのであろうかという疑問が残る。しかし、この問題に関しては、俗の土地所有者に関する史料がほとんど残っていないので、答えを出すのは甚だ難しい[原注11]。しかし、領主には製粉権があったという事実が示すように、土地所有者は製粉所に投資することによって得られる長期の経済的、財政的利益のことは一般に気付いていた可能性はある。修道士もほかの製粉所所有者も、自分たちの領民たちに製粉所を強制的に使わせようとしていたが[＊7]、修道士のやり方に何らかの霊的な意図が影響を与えていたか否かを確定する証拠がない。しかし、このような問題こそ我々の興味をそそるところである。

土地開拓活動

これまで扱ってきたテーマに関するさまざまな側面は、主として一二世紀以前の時代に関することであった。したがって、修道院に関する考察は伝統的なベネディクト会士――彼らは身に着けていた黒の修道着から「黒のベネディクト会士」と呼ばれていた――にかぎられたものであった。しかし、広範な土地開拓運動に代表される一二世紀以降の時代も考察しなければならない。概して教会史研究家は、この大規模土地開拓運動を新しい修道会――とくに、シトーのベネディクト修道会――と関連づけて論ずることが多い。しかし、とくにこれら両者の関係にさほどの重要性を認めない経済史研究家が多いことを考えると、この関連は本当に史料の裏付けがあるのであろうか。若干の回り道をしてデータを検討してみたい。

その回り道とは、すなわち「一二世紀ルネサンス」である。この「一二世紀ルネサンス」という表現は、一九二〇年にチャールズ・ホーマー・ハスキンズ[17]が初めて使ったものであるが、主として知的生活を網羅するものであった。後になってその意味が拡大され、驚くべき創造性を発揮した、あの時代の社会全体の側面を含むようになったのである。人口、経済、制度、宗教、そのほかすべてが動乱状態にあると思われた。社会は、一〇五〇年から一二五〇年の間に根本的に変わったのである。

見るからに唐突なこの変化や発展は、しばしば経済や人口の点から説明されてきた。経済や人口は、歴史の発達における主要なベクトルと考えられるからである。歴史家は、同じ史料を用いているときでさえ、一二世紀以前の時代は当時の史料が示しているように本

(17) Charles Homer Haskins (1870－1937) ペンシルヴァニア・ミドヴィル生まれ。ハーヴァード大学中世史学教授。邦訳に、『十二世紀ルネサンス (*The Renaissance of the 12th Century*)』(別宮貞徳・朝倉文市訳、みすず書房刊) がある。

当に暗黒であったのか否かという問題を長々と議論したりする。それでも、九世紀のカロリング朝時代には、人口の増加に加えて土壌の疲弊が深刻化しつつあったことを思わせるかのように、若干の土地開拓が行われていたことを示す史料が実際にあることを否定するのは困難であろう。ただ、一一世紀以前に大規模な土地開拓が行われていたことを示す史料は何もない。

　地域によっては、土地開拓運動が一〇五〇年から一二五〇年にかけての時代の活力を示す一大特徴になった所もある。村々の間の森や境界地域がすでに開拓された結果、自らの領地に開拓の余地がなくなってくると、大きな河口や海岸沿いの土地、あるいは鬱蒼《うっそう》とした森林などが耕作地に変えられていった。さらに後の時代になると、移住運動が起こり、中央および東ヨーロッパのスラヴ系民族の領土のかなりな地域を植民地化することにも発展していったのである。大きな投資が必要となるこのような活動がなぜ行われたのかということは、まさしく人口問題という圧力が存在したということで説明ができる。これには史料の裏付けもある。勅許状を調べると、少なくともある程度までは人口が増加していたことが確認できるのである。(原注12)

　「一二世紀ルネサンス」のもう一つの特徴は、「グレゴリウス改革(18)」と呼ばれる宗教復興である。表現からも分かるように、この改革には二つの主要な側面がある。一つは、制度

(原注12) フォッシエ（[121]）によれば、12世紀の第3・四半世紀では人口増加率は年平均0.28%、第4・四半世紀では0.72%である。13世紀の第1、第2・四半世紀に関しては、それぞれ0.12%、0.64%である。

にかかわるものである。一一世紀の後半以降、歴代の教皇たちはカトリック教会を俗人の干渉から解放しようとしたということである。二番目の側面は、少なくとも当時の農業の動向がかかわる状況においてはかなり重要となる。聖職者にも俗人の中にも、修道的情熱にとりつかれ、いわゆるキリストの清貧に引きつけられた人々がいた。[原注13] 彼らは、福音書に書かれているキリストの生き方や、使徒言行録[19]にいうエルサレムの原初キリスト教社会の行動を模倣しようとした。このような俗事や富からの隠遁《いんとん》は、「裸のキリストに裸で従う（nudus nudum Christum sequi）」というスローガンとして公式化されることになり、一三世紀半ばに至るまでしばしば口にされた。

宗教組織という点では——もっとも、これらの人々はそのような組織というものをいっさい拒絶していたが——隠住修道生活から共住修道世活に至るまで、ありとあらゆる解決策が試みられたのである。これらの試みの中には、残るものもあれば消えてしまうものもあった。一般的には、聖職者たちの行った試みの方が俗人の試みよりも成功の確率が高かった。しかし、このことは単に当初の目的（propositum）を変更したり放棄せざるを得なくなったということを意味するにすぎないのかもしれない。このようなことは、後に重要な修道院に発展することになる隠遁《いんとん》者の庵（hermitage）でとくに一貫して起こったことである。

一〇八四年に、アルプスから遠く離れた地域のグルノーブル周辺に創設されたカルトゥジオ修道会だけが、隠修士的理念と共住修道的生活を統合することに成功している。トスカーナやウンブリアの丘陵地帯では、これよりもさらに数十年も前に、二つの似たような修道院運動であるヴァロンブローサとカマルドリ[20]がすでに修道会派に発展していた。

修道会派は、通常、参加する修道院の間の誓約にのっとって創設されるが、「母親修道院（mother-house）」が「娘修道院（daughters）」に対してある一定の権限をもつように定めた修道院創設政策に基づいて設立されることもある。母親修道院によっては、優勢を誇ってきた聖ベネディクトゥスの『戒律』を破棄し、ほかの修道会派のように、聖アウグスティヌスの「戒律」を自分たちの戒律の基礎として選ぶところもあった。

聖アウグスティヌスは、ヒッポ（今日のアルジェリア）の聖堂聖職者に対して共同生活することを義務づけていた。それ以後、カロリング朝時代にはいわゆる教会法運動が新たな息吹を受けることになった。また、一一世紀末から一二世紀初めにかけても再び同じような運動が起こったのである。ほかにも、改革をめざす修道会によっては、聖ベネディクトゥスの『戒律』の本来の意味に重きを置いた新しい解釈に注意を向けようとするものもあった。ブルゴーニュのシトー修道院だけが戒律を字句通りに遵守しようとする唯一の修道院ではなかった――たとえば、サヴィニー運動[21]などもある――けれども、それは影響力の点ではとくに重要な修道院であった。

一〇九八年に、相当数のベネディクト会士が自分たちだけの本物の生き方をめざしてモ

パヴィアのカルトゥジオ修道会の修道院（イタリア・ロンバルディア）。中庭を囲むように修道士の居室が配置されている。このレイアウトは、カルトゥジオ修道会の起源が隠修士的共住であったことを想起させる。

(18) 11世紀半ばからのおよそ100年間に、西方キリスト教会で道徳的·宗規的·行政的改革を目指して行われた教会大改革運動をいう。教皇レオ9世（在位1049－1054）の聖職売買と聖職者の独身制に関する教令変更に始まるこの改革運動は、教皇グレゴリウス7世（在位1073－1085）に至って頂点に達することになる。

(19)「使徒行伝（The Acts of the Apostles）」とも言う。『新約聖書』の第5書。キリストの弟子たちの行いを記したもの。

(20) ヴァロンブローサ修道院はフィレンツェの聖ヨハネス·グァルベルトゥスによって創設された修道院で、隠修士的精神を集団生活の中に実現しようとした。カマルドリ修道会は聖ロムアルドゥスによって創設されたベネディクト会の枝派で、1012年頃にカマルドリに隠修士の集落をつくり、東方の修道生活を西方に取り入れようとしたものである。

(21) モルターンのウィタリスが、サヴィニーの森に開いた隠者の庵から発展したベネディクト修道会改革の運動。灰色の修道服（habit）が特徴。

(原注13) 修道院史を扱った著作には、一次史料の誇張された内容を文字通りに解釈して、しばしば「多くの人間（lots of people）」などという言い方をすることがある。数字を挙げるのは極めて無謀なことではあるが、ここでは全人口の1％以上の人間がかかわっていたと主張することは極めて難しいことである。

レーム修道院を後にした。[22] やがて、とくにそのダイナミズムで同時代の人々に大きな刺激を与えることになるある行動的な若者の到着を受けてこの運動は発展していった。そして、短期間のうちにクリュニー修道会の修道院と対抗するまでになり、一時はクリュニー修道会の魅力を大きく凌駕することになった。その若者とは、後に「クレルヴォーの聖ベルナルドゥス」として名を知られることになる人物である。

当初から、シトー会士の労働に対する態度は、黒のベネディクト会士の間で慣習的になっていた考え方とは根本的に違っていた。前者は、他人の労働の利益を受けて生活することは違法であるとしたのである。これは、農民の生産するものに自分たちの経済や肉体の生存が完全に依存している黒の修道士たちと真っ向から対立することになった。小作料や一〇分の一税というベネディクト会士にとっての二つの主たる収入源は、シトー会士によって否定された

コルティブオノのカマルドリ修道会の修道院（イタリア・トスカーナ）。ロマネスク様式の聖堂と後代の建物。

のである。シトー修道院の初期の規律を定めた文書が述べているように、「我々の修道院の修道士は、自らの手になる労働によって、野の労働によって、また家畜の飼育を通じて、自らの食べ物を得なければならない」のである。またこの規定は、「教会、祭壇、埋葬式の収入、他人の労働や飼育による産物の一〇分の一税、村落、農奴、小作地、パン焼き釜や製粉所の使用料収入……」(*8)を所有することは禁じていた。

このように、シトー会士は生活の糧を得ることに関しては黒のベネディクト会士とは考え方が違っていたけれども、「肉体労働の生産性や効率を上げようとしなかった」(*9)という点では考え方は基本的に同じであった。

伝統的なベネディクト修道会の修道院ならば、ほかの富裕な土地所有者たちと同じように耕地開拓運動にかかわっていた可能性がある。長年の耕作に加

サン・タンティモのベネディクト修道会の修道院（９世紀創設、イタリア・トスカーナ）。隔絶の地にあるものの、ローマから北ヨーロッパに至る主要街道であるヴィア・フランキゲナからはあまり離れてはいない。

えて、土地を肥沃に保つ技術が不充分であったために、土壌の肥沃さが失われやせ衰えたこれまでの土地に比べれば、数年間のリスクや損失を考えても土地開拓ははるかに多くのものを生産してくれる投資であったからである。実際、ベネディクト修道会の修道院は地主として土地開拓に参加したのであるが、それは霊的なものを考慮した結果ではなかった。しかし、ベネディクト会士が自ら土地開拓に精を出しているところを想像してはならないことは当然である。

それでは、シトー会士はどうであろうか。他人の生産活動から恩恵を受けることを彼らが拒んだということは、彼らには独自の肉体労働のプログラムがあったということである。しかし、それだけでは、彼らが土地開発運動にかかわっていたということを説明することにはならない。シトー修道会に影響を与えたほかの二つの重要な条件を考えなければならない。すなわち、彼らは地理的に隔絶できる場所を求めていたということであり、彼らの寄進者の方にも掛け引き上の計算があったということである。

白の修道士――廉痴《れんち》の印としてシトー会士たちは晒《さら》していない自然の羊毛の修道服を身に着けていた――の理念は、荒野に住むことである。それは、古《いにしえ》の隠修士が住んだような、本当の意味での荒野（desertum）ではなかったが、俗人の居住地域から遠く離れた、たとえば森の中の空き地のような隔絶された土地である。(*10)『教会の種々の会派および召命の本（*Liber de diversis Ordinibus et Professionibus qui sunt in Aecclesia*）』という本で、その一

(22)ディジョンの南、シトーに移り住んだのは、修道院長になるロベルトゥス（1027？－1110）と他に21人の修道士たちであった。

二世紀の著者は、クリュニー会士のように俗世間に近い所で生活する修道士と、シトー会士のように俗世から遠く離れて生きる修道士とを厳密に区別している。(*11)

後者が「聖書」に述べられている恐怖と孤独の地を希求していたとはいっても、彼らが向かおうとしている荒野（desert）が本当に荒涼とした地であったか否かは、史料で確認することはかなり困難なことである。それならば、これは彼らの霊的な政策に基づいた虚勢にすぎないということもあり得るだろうか。たとえば、コンスタンス・バーマンによれば、南フランスのシトー会士は未開の荒野には向かっておらず、反対に開拓された土地を組織運営することに長《た》けていたという。(*12)シトー修道会の文書に記されている伝統に反して、シトー修道会の中には、村民が追放されて住む者のいなくなった村落の土地に創設されたケースもあるという。(原注14)シトー修道会の基本的テクストの一つである『愛の憲章（*Summa Cartae Caritatis*）』には、「我々には、自分たちで使用するための河川、森林、ブドウ園、放牧場、俗人の住居から離れた土地を所有することは許される」と述べられている。(*13)しかし、ファーネスやリーヴォーのようなイングランドの多くの修道院遺跡が示しているように、修道院が建てられている土地のほとんどは、純粋に霊的な理由で選択されていたことが分かる。(*14)

このように隔絶された土地を求める行動は、幸運にも篤志《とくし》の寄進者の願望と合致していた。なぜなら、時代が進むにつれて、昔ほどは富裕ではない領主たちが修道院を寄進する

（原注14）［108］141〜164頁。しかし、後の発掘調査では、著者が当初に考えていたことに反して、必ずしもそうとは限らないことが分かった。（［241］1〜35頁）。［73］794〜825頁も参照のこと。

ことが多くなっていたからである。修道院の創設はステータスシンボルになった。修道院の創設は寄進者の一族にとっては霊的な意味では必要なことではあったが、経済的には負担となる事業でもあった。この点では、伝統的なベネディクト修道会の修道院よりはシトー修道会の修道院を創設する方が簡単であり、経済的負担も少なくて済んだ[23]。

土地の寄進を受ける時点では、シトー会士はしばしばまったく価値のない荒涼とした土地――後に開墾され肥沃な土地に変わっても――を求めたのである。このような土地であれば、寄進する側も即座に財政に影響を受けることはなく、修道士たちの側も満足であった。さらに、寄進者にとっては求める霊的恩恵が確実に保証されると思われた。会の基本的テクストにも述べられているように、シトー会士は伝統的なベネディクト会士よりも厳格な生活（arctior vita）を実践していた。その結果、彼らの方が神の恩寵《おんちょう》を多く受けられるものと考えられていた。

シトー会士は『戒律』を字句通りに読み込むことによって、不可避的な退廃に向かう梯子《はしご》を一段下りた生活を実践していた。したがって、白の修道士や新たに創設されたほかの修道会へ寄進することは最善の霊的投資と考えられていたのである。このような理由のために、一族の余剰な人員を修道院に収容するという考え方と相まって篤志の行為が行われたのである。霊的恩恵と物的恩恵という二重の利害が修道士と領主の双方に存在していたために、一二世紀中葉にかけて増加の一途をたどる修道院に対して数かぎりない寄進がな

(23) いわゆる「クリュニー・シトー論争」に見られるように、華美で尊大な生活に流れたクリュニー会とキリストの清貧を厳格に実践しようとしたシトー会とでは、創設にかかわる資金や考え方に大きな違いがあった。

されていったのである。

このような状況において、修道院《モナスティシズム》の霊的理念が、一二世紀ルネサンスのもたらした偉大な社会的・経済的発展と一致を見ることになる。土地開拓運動は遅くとも一一世紀には始まっていた。シトー修道会は一二世紀の第2・四半世紀以降になって強力に修道院網を拡大することになるものの、その土地開拓活動は一二世紀の第2・四半世紀以前まではさかのぼることはない。白の修道士が土地開拓運動にかかわるようになるのは自らの掲げる修道生活の理念による結果であり、しかも、ほかの数多くの参画者の一人としてである。

ちなみに、どのくらいの修道会員[24]が実際に土地開拓運動にかかわったのであろうか。フランドル地方でもっとも重要なテン・ダネン修道院の史料によると、一二〇三年から一二五九年の時期には、およそ四三〇人の修道士と労務修士がかかわっていたことが分かる[＊15]。この時期には、同じ地区に、人数的には小規模ではあるがほかにも五つのシトー修道会の男子修道院があった。数字的には、土地開拓運動にかかわったのはフランドル地方の総人口の一パーセントにも満たない[原注15]。

これに関しては、D・ノウルズも同じような結果を報告している。イングランドに関する彼の研究では、総計三〇〇万の人口のうち一万五〇〇〇人の修道会員——修道士、労務修士、司教座聖堂参事会員——がかかわっていたという。この数字は黒のベネディクト会士、シトー会士、司教座聖堂参事会員という三つのカテゴリーについては、イングラン

(24) ここでの修道会員とは、男女、平信徒、聖職者を問わず、修道会員全体を指す。

(原注15) 概算については第5章を参照のこと。12世紀末には、女性シトー会士（修道女および助修女）の数はもっと多くなっていたはずである。というのは、修道士は自分たちにとっていわゆる負担となるものを制限しようとしたからである。

ドのすべての男子の〇・一七パーセントに当たる。(＊16) したがって、シトー会士が霊的隠遁と地理的隔絶を希求していたことをとくに考慮すれば、修道院のもつ影響力はこれまでしばしば指摘されてきたほど重要なものではなかったと言えるのではないだろうか。

　肉体労働という理念を現実に移す作業として、野の労働を実際に担当する労務修士は二つの役割を兼ねていた。一つは、修道士に代わって農作業をする役割である。聖ベネディクトゥスの『戒律』は修道士にしか適用されず、しかも修道士は断食《だんじき》があるため、物理的に名目的な農作業以上のことはできなかったからである。二つ目は、伝統的な荘園における自由小作人や農奴が行っていた労働の代役である。これらの実務労働をする人々は、読み書きができず聖書にも通じていないにもかかわらず、修道院に身を置く宗教的プロレタリアートを形成するようになった。

　このような意味で、労務修士の活動や立場には霊的な意味が付与されていた。労務修士《コンウェルシ》と昔からの荘園に住む農奴に関しては、その出自や社会的条件の違いはあまり大きくはなかったが、生活条件は前者の方が恵まれていた。というのは、労務修士には快適な住居があったのに対して、農奴には粗末な小屋しかなかったからである。シトー修道会運動の哲学では、労務修士《コンウェルシ》は、天国の社会を映し出す地上の社会に近づく一歩であった。霊的完徳を求める修道士の理念においては、やむなく貧しい者（労務修士）は自発的に貧しい者（修道士）に支配されるのである。しかし、日常生活の現実においては、労務修士という疑似修道的な身分は、修道士に対する隷属的立場に黙従《もくじゅう》しなければならないことを充分に納得させるような枠組みに組み込まれたものではなかった。なぜなら、一一六八年から一二〇〇までの史料には、二〇回ほどの労務修士の反乱があったことが記録されており、またその後の一〇〇年間にも三〇回の反乱が起こっているからである[*17]。

シトー会士およびとくにその霊的指導者である聖ベルナルドゥス[25]は、聖ベネディクトゥスの質素の教えを説いていた。彼らは、クリュニー会士の富や贅沢を激しく非難した。クリュニー会士にとって、贅沢は神に向けられたたゆまない懇願と称賛を表していたが、シトー会士にとってはそれはとくに耐え難いものであった。しかし、シトー会士は、やがて自らの霊性が招く反作用の罠にはまることになってしまう。彼らは（ほかの修道士と比べて）つつましい生活を営み、価値のなかった荒れ地がやがて豊穣な農地へと変わっていっても、依然としてこのような生活を続けた。しかも、修道士や労務修士はただ自らを養うだけでよく、家族の世話をするという日常の物理的負担もなかったのである。

シトー修道会の修道院の農地から収穫された作物を分かち合うべき頭数は、徐々に少なくなっていった。一方、質素な生き方は必然的に富を増やし、つつましさは余剰を生み出すことになっていった。シトー会士にとっては、この余剰は売買か慈善に回す以外に処理の方法はなく、富ゆえの困惑が出現することになった[*18]のである。

(25) 236ページの訳注（9）にて詳述。

工業と商業——修道院、市《マーケット》、都市

イギリスを訪れる旅行者が、高速道路を使わずにロンドンから北西に向かおうとする場合、必ずワトリング・ストリートの交差点を利用するだろう。英国陸地測量部地図《オードナンス・サーベイ》(26)を見れば、その長く直角に走るルートがすぐ目に飛び込んできて、それがかつてのローマ街道(27)であることが分かるはずである。

ロンドンの北で、この街道は丘陵地に開けるセント・オールバンズという美しい町を通過する。八世紀後半にマーシアの王によって創設されたこの町は、見る者を魅了する美しさと圧倒的な規模を誇るベネディクト修道会の修道院があることで昔から有名である。ほかの多くの修道院同様この修道院の場合でも、立地とコミュニケーション手段との間には明らかに相補関係があることが分かる。

中世（とくに中世初期）の修道院は、交通の便を考えて、大きな（古い）街道沿いの往来しやすい場所に敷地を求めることが多かった。このような選択の背景には基本的ニーズが横たわっており、その一つが安全を求める欲求であった。主要な幹線道路沿いの方が、隔絶された場所に修道院を建てるよりも高い安全性が確保できたのである（もっとも、聖者のような修道士が山賊に殺害されるという話は、中世の説話史料には事欠かないほどだ

(26) 日本の国土地理院に相当。

(27) ローマ街道は14世紀まで巡礼街道として利用されており、イングランドでは王がワトリング・ストリート、エルマイン・ストリート、フォックス・ウェイ、イックニールド・ウェイに特別の保護を与えていたとされる。

くさん描かれているが）。このような選択をするもう一つの理由は、初期の修道院は異教からキリスト教に改宗させる中心的役割を果たしていたため、容易に交流が図れる便利さが必要であったということである。

このような修道院の場合、修道士は自分たちのホーム・ベースから――何百マイルもとは言わないまでも――かなり遠く離れた地域までしばしば出掛けていったのである。一例として、北フランスのコルビー修道院がある。この修道院は、ザクセンのコルヴァイに付属修道院を設立した。修道院の創設場所が一つの大きなコミュニケーションシステムの範囲内に設けられることによって、普遍的とは言わないまでも、当時としては大きな問題であった人的交流の困難さという問題が少なくとも軽減されたのである。

このようなシステムにおいては、道路と物資は

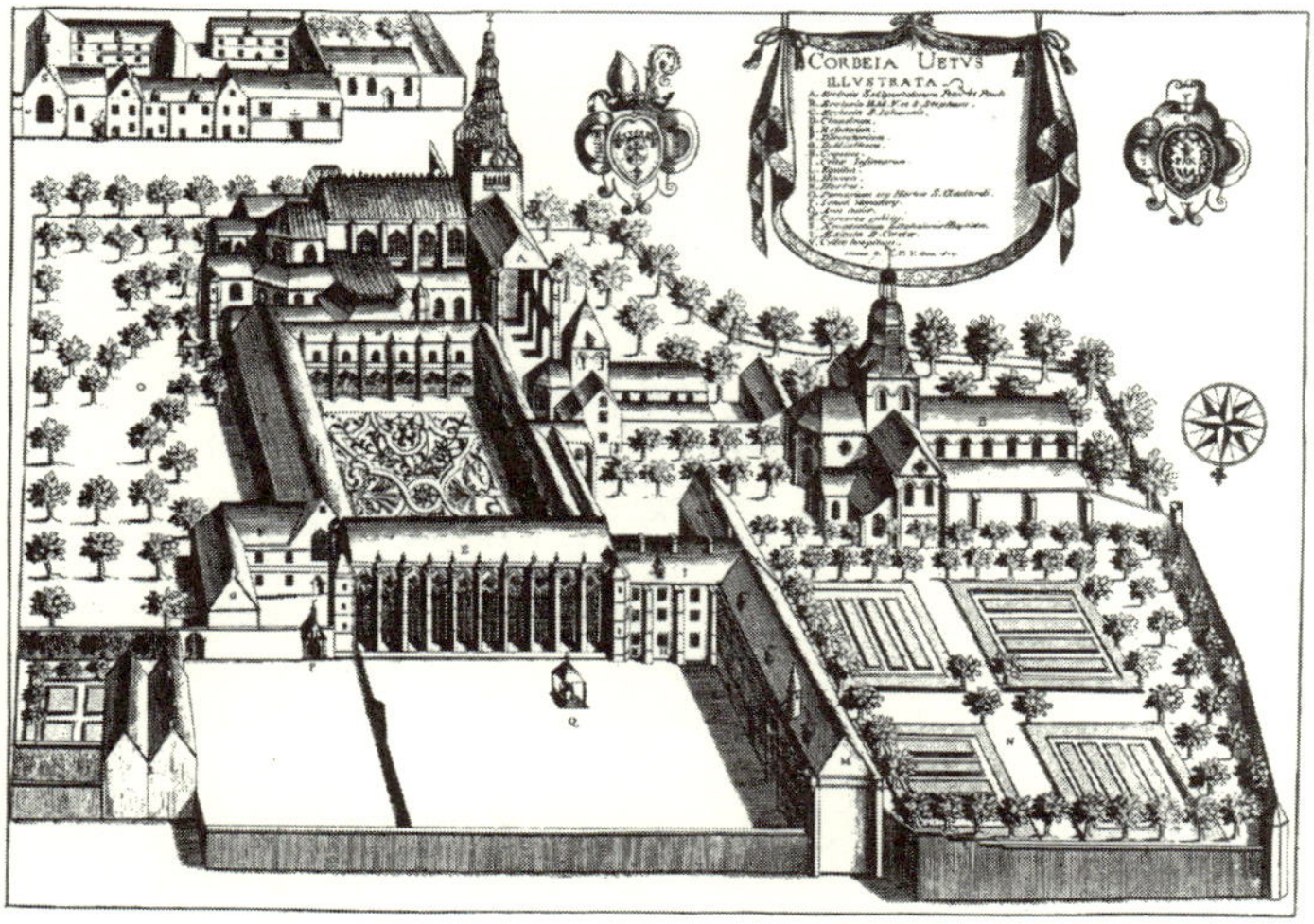

コルビー修道院を描いた17世紀のエッチング（フランス・ピカルディー）。今日ではほとんど何も残っていない。

市場や都市のような取引のための場所が必要になるという意味で表裏一体の関係にあった。しかし、新しい道路や橋が建設されるようになるのは一二、三世紀になってからのことである。しかも、そのころでさえ道路や橋の建設は日常的というよりはむしろ例外的なことであったので、修道院が創設されるからといって道路が新たに造られるということはなかった。修道院が創設され、そこから資産が生み出されるようになっても、獣道《けものみち》のように自然にできたその地域の田舎道が延長される程度でしかなく、しかもそれすらしっかりとした計画に基づいて建設されたものではなかった。

また、中心となる権力者がいなかったために、道路そのものの数が少なかった上に、その維持管理も粗末なものであった。そのため、輸送のほとんどは水路という手段に頼ることになり、寄進者や修道士たちはたいてい河岸の近くに適当な候補地を探した。ローマ時代の温泉《スパ》リゾート地を修道院の立地として選んであることからも分かるように、可能な場合は、環境的にも快適な場所を探すこともあった。たとえば、聖コルンバヌス(28)がそのもっとも重要な修道院を創設した地でもある「リュクスイ・レ・バーン」や「サン・タマン・レゾー」、「バース」といった地名は、肉体にも魂にもよいとされるその温泉がいかに魅力的であったを物語っている。

アンリ・ピレンヌ(29)は、その中世都市の発達に関する優れた研究で、都市が形成される過程には必須の要因が多種多様に関与していることを示した。都市の形成にとって最適な立

(28)（543－615）アイルランドの修道士。リュクスィーユその他の地域に多くの修道院を創設した。

(29)（1862－1935）ベルギー・ヴェルヴィエ生まれ。中世史学者。中世都市の発達に関する研究は特に有名。佐々木克巳訳『中世都市』（創文社、1970年）がある。

地条件は、二本の道路あるいは道路と川が交差する所か二本の川が合流する所であるという。最近の歴史学の成果をふまえれば、彼が行った都市発達の類型的研究や通時的研究は、さらに厳密に分析し直すことは可能であるが、ここに挙げた彼の地形的条件は今でも正統なものである。

コミュニケーションが容易になるか否かを左右し、その結果、人々の社会的交流までをも決定づけてしまう経済の法則はどの時代においても似たようなものである。したがって、都市の形成と同じように、修道院の創設も基本的には同じような欲求を抱えており、場所の選択にあたっては同じような解決策を求めることになるのである。偶然に、両者は同じ地理的条件の場所で遭遇したのである。

大都市も含めて中世の村落や都市の中には、修道院という荘重で安全な建物の周囲に発達したものが多く見られる。ブルゴーニュにあるヴェズレーという町は修道院の近くに発達した小さな町であるが、まさにこの典型的な例である。一〇〇マイル南のソーヌ河畔のトゥールニュでは、一〇世紀の荘重な城壁に囲まれて、町のような景観の所領地と修道院が存在している。またさらには、七世紀のサン・ヴァースト修道院の周りにできたアラースの町[30]ように、もっと大きな町ですら修道院を取り囲んで発達した。

この町は河岸に発達したもので、対岸には司教の公邸があったために、長い間ローマ時代の都市が存続していた。アラースは、その五世紀後には、フランドルという高度に都市

(30)フランス北部パ・ドゥ・カレー県の県都、アルトア丘陵北斜面に位置する。

化した郡の中でも、もっとも重要かつ富裕な都市に発展していった。しかし、それでも疑問が残る。完徳という特定の霊的理念と目的を追求する場としての修道院は、このような都市の発達を促す要因になっていたのであろうか。あるいは、商業と都市の発達という現象と、修道院と都市の発達という現象は、単に重複しているだけであったのだろうか。答えは、どちらとも言えない。推測できることは、修道院があったために発達したと考えられている都市の多くは、地理的条件そのものに恵まれていたのだから、修道院の有無にかかわらず都市として発達していただろうということである。たとえば、ベリー・セント・エドマンズ修道院(31)やサン・リキエ修道院(32)の場合を調べると、この推測が正しいものであることが確信できる(＊19)。

アラースが繁栄したのも、単に修道院があったからというだけではなく、同時に城(33)も存在していたからである(＊20)。修道院が近くにあるという事実と関連づけて考えなければならないのは、都市の発達そのものではなく、その都市がいつごろ発達し始めたかという点である。治安を確保し商業活動の導き役になるのは、修道院であろうと貴族の城であろうと何ら違いはない。修道院、教会および世俗領主の拠点の近隣にあって、何の快適さもない不健康な家に住む人間たちは、自分にとって利益になることしか考えないからである。たとえば、仕事場での自分の仕事が保障されていること、条件的にはギリギリでも食べてゆける場が与えられていること、自分の領主を含めて誰からも金品を強掠《ごうりゃく》されることがな

(31)7世紀の創設。東アングリア王がデーン人によって殺害された後に、軌跡が起きたとされることにちなんで、殺害された死体の周りに修道院と聖廟が造られた。ジョン王に『マグナ・カルタ』に署名させるため、1214年に秘密協議が行われた修道院でもある。

いという保障が、彼らの主たる日常の関心事である。修道院が彼らの領主的存在ならば、彼ら領民の求め得ることは修道院が暴力に訴えることなく彼らを処遇することぐらいであった。しかし、実質的には経済の面から考えると、聖・俗いずれの領主でも大した違いはなかったのである。

外部の地域から来た者にとっても、また領民にとっても、修道院や城を中心として人が集まることは贅沢品に対する潜在的市場があることを意味していた。修道院や城を中心として、生産手段をもたない消費者が集中するようになり、その数は決して無視できるものではなかった。主としてこのような要因を治安の問題も含めて考慮すれば、修道院や城の近くに市《マーケット》が発達し、それがやがて都市へと発展してゆく経緯を容易に理解することができる。しかし、我々の目的は、霊的理念としての修道院《モナスティシズム》が与えた特定の影響を考察することであるから、修道士と領主の相違点の方をむしろ探し出さなければならない。

たとえば、一〇六〇年にレオンの王フェルディナンド一世(34)が毎年金貨一〇〇〇枚をクリュニー修道院に喜捨《きしゃ》することを決めたとき——この額は、後に息子のアルフォンソによって二倍に引き上げられた——修道服とずきんを『戒律』(45章)に定める二組(35)(*21)よりも多く、見た目もよいものを修道士に与えようという意図があったことは明らかである。「修道士は修道服の色や布地の織りの荒さなどに不平を言わず、住む地域で安く調達できるもので満足しなければならない」と、聖ベネディクトゥスは規定している。クリュニー

(32) 799年献堂。中世教会建築と原初キリスト教会建築の違いを示す代表的修道院。

(33) 一般に、中世の封建時代においては、領主の格式の高い大邸宅であり、領主のためのあらゆる防備を施した住居であった。

(34) (1016－1065) カスティリャ（スペイン）の王。

修道会の生活が贅沢になっていったことは、後に『戒律』を字句通りに遵守しなければならないとするシトー修道会から抗議の声が上がったことでも理解できる。(＊22)

　クリュニー修道会と同じような財力を享受する修道会はほかにはなかった。北フランスのアンドレ修道院が一二世紀ごろに焼失したときは、カンタベリーのクライスト・チャーチ修道院の修道士が彼らに古着の修道服を贈ったのである。クリュニーの例が示しているように、布地はただ単に修道院所領地の借地人が地代の一部として納めるだけではなく、金銭で買うこともできたのである。買うことができたということをあえて説明しようとすれば、借地人の織る布はあまりに百姓御用達の粗野なものであったため、高貴なクリュニー会士の生活水準に合わなかったからであろうということができようか。

　それ以外の修道院にとっては、自から飼育する羊の毛を使い――現に、アンドレ修道院は北海沿岸で羊を飼育していた――家人の労働で織り上げる以外に方法はなかった。したがって、聖ベネディクトゥスの『戒律』に繰り返し現れるテーマである本当に質素な生活は、このような小規模な修道院においてはより顕著なように思われる。実際それは、彼らが自らすすんで贅沢を否定した結果ではなく、最小限の物質的必要性という考え方の結果であった。しかし、シトー修道会運動が起こるまでは、クリュニー修道会の生活様式は儀式化されて形だけ清貧ではあったものの、小規模で無力な修道院が直面している本当の貧困よりも、純粋な修道精神《モナスティシズム》を表すものと当時は見なされていたのである。また、このよう

(35)『戒律』の55章では、修道士の衣服と下足の規定が書かれており、夏用と冬用としてそれぞれ2組を所持することになっている。色や織りについては不満をならしてはならないとされているが、修道服の丈は短すぎることのないよう体に合うように調節することを規定している。

な小規模修道院の方が、地方領主が主張してくる要求に対しては脆弱《ぜいじゃく》でもあった。

先に述べたような大金がクリュニー修道会の修道院に対して喜捨《きしゃ》されていたということは、商業が発達していたことを示すものと考えられる。商業が発達していたということは、売り手と買い手が集まる市《マーケット》が存在していたことを示すものである。取引では、たとえば教会の装飾用品、香や刺繍された木綿《リネン》の布といった典礼用品などの貴重な物品が売買されていた可能性が高い。

史料に書かれている内容は、考古学的データと滅多に一致することはないが、歴史家というものは贅沢品を扱う遠距離貿易については詳しいものの、地方の商業や近距離地域間の取引については意外と知らないことが多い。というのは、修道院や城を発掘調査してみると、外国製の陶器の破片やその地域でつくられた陶器の破片がたくさん出土するが、その地域の素焼きの陶器の取引については史料にはいっさい書かれていないからである。

わずかな数の家の集合体である都市の核《ニュークリアイ》が大きな町に発展するか否かは、立地条件、コミニュケーションシステム、治安といった要素によって左右される。城壁内にいる消費者の数は、このような要素の一つにすぎない。しかも、さほど重要な要素でもない。大きな修道院が存在するからといって、必ずしも居住者がたくさん集まってきたわけではない。ベネディクト修道会の修道院が経済活動に対して最大の影響を与えたと考えられるのは、生産者としてではなく、むしろ消費者としてであった。借地人が払う借地料は、一部の金

ブルッヘ（ベルギー・フランドル）近郊のテル・ドースト修道院の納屋（13世紀）。北ヨーロッパにおける初期のレンガ造りの建物（外観）。

上記の納屋の内観（材木構造は建築当時のもの）。

銭や労働による場合を除いて主として農産物の物納によるものであり、ときには織物など工芸活動の産品も物納された。これらすべてを差し引いた余剰物だけが、市《マーケット》に持ち込まれたのである。

詳しい相対的な数字を算出するのは難しい——中世後期に関しては計算が可能なこともある——が、農産物の売買が重要であったとは考えられない。作物の収穫は、一般的に耕地の管理システムと天候条件に影響される。余剰作物を規則的に出荷することを考えても——またたとえば、飢饉発生のときなどのように緊急に出荷が必要になるような場合でさえも——輸送システムは決して充分なものでもなければ信頼性の高いものでもなかった。また、所領地の所有形態に関係なく、管理方法や天候は地域的には同じであるから、余剰農産物はその地域ではかぎられた需要しかなかったと考えられる。

このようなわけで、修道士が布地を購入する資金が必要なときでも、農産物の取引は、地元の消費にとっても遠隔地の消費にとってもあまり意味がなかったのである。(＊23)

ここまで述べてきたことは中世の前半の時期に関することであり、黒のベネディクト会と、その荘園領主的な領地管理と消費の方法についてのみ当てはまることである。一一〇〇年代になって新しい考え方の修道会派が現れると、修道院の経済に対する考え方が劇的に変化することになるのである。シトー修道会やほかの改革修道会派は、世俗社会を拒絶し、自ら「砂漠（desert）」と呼ぶ遠隔の地に引きこもった。この変化は、新しい考え方《ニューウェーヴ》の労働システムという概念でかなりなところまで説明することができる。この考え方は、彼らが『戒律』を字句通りに解釈することで触発されたもので、労務修士を使ったり、「付属農園（grangiae）」と呼ばれる大規模農園を造り上げたりするところに具現されている。

　シトー会士は、意志とは裏腹に、「一二世紀ルネサンス」における修道生活と俗世との偉大な対立の一場面を記すことになった。彼らが世俗の生――すなわち、都市や村での生活――から隠遁することは、当時すでに定着していた農業活動という理想に合致するものであった。彼らは、結果的には、人間の生活圏の限界《フロンティア》を広げるために長い間耕作してきた土地を離れたのである。動機は違っていても、彼らは入植地の周辺の人間と同じ開拓者魂をもっており、荒涼たる土地や新しい土地に大いなるチャンスを求めた（原注16）。

　しかし、この開墾地に向かう動きと同時に、都市も発達し始めていたのである。農業の余剰産物は、これまですでに述べたような農業技術の革新のおかげで、人口が増加したにもかかわらず確保できるようになっていた。そのおかげで、市《マーケット》や都市が生まれる必然性と可能性が高まっていったのであるが、反面、都市の雑踏とその忙しい生活こそが、まさにシトー会士が逃れようとしていたことであった。さらに、都市の生活やそれに伴って発達した工業や商業活動は、ヨーロッパ社会のもっとも顕著な特徴へと確実に発展してゆくことになる。修道士は、自らの生命力と同じ生命力から出現した（都市の発達という）現象から逃避したのである。彼らは、俗世界から遁世《とんせい》し、眼前で急激に変化しつつある社会組

（原注16）このようなフロンティア精神の恰好の例は、アラゴンのポブレット修道院である。彼らは、12世紀半ばにキリスト教徒が占領した前イスラム領、ニューカタロニアで土地開拓に労力を傾注していた。［185］255～283頁。

織に迎合することを望まなかったのである。

シトー会士のライフ・スタイルは、黒のベネディクト会士のそれよりもはるかに質素でつつましいものであった。寄進された未開で無価値な土地がひとたび開墾されると、彼らにとって恵みの源となる農業生産は、伝統的な所領地の生産をはるかに超えるものになった。宗教的な動機から個人的に修道院にかかわるようになった労務修士の労働が、この生産性向上に一役買っていたのである。修道士は、頻繁に断食を実践した。養うべき家族もいなかった。このような修道理念のために農業の生産は向上し、反対に消費は減少したのである。その結果、余剰農産物が発生することになった。修道士が避けようとした市《マーケット》は、逆に彼らの余剰農産物を処理する日常の販路となり、社会的交流を具現する役割を果たすことになった。彼らが本来拒絶していた市《マーケット》に、結局は引き付けられてしまったのである。

修道士にとっての絶対必需品はかぎられていたため、必然的に収支は黒字になった。黒のベネディクト修道会、とくにクリュニー修道会の修道院は建築や装飾に法外とはいわないまでも相当高額の支出をしていた。このことから、彼らの懐に入った金銭がちまたに流通していたことが分かる。ジョルジュ・デュビー(36)は、修道院というコンテクストに見られる領主制経済がどのような経緯をたどって家内経済的タイプからいわゆる貨幣運動へと発展したのかを明快に実証している(*24)。

実際、神を賛美するこのようなクリュニー会士の抱く豪奢で贅沢な夢を表現したり実現

13世紀にかけては前倒し取引も含めて盛んに取引されていた（T.H. Lloyd, The English Wool Trade in the Middle Ages, Cambridge, 1977.pp288〜317.)。

(36)（1919−1996）1970年以来、コレージュ・ド・フランス教授として「中世社会史」の講座を担当。邦訳書に『新装版　中世の結婚』（新評論刊）など。

するのには、職人を雇わなければならなかった。支出が増え、物価が上昇してゆく中で、彼らは倹約することや直接営農にかかわるという代案は考えていなかったために、農業収入に対する管理がますます手薄になり、金の借り入れが増加していった。

シトー修道会は、クリュニー修道会ほど金銭を支出することはなかった。杜撰《ずさん》な金銭管理がときとして現金トラブルを引き起こすことがあったけれども、望むと望まないとにかかわらず、金銭の蓄えは増えていった。シトー修道会はまた、イングランドと大陸との羊毛貿易においては重要な役割を果たしたといわれるが、彼ら以外の聖・俗の生産者も含めてどのような品目を輸出していたのかを示す詳しい史料はない。(原注17) しかし、「このような活動はシトー修道会の理念に完全に矛盾することになる」(＊25)ので、普通の社会という観点からこの活動を強調しすぎることは、経済的な意味はさておき宗教的な意味では間違いである。

彼らの生産するものが、全体に占める割合においては重要であったにもかかわらず、修道院は遠く離れている上に道路は充分に整備されておらず、心は常に天国を指向していたという事実を考慮すると、シトー修道会の全人口の中で、どれだけの修道士が市《マーケット》の取引に関与したのであろうか。確かに、シトー会士は富ゆえの当惑に対処しなければならなかったが、望まず求めもしないこの富から逃れる方法はきわめてかぎられたものであった。つまり、普通の社会からはじき出された貧者に対して慈善を行うか、自らの修道生活をあきらめる以外に方法はなかったのである。

(原注17)［181］341～364頁。［127］3～60頁。後者によると、イギリスの羊毛生産量の6分の1が修道院領地の生産である。ノウルズ（［154］67～69頁）は、小規模生産者から買い上げた羊毛を修道士が集積しておくコレクタ（collecta）が存在していたことを指摘している。シトー会修道院で生産された羊毛は、12世紀後半から↗

少なくとも一三世紀末までは、この後者の選択肢が現実となっていた。しかし、そのころにはシトー修道会の富はすでに著しく減少していた。白の修道士が耕作する辺境の土地は、地力の疲弊がすすみ、もはやかつてのような生産性は上げていなかった。中・低階級も、修道院の宗教的魅力に対する興味を喪失していた。托鉢修道会運動という新たな枠組みの中で別の霊的解決策が可能となったために、労務修士制度も一四世紀中葉——地域によってはもっと早い時期に——以前に崩壊していた。

労務修士の数の減少に伴って、安い生産システムも消滅した。この時点に至って、シトー修道会の管理・運営方法と黒の修道士のそれとの違いは消滅したのである。都市、世俗教会、中央権力がその力を強化し、ますます活発化する経済活動にかかわりを深めてゆく一方で、黒の修道士も白の修道士も、貴族と同様に辺境の稜線に囲まれた領主という立場に変化はなかった。

修道院が町の家屋の大半を所有していたり、たとえばベリー・セント・エドマンズ修道院の場合のように重要な賃貸者《ランティエ》であった時代でさえ、修道院《モナスティシズム》のもつ霊性や作法の決まりなどは一切その所有形態には反映されてはいなかったのである。修道士は神に仕える騎士としてではなく、貴族や中産階級の市民のようなほかのすべての所有者と同じように、単なる所有者として振る舞っていたにすぎなかったのである。

第四章
人々に対する修道士の態度

修道士、貴族、平民

普通の人々に対して、修道士はどの程度関心を抱いていたのであろうか。この点については、彼らが熱心に記録し続けた「年代記」といわれる特定の史料を詳しく検討するのが最良である。修道院の中には、主要な出来事を一年一年記録している所があった。通常、その記録は長期にわたることが多く、中には数世紀にもわたって記録が続けられる場合もあった[1]。自分たちの経験や伝令、旅人、ときには風評などを通じて得た情報は、自分たちの価値基準に照らして細かく篩《ふるい》にかけ、後世に残す価値のある重要な事柄だけを選んで記録していたのである。したがって、このような年代記を調べれば、修道士の社会的、地理的活動範囲のみならず、精神的な関心の広がりまでも再構築することができる。

西ヨーロッパから中央ヨーロッパの全地域にわたって修道院が散在していたので、それぞれの修道院の違いをその地理的な活動範囲という観点から指摘するのは明らかに簡単なことである。しかし、精神的、社会的な側面に関するかぎり、所属の会派や国に関係なく、何世紀にもわたって見事なほど一定した内容が記述されているのには驚かされる。具体的な例として、ブルゴーニュで記録された『ヴェズレー年代記』などを見れば、修道士がどのようなことに関心があり、記録するか否かの基準がどのようなものだったのかをはっき

（1）イングランドの例として『アングロサクソン年代記』がある。これはアルフレッド大王（849－899）が編纂を命じたものであるが、その一つのピーターバラ修道院で記録された年代記（一般に『ピーターバラ年代記』という）は、ノルマン征服後の1154年まで記録が続けられていた。

サンタ・ソフィア聖堂の建設を監督するベネヴェント公アレキス（『サンタ・ソフィア年代記』［12世紀］の細密画、ヴァチカン図書館、ms.lat.4939）

りと理解することができる。(原注1)

聖・俗を問わず、あらゆる種類の為政者の死や継承に関する記録が大半で、それが記載事項全体の四分の三にも及んでいる。残りの記録のうち、半数は聖堂の献納などの教会関係の催事、あるいは十字軍関係の軍事行動、および日蝕や月蝕、洪水など天体・気象現象を扱っている。天体や気象に関する事項が記録されているのは、人々の生命を左右する農作物の収穫に与える影響を反映した、人間としての関心からという理由も考えられる。しかし、人の生存に対するこのような懸念は、記録に値する出来事であるか否かを決定づける要因にはめったにならなかったようである。

このような記述は、『ヴェズレー年代記』では八六七年の記述に一度だけ見られ、センズの町で一日に五六人が餓死したことが記録されているだけである。しかも、この記事はずっと後の時代になってから挿入されたものである。そのことからも、この災害のことはかなり時間が経過してから修道士の目に留まったものであろうということができる。凶作が起こり、飢饉が襲っても、その出来事が記録される段階では、犠牲になった人々に対して何らはっきりとした気遣いや哀れみの表現は見られない。このような表現が見られないということは、人間に対する気遣いが欠けていたということを示しているのではないだろうが、個々の為政者や高位聖職者の死の方が一般平民の集団死よりもずっと重要であると感じていたことは明らかである。

（原注１）［41］195～233頁。他の年代記ではなく、この年代記にこだわらなければならない理由（たとえば、修道士と俗人との競争意識など）はない。どの年代記を見ても、同じようなイメージが浮かび上がってくる。

『ヴェズレー年代記』に記録されているもう一つの飢饉――一〇四二年の飢饉――は、七年間続いた。この飢饉は、暗に聖書を修道士に想起させることとなり、そのために記録に書き留められたのである。天体の不思議が修道士の注意を引くときはたいていの場合、神の超越的な計画の要素として解釈されたり、ときには神の怒りと復讐の気持ちの表れと解釈された。このような災害が起こる原因に関して彼らの脳裏に浮かぶことは、常に自責の念と罪の意識であった。それに対する警告の気持ちが、記録をする修道士の手を動かしていったのである。

修道士は一般平民にはほとんど関心がなかった。この一般化は、すべての同じようなタイプの史料にあてはまる。たとえばヴェズレーの修道士は、瞳に「神の人（Man of God）」、「良き人（Good Man）」と印のある男の子が生まれたことを記録にとどめるのは重要なことであると判断し、年代記に記録している。しかし、この場合は、この出来事が果たして一般平民を扱ったことになるのか否かということが問題になる。唯一本当に普通の記述例は一一五六年のもので、ヴェズレー市民が領主――修道院長や修道士――に対して蜂起した後に降伏したという記録のみである。「悪質な陰謀」と、年代記には書かれている。

年代記のような、その性質上きわめて選択的で偏ったタイプの史料の中に、ごく普通の人間に関する記事を我々は探し求めているわけであるから、それを発見するのは本質的に矛盾であるという的を射た指摘がなされるかもしれない。第一章で私は、例外的なことだけが羊皮紙に記録する価値があると考えられていたと述べた。したがって、以上のような反論は正しいのであるが、同時にそれは、普通の平民は修道士の頭を占める一番の関心事ではなかったということも証明しているのである。

修道士のこのような態度を説明するには、修道士が神を理想主義的な見方でとらえている点を検討しなければならない。しかも、この点は修道士の置かれた社会的、法的立場との関連で考察しなければならない。聖ベネディクトゥスの『戒律』は、修道士の出自による貧富を差別していない。聖ベネディクトゥスは、どちらのグループでも修道院に入ることができることを当然のことと考え——実際、彼が生きている間はそのように実行していた——修道院での生活に出家前の社会的差別をもち込むことを禁じていたのである。『戒律』（36章）によると、修道士は全員私財をもたずに暮らし、修道院長の与えるものにのみ依存していた。修道院長は、彼らの出自に関係なく、霊的欲求にあわせて必要なものを支給していたのである。

修道生活の基盤である謙遜の徳は、後の時代の解題に説かれているほど聖ベネディクトゥス自身は儀式化していない。儀式化される度合いが低ければ低いほど、それだけ謙遜の感情は疑いなく正統で厳格なものとなる。それでも、『戒律』は「歓待」というテーマを扱った章で、富める者と彼らが抱かせる畏怖の念とを貧しい者と対立的に記述しているが、キリストが属するのはもちろん後者、すなわち貧者の方である（53章）。

ゲルマン民族がローマ帝国の廃墟に建設および支配するようになったその勢力圏にキリスト教がしっかりと定着し、また、ゲルマン、ケルト、後にスラブ民族の異教徒の地域にまでもキリスト教が徐々に浸透していくにようになると、キリスト教が当初上流階級にのみ浸透していったという事情も手伝って、貧者と富者のこの対立意識はさらに助長されることになった。

長い間、完徳に至る道を耕してきたのは常に貴族階級であったが、必ずしもいつも霊的な目的を念頭に置いてそうしていたわけではなかった。修道院を創設して修道生活に入ることは、当時は上流階級のステータスシンボルであり、それは当然そのライフスタイルが質的に誰よりも優れているものであることを表すものであった。

「貧しい《プア》」という語の反意語である「富める《リッチ》」という概念は、「高貴な《ノーブル》」という概念に徐々に変化していった。カロリング朝以降になると「dives（富める）」というラテン語は「nobilis（高貴な）」と同義語として使われるようになり、本来の物質的な「富」という意味よりも広い意味を獲得するようになったのである。つまり、権力に付随するある種の道徳的、物理的特質をも意味するようになった。一見これは矛盾しているかのように見えるが、夥しい数の聖人伝が示しているように、権力は善、品性、高徳という特性とも結び付いていたのである。(*1)

道徳の規準は貴族階級だけに存在するものであり、それを実践するか否かは彼らのみが自由に選択できることであった。すなわち、善人であることは腰が低いということであるが、それは貴族にとっては、実践することも放棄することも自由に選択できる特質であったということである。そのために、貴族以外の人間がますます貴族に依存するようになったが、それは貴族が自らの人徳を意識して彼らに恣意《しい》的に利益を与えていたからである。

一般的に、修道院の創設には貴族が大きくかかわっており、またその一族が修道院に暮らしていた。この記述の基本となる背景的状況は、C・ブリテン・バウチャード(2)ほかが行ったブルゴーニュにおける聖と俗の生活のかかわりに関する研究でしっかりと考証されている。(＊2) 修道院に暮らす修道士の「清貧」は、その外側に暮らす無力な大衆の「貧困」とは決して同じものではなかった。修道的清貧は霊的つつましさのことであり、権力や私財を所有しないという意味であった。このために、修道士が個人的に権力をもつような事態に至ることはなかったが、清貧は自らの自由意思で選んだことであるから、それ自体が権力のあることを示すものであった。

修道院《モナスティシズム》は、本来聖職者階級に懐疑的な俗人の起こした運動として生まれたものであるという経緯を我々はともすれば忘れがちであったり、充分認識していないことがある。聖ベネディクトゥスは、修道院に暮らすある少数の司祭の傲慢《プライド》をはっきりと警告し、戒律を犯すことがあれば、司祭としてではなく反抗者として処罰することを望んでいる（62章）。また教会法は、非自由民が修道生活に入ることに関してはとくに規制はしていないが、農奴

（2）アクロン大学（アメリカ）の中世史学教授。

を叙階《じょかい》することは禁じているから、非自由民が聖職に入ることについては実質的に規制していると言うことができる。(＊3) したがって、現実には修道院の扉は閉ざされたままであった。

後の慣習規則集(3)には、修練士が修道院に入るときにはそれまでの人生が自由の身であったことを証明しなければならないことがはっきりと規定してある。奴隷の身分であったり、結婚していたり、肉体的にハンディキャップがあれば修道院に入ることはできなかったのである。(＊4) 史料を見るかぎりは、自由の身分で、未婚であり、健康な若者が修道生活にもっとも適した候補者であったということができる。

しかし貴族は、一族の相続権をもたない余剰な子どもを処理する場として修道院を利用していたため、後者の条件はしばしば破られることがあった。(＊5) 実際、ヒルサウやアンドレ修道院の例のように、ハンディキャップを背負った子どもが修道院に入っていたことは幾つかの史料で確認されている。(＊6) カロリング朝時代になると、叙階修道士の数が増加した。聖職者の方が俗の立場よりも高く評価されていたために、それに伴って優越感も助長されてゆくことになったからである。このような変化は継続し、少なくとも一三世紀までには修道士が司祭であることは一般的なことになった。(＊7)

(3) L.consuetudines：修道会の「戒律」を補足するための会則。「戒律」は会の本質を記した簡単なもので、創立者が自分の修道会に与えた規律である。創立者の死後、時間の経過とともに修道院の状況が変化したため、それぞれの修道院の状況に即した補説や解説をすることを目的として決められた規則集。

農村の人々

ほとんどの場合、勅許状やほかの文書は修道院で作成されたものである。これらの文書を検討すると、中世に生きる普通の田舎の人々の姿をかいま見ることができる。基本的に彼らは、自由民か非自由民という二つの異なるカテゴリーのどちらかに属している。しかし実際は、社会的状況は司法上の立場と渾然一体となっており、自由民といえども必ずしも高い生活水準にあったということにはならない。自由民は、貴族階級に対しては自らの自由を失う危険があった。とくに封建制度からいわゆる領主制が発達し、所領地に住む領民に対する領主の法的・社会的規制力が強化されるようになると、この危険性はますます大きなものとなった。

カロリング朝以後の時代に中央権力が崩壊した結果、領主制は自由民に重圧としてのしかかるようになった。借地人に対する地主の権利は公的権利《パブリック》にまで拡大され、司法管理やいわゆる陳腐末梢的事柄（banalités）——領内の製粉所の義務的使用を強化するなど——の強制までをも含むようになった。正義の社会を建設し、貧しい者が搾取されないように守ろうとしたカロリング朝為政者の理想主義的倫理観は、おおよそ九世紀後半以降、完全に姿を消してしまった。少なくともフランスにおいては完全にそうであったし、少し遅れてドイツでも同様の状態になった。地主は領主となり、その領主に仕える労働者は、以前にもまして領主の権力にのみ込まれた労働者となった。

自由民は――たとえば、配偶者を選ぶときのように――個人的、社会的権利がしっかりと制限されるようになり、ますます非自由民というカテゴリーに吸収されるようになっていった。領主制という枠組みの中では、自由民も非自由民も移動の自由が制限され、領主所有の農園に縛られていた。また、毎年の小作料の支払いや賦役（corvées）の義務などに加えて、領主が彼らの相続財産の一部、またはすべてに権利を主張することもあり、自由民は財政的にも制限されていた。異教徒として輸入された奴隷が、まだ南ヨーロッパや（中世初期の）イングランドに存在していたので、現地で生まれ育ち、洗礼を受けた非自由民は個人的に売買することができなかった。それでも、彼らは農村の機材の一部と見なされ、まるで家具のように、労働している農場や土地と一緒に売買されたり譲渡されたのである。

非自由民は土地の一部であり、土地は物質であった。物質は、当時の神学的な考え方ではそれ自体が悪であると考えられていたので、いかなる特質――人間としての優れた特質――をもち合わせていないと思われていたのである。それでは、基本的条件である自由をもたない非自由民が修道士になることはできたのであろうか。このことに関しては、一二世紀になって経済が復興された結果、彼らがより多くの自由を享受するようになり、それに伴って社会状況が改善されるようになるまで待たなければならなかった。

聖ベネディクトゥスは、貧しき者――すなわち権力のない者――や放浪者をいたわり、配慮するよう定めているが、それは「キリストが受け入れられているのは貧者たちの中であって、個々の人間のためではないからである」。後代になって、高貴（nobility）という観念が美徳を含意し、隷属（unfreedom）が醜悪を含意するようになると、自発的な清貧が不可欠であるはずの修道院のシステムにおいてさえも、貴族は貧しい者の生き方を心理的な意味で共有しようとする動きに出ることがあった。貴族も修道士も人々の自由には関心がなかった。修道士の心情は、第一に、自分の属する社会グループである貴族と同じ考えに基づいており、第二に、永遠の命を得るためには個人的自由は捨てなければならないという霊的確信に基づくものであった。従属を誓う代わりに正義と責任がカウンターバランスとして期待されるような、心理的にも社会的にも厳格にヒエラルキーをなす社会では自由は問題にはならないのである。(＊8)

修道院への出家に際して自由も人格をも捨て去ることを選ぶ修道士が、一般平民の社会・司法上の立場などに関心を寄せることなどあるのだろうか。しかも、社会秩序は神が与えたものである。うまく機能しないのは、人間の罪深さと堕落の結果なのである。秩序の乱れは社会的行動によっては解決されず、自己否定と俗の世界からの逃避による以外に解決の方法はない。とりわけ、修道士は非自由民を修道院の所有物と見なしていた。非自由民は前の世代から引き継いだ遺産であるから、減らすことなくむしろ増やして次世代に渡すべき財産と考えていた。

前章で、修道院の資産は、基本的には俗の資産と同じ方法で管理および運用されていたという結論を述べた。このことは、聖・俗両方の領主の借地人にあっては同じような扱いを受けていたことを示すものである。(＊9) 事実、人々がよりまともな生活を願って、修道院の所領地の方に集団移動したという証拠はない。借地料や賦役（corvées）は聖・俗どちらの領主においても同じようなものであり、どちらの立場でも同じように負担になるものであった。もし、両者の間に著しい差があれば、社会・経済システムは全体としてうまく機能しないはずである。

修道士は、俗の領主と同じような利害と同じような精神的態度をもった土地所有階級に属していた。領主に依存する借地人は、自分の家族――とくに女子――が領主の肉体的暴力に犯されることがないように願うことしかできなかった。しかしこの問題は、修道院の領地では、俗の領地ほど頻繁には起こらなかったろうと推測される。修道院起源の勅許状には、しばしば俗の領主が領民に対して下品で横柄な振る舞いをした結果、修道院がこの不幸な人々を自分たちの司法下に置こうとしたことが記されている。

修道士は、これらの人々を幸福にしたり安全な生活を確保するという意味で、本当に助けようとしていたのだろうか。勅許状では、この点に関しては詳しくは分からない。非自

穀物の刈り入れをするシトー会士（12世紀、大教皇グレゴリウス１世『ヨブ記講解』（シトー修道会の写本）の細密画、ディジョン市立図書館、ms.170 f.75）

穀物の束をから竿で打つ農夫（13世紀、マシュー・パリスの『年代記』の挿し絵、Cambridge, Corpus Christi College, ms. 16, f. 79r）

木を切る修道士と俗の仕事人（12世紀、シトー修道会の写本の細密画、ディジョン市立図書館、ms. 173,f.41）

由民は、聖・俗どちらの領主側にとってももめごとの元凶であった。俗の領主が非自由民を意のままにしようとするのは自分の富を増やしたいがためであり、非自由民の社会的状況を改善しようとする気遣いからではない。一方、修道士は、地上の生は永遠の生に至る登竜門であると考えおり、現世での生が不幸で困難なものであればあるほど、天国を手にするチャンスが大きくなると考えていた。このように、修道士の心理的態度は、支配階級が維持、強化しようとした社会の安定にとってうまく適合していたのである。

　このようなシステムにおいては、俗の領主も修道院も、借地人の結婚形態に制限を加えようとするのは当然のことのように思える。自分の領地外で借地人が結婚することは制限されていた。それでも、非自由民の男子農民は、領地内では自由民の配偶者を選ぶこともできた。その背景には、伝統的に子どもの法的立場は子宮を通して受け継がれてきたため、生まれてくる子どもの法的立場を改善しようとする意図があったからである。(＊10)

　いわゆる「サントゥール（sainteurs）」や「トリビュテール・デグリーズ（tributaires d'Église）」は、修道院に縛られた特殊なタイプの非自由民である。(＊11)勅許状を読むと、修道院に対する喜捨《きしゃ》のことを、「守護聖人に対する個人的かつ文字通りの喜捨」とわざわざ表現してあることがよくある。人間そのものが喜捨されるときには祀ってある守護聖人が彼らの領主であって、修道院や修道院長ではないという法的なフィクションをつくり上げた。

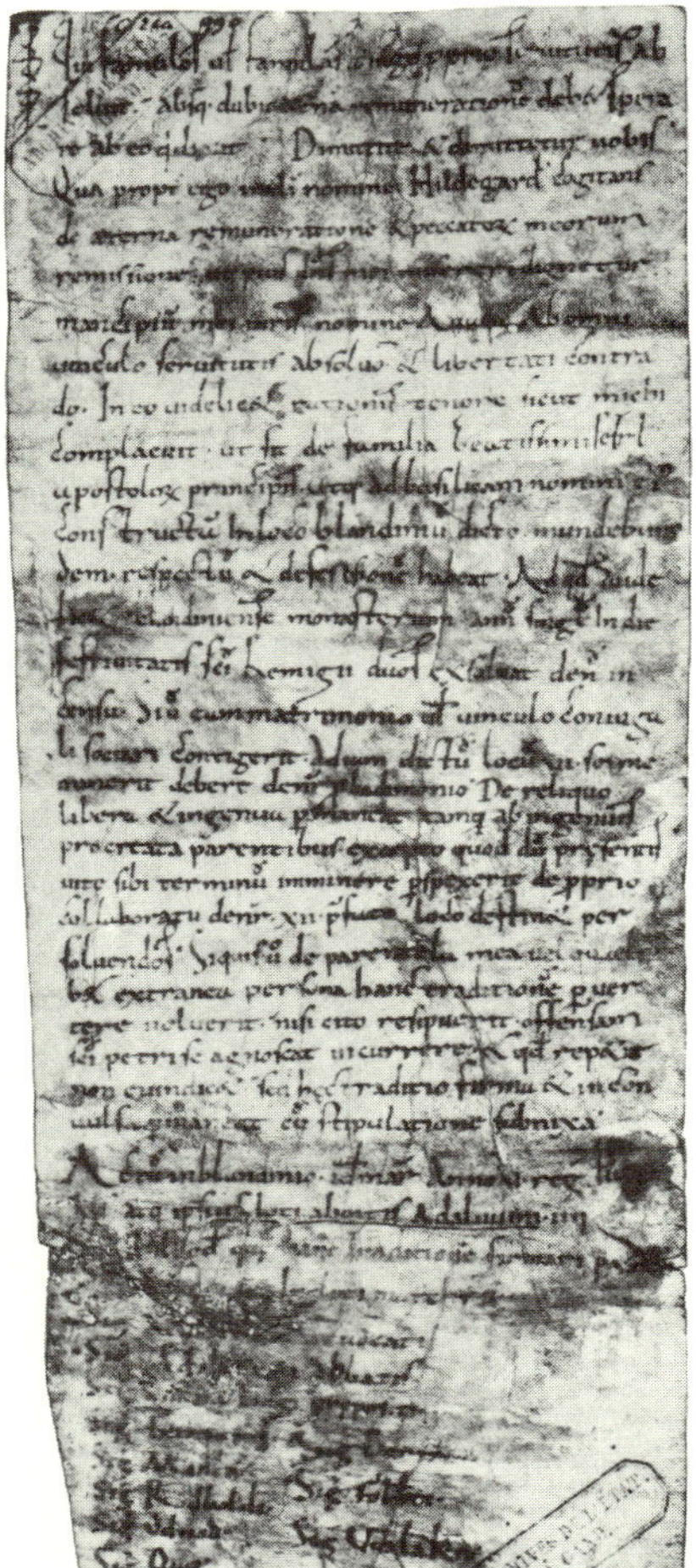

ヒルデガルトという名の婦人がサン・ペトルス修道院（ベルギー・ヘント）に女性奴隷を献納した際の勅許状（原寸12cm x 31cm）。

守護聖人が本当の領主であり、修道院は単にその代理人として働いているものにすぎないというものである。

また、守護聖人は過去からの連続性を表すものであるのに対して、修道士は蜻蛉《かげろう》的存在と考えられていたので、この種の喜捨《きしゃ》は、実際には神へのささげものとしての性格が強いものであった。したがって、喜捨する立場にとっては何ものにも勝る霊的投資であった。喜捨される側にとっては、霊的な処罰の恐れがあったので、それが略奪される危険性が少ない贈与物であった。授受双方の立場にとって、このような喜捨はきわめて安全なものであった。

守護聖人にサントゥールをささげることは非自由民を自由にする方法ではあったが、決して完全な自由を意味するものではなかった。彼らの縛られた身分は、新しい聖なる領主の下で以前ほど束縛されない身分に変わったが、完全な自由を手にすることはできなかった。それがもって生まれた特質でもあり、同時に生き方でもあったからである。

勅許状では、このようなサントゥールの喜捨をたいてい「施し」と表現している。しかし、ときにはもう少し好意的に扱われていることもある。束縛された人間が前の領主から金銭で自由を買い取ったものの、完全な自由は実際に手に入れることができないために聖なる領主の支配下に入ることがあった。また、サントゥールの中には、もともと自由民でありながら自らすすんで束縛の身になった者もいた。危険で不安定な自由を捨て去り、支配されることを覚悟で生活の保障を選んだ者たちである。

ここでしばしば問題になるのは、このような場合、彼らは自分の意志で身を投じていったのか、それとも修道士の側から何らかの経済的圧力があったからなのか、ということである。いずれにしても、サントゥールは束縛の少ない人間というカテゴリーをなしており、一所定住が理想化されていた時代にあってさえも、社会階層の梯子を上る者あり降りる者ありという、歴史の絶え間ない動きを物語る存在である。

このサントゥールという現象は、一〇五〇年以降に顕著になる社会的流動性の増大とかかわりがあるように思われる。したがって、サントゥール現象は、場合によっては逃亡農奴の法的身分を合法化する手段と考えることもできる。逃亡した農奴の新しい領主は、必要ならば、農奴が以前仕えていた領主からの要求をはねのけることができた。同時に、発展しつつある商業、工業、都市という新しい枠組みの中では、行動の自由が充分に保障されていた。サントゥール自身の視点から見れば、これは社会的に——一部の者にとっては法的にも——向上する機会を与えてくれるものであった。しかし、修道院《モナスティシズム》にとっては一所定住と聖人崇拝が関心事であった。

都市の人々

『教会の種々の会派および召命の本』では、俗人の近くに住む修道士を別のカテゴリーとして、ほかの隔絶された地で修道生活をする修道士と区別しているが、一般に、都市は修道院の反意語と考えることができる。都市に住む人々——とくに一二世紀ルネサンスの結果発達した都市に住む人々——は、ベネディクト修道会の修道院は土地所有者であり、すぎ去った時代の静的な封建的組織であると考えていた。一般平民はあまり史料を残していないので、彼らの精神世界を描くのは比較的危険の伴うことであり一般化になりやすいが、先に述べたヴェズレー市民の蜂起が示しているように、都市と修道院の関係は相互の思いやりの感情がベースになっていたとは考えにくいことである。考えられることは、せいぜい愛と憎しみの関係ぐらいである。

都市の人々の立場には、明らかに寛容と苛立ちの両方の感情を見てとることができる。新しく発展しつつある社会にとっては、修道士は昔の階層の代表である。彼らは、しばしば都市の利害に反する特権を享受していた。修道士や修道院にかかわりをもつ人々は、習慣的に通行税を払わずに道路や橋を利用していたが、これは、通行税が王室や荘園制の下では当然とされていた心付けの印であったからである。

領主も修道士も、神に仕えることは物質的慈善であると考えていた。しかし、修道士のこのような行為は、少なくともある程度は公正な経済システムを歪めてしまうことになった。しかし、彼らはこれを当然のことと思っていた。修道士は一般平民より高い尊敬を受けるものであるという意識があまりに深く浸透していたために、その特権意識は実質的には生得《せいとく》的なものであると見なされるようになっていた。彼らは、その出自や宗教的役割のために高く尊敬された。そして、シトー修道会が登場してくるまでは、神の僕《しもべ》としての彼らの宗教的役割と富と権力の蓄積との間の関係には、何ら矛盾すら感じられなかったのである。

（4）wic：本来は、村落、町を表す語であるが、交易の中心地、塩や酪農製品の中心的生産地としての入江、湾を表すという説もある。

ローマ時代に建設された都市の中には、教会組織の中心地として中世という困難な黎明《れいめい》期を生き抜いて残ってきたものがある。また、中世初期の村落《ウイック》（4）から発達した都市や、中世の中期に新たに建設された都市などもある。躍動する社会生活を示すベクトルとしての都市活動は確かに新しい現象ではあるが、すでに見たように、中世においては新しいことは悪しきことと考えられており、このような新しい現象は不信の目で見られることでもあった。都市は、混乱、利益、流動性、野望など修道院《モナスティシズム》が断固として拒絶するすべてのものを象徴していた。都市はまた、貞潔、清貧、従属、一所定住という修道誓願のすべての項目に抵触していた。

このように、都市と修道院の間では、精神の一致などはとうてい考えられないことであった。一方には、土地を所有する領主階級の静的な利害意識があり、また一方には、拡大を続ける経済のフロンティアを求めて増え続ける都市人口という驚くべきダイナミズムがあり、両者の間にははっきりとした経済的・社会的対立関係が存在していた。

解放や自由を求める闘争に、修道士が共感や理解を示していたとはとうてい考えられない。それは、自分たちの立場をも危うくするものだからである。修道院がこのような闘争に巻き込まれ、力関係で強い立場にあるときは、ほかの特権階級にある組織や人間と同じように猛烈に都市の勢力に対抗していった。この点では、ヴェズレー修道院はまたまた格好の例となるが、同時に極端な例でもある。

一一五〇年代に市民が反乱を起こし、修道院になだれ込んで修道士を攻撃するという事件が起こった。このとき修道士は、市民が蜂起する理由になった自由の拡大と社会の近代化を求める野蛮人の声には一切耳を貸さないばかりか、フランス王に対して反乱を鎮圧するよう依頼したのである。その結果、王は速やかに行動を起こして鎮圧したのである。教皇は「新しい病には新しい解毒剤を用意しなければならない（Novis siquidem morbis nova convenit antidota preparari）」と書いている。さらに、都市住民の中には、石造りの家を建てる者も出てきた。傲慢にも彼らは、教会や貴族と競うように石で家を造ったのである。そうすることで彼らの権力に挑戦したのである。[*12] このような挑戦は、特権階級にとっては長く続いてきた当たり前の社会状況を廃止させようとするものであり、絶対に耐えられないものであった。

それでは、都市の住民は修道士を敵としか見ていなかったということなのであろうか。あまり考えにくいことではある。事実、ほとんどの人間にとって修道士に会うということはきわめて稀なことであった。修道士の数は、全体の人口から見ればほんのわずかな比率でしかなかった。さらに、彼らは修道院を離れてはならないことになっていた。修道生活とは、世間から隔絶することを強いることだったからである。修道士が旅に出るときは、外の世界で見聞きしたことをほかの修道士に話してはならないと『戒律』は命じていた（62章）[5]。また、修道士は田舎に住んでおり、商人、貴族、重要な教会人を除いては、旅を

（5）「旅に出た修道士」（『戒律』67章）では、「他の修道士に話してはならない」という理由は「最大の害悪を与えることであるから」としか書かれていない。この戒律を破った者には当然罰が与えられた。

商人と顧客（12世紀、ビンゲンの聖ヒルデガルトが自分の見た幻視のことを書いた『知恵の書（Scivias）』を説明する細密画。ヴィースバーデンのヘッセン州立図書館、ms. 1）

するということは中世の生活においては普通のことではなかったのである。

一二世紀後半から一三世紀初頭になってようやく、シトー修道会の労務修士が市《マーケット》で取引をしている姿などが都市の人々の目に留まるようになるが、このようなかぎられた接触すらも、当時の修道士に対する否定的な見方をつくり上げるのに一役買うことになった。(原注2) 都市に住む人々が一三世紀の托鉢修道士に対してはプラスとマイナスの複雑な態度や感情を抱いていたが、どちらかといえば、共住修道士よりも托鉢修道士に対する共感の方が強かった。しかし、修道院の外で活動する修道士や、修道院には定住せずにあまりに頻繁に外で活動している托鉢修道士に対する印象は、俗人のゴシップや憶測の対象へと容易に結び付いていった。

慈悲の行為

社会学者レオン・ムーランは、一〇年ほど前に出版した著書(6)の中で中世の修道士の慈善活動をテーマとして扱ったときに、躊躇なくその活動を「社会保障」であると呼び、今日我々の誰もが馴染みのある社会福祉は、当時は全体として修道院の人々によって実践されていたと主張した。(*13)

(原注2) 修道士に対する否定的なイメージの傑作の例は、12世紀の詩「Ysengrimus」に描かれた狼があるが、その狼は修道士の貪欲を表している。[55] 10～20頁。[99] 396頁、[219] 3～36頁(特に、8頁、22～23頁)。

(6) 実際の出版年は1978年である(参考文献 [200] を参照)。

この引用は、修道生活の主たる目的が苦しみにあえぐ人々に、充分な医食住を提供することであったかのような印象を与える。しかし、慈悲の行為というこのイメージは正確なものであろうか。もしそうであるならば、人間的な気遣いとして、あるいは自らを聖なる者として高めたいという思いから、修道士がそれ自体を目的として実践していたのであろうか。

慈善活動の起源は、マタイによる福音書に書かれている。この中で使徒マタイは、キリストとその弟子たちとの会話を次のように記録している。

「私の兄弟であるこの最も小さい者の一人にしたのは私にしてくれたことになる」（「マタイ伝」25・35～40）

キリストのこの言葉は、やがてキリスト教教義における理論的な礎《いしずえ》となってゆくのである。このことが道徳的価値観に与えた影響については後の章で見てゆくことにして、ここでは、修道士が慈善行為を頭と体でどのようにとらえていたのかという問題を考えてみたい。

まず初めに、聖ベネディクトゥスに戻ることにする。我々が研究する際の物差しとなる『戒律』では、最大限の配慮をしてあげなければならない対象として四つのカテゴリーを挙げている。すなわち、病人、子ども、来訪者、そして貧者である（31章）。修道院衣食住係（cellarer）と最終責任者である修道院長は、最後の審判の日にこれらの人々に代わって神に対して総括をしなければならない、と『戒律』では警告している。

『戒律』の三一章によると、人道的な配慮そのものが争点ではないのである。社会活動を行う場合、修道士は自分たち自身のことや天国での永遠の命を手に入れることしか考えていない。これが、修道院《モナスティシズム》の基本的な意味である。読者は、中世のベネディクト修道会の修道院と社会的に活動的なほかの修道院運動との微妙な違いになじみがないからといって驚く必要はない。さらに、三六章では「病人の世話が何より優先する」と規定されているが、これはすべて自分たちと同じ修道院に住む病気の仲間にかかわることである。次に三七章では老人と子どものことが規定されているが、もちろん、修道士と労務修士のことしか念頭に置かれていない。

　社会奉仕に関するかぎり、修道院社会の外側の人間を扱っている章は五三章だけである。この章では、すべての来訪者は「キリストと同じようにもてなされなければならない」と述べられているが、さらに詳しく読むと二つのことが明らかになる。まず、来訪者――キリスト教の奉仕者と巡礼――という表現は、重要人物のみを指す言葉であるということである。これらの来訪者は、到着したことが公式に宣言されるような重要人物である(7)。二つ目は、来訪者のもてなし方が儀式化されていたということである。到着後に手足を水で洗うのは、清潔にしたり体の疲れを癒したりすることがその主たる目的であったとは考えられない。天使のような修道士が住む汚れのない場所に足を踏み入

（7）第53章では、「来訪者の到着が告げられたら、長老も修道士も愛に満ちた礼儀を尽くして迎え入れなければならない」と述べられている。

聖ダンスタンの墓参りをする巡礼者たち（中世後期の戯画、ロンドン・ブリティッシュライブラリー、Royal ms. 10E ・）

（8）「貧者と巡礼を迎える際は、大きな配慮を示さなければならない。なぜならば、彼らの中においてこそキリストは受け入れられたからである」としか『戒律』には述べられていない。残りの文章は、すべて重要な来訪者の受け入れに関する一連の行動マニュアルである。

（9）聖週間の木曜日の夕方、ミサの聖福音奉読後に行われる儀式。主が聖体の秘蹟を制定する前に弟子たちの足を洗ったことにならって洗足式を行う。

（原注3）「すべての来訪者をキリストのごとく接待するという主義に基づくこの本（『戒律』）は、人間の社会学的差別を排除し、それをつくり出そうとする自然な傾向を押さえ付けようとするものである」（213頁）というウィッターズ（[197] 177～215頁）の主張は受け入れ難い。

（原注4）[220] 246～247頁。リトル（[177] 67～68頁）は、クリュニー修道会の慈善行為の例を幾つか挙げているが、毎日一人の貧困者に与えられる主の食事はその一例である。レズヌ（[173] 180頁）は今なお古典としての価値をもつ作品であるが、フランス王国の中でも最も富裕な修道院の一つであり、格段と優れた王室の修道院であるサン・ドゥニ修道院の例を挙げている。毎日5人の貧困者を受け入れ、食事を与えていた。イースターには衣服も与えられた。それに対して、洗足聖木曜日（聖木曜日）には12人の貧困者が足を洗ってもらい、食事を与えられた。これらの慈善にかかる経費を支出している施物分配吏の下には、貧者に対して特別な配慮をしようとする私的慈善家からしばしば基金が寄せられることもあった。（[136] 30頁）。このような場合には、修道士は与える者と与えられる者との間の仲介者と考えるべきであり、積極的な参加者ではない。ジョンソン（[148] 156～164頁）は、他の修道院で行われていたこととさほど変わらない慈善行為の小さな例を精力的に挙げている。

（原注5）「慈悲の行為」の典礼的な意味については、モラ（[197] 193～215頁）を参照のこと。

れる前に、来訪者を霊的に清めることがその目的であった。

貧者のことを扱っているのは、この章全体の二四節中わずかに半行しかない（53章、15節）[8]。このように、『戒律』では貧者に対してはわずかなスペースしか割かれていないという事実に加えて、修道生活の理念が伝統的に儀式という形に投影されてきたことからも分かるように、社会参加という意味での慈善行為は修道士にとっては二義的な意味しかもっていなかった[原注3]。儀式そのもののために、彼らの行動が社会的効力を欠いたものになっていたのである。

たとえば慈善団体は、伝統的に洗足聖木曜日[9]には一二人の貧しい老人たちに対して厳粛な夕食を施してきた。これは、根本的救済の例としてよく引き合いに出されるが、このような救済行為は、どこまで飢えという当時の社会の恒常的な危険に対処することができたのであろうか[原注4]。足を洗ってもらい、夕食

ヘントのサン・バヴォー修道院の手洗い所（中央の八角形の建物）（12世紀）。修道士たちは食堂に入る前にここで手を洗い、霊的に身を清めた。

を食べさせてもらうということは、キリストの謙遜と最後の晩餐を記念する典礼としての意味以外に何もないことであった。(原注5) 貧者に手をさしのべて悲惨な生活から救い出すということは、死後の生にしか興味がなかった修道士には問題ではなかった。社会システムの中で俗社会との互恵的な関係が理想化されてしまったために、もてる者ともたざる者の間の落差がいつまでも残ることになってしまったのである。

構造的な救済──刹那的な欲求以外にも対応する総合的な救済方法──を行っていれば貧困は減ることになったであろうが、それでは慈善の理念そのものを結果的に骨抜きにしてしまうことになる。理念がこれまで通り継続するかどうかさえも危うくなり、天国への道も狭めてしまうことになりかねない。皮肉にも、もてる者が至福に至ることができたのは、傍らに悲惨な状況が存在し続けていたからである。これは、一二世紀を研究する歴史家の中世修道院の慈善に対する時代錯誤的な攻撃ではない。中世初期の中心的な修道院立法者の一人であるアルルのカエサリウス(10)自身の言葉を言い換えただけのものである。彼の説教は中世を通じて長く読み継がれたが、その説教でカエサリウスは次のように語っている。

「もし、貧しい者が誰もいなければ誰も施しを与えることはできないし、誰も罪の許しを得ることはできない(*14)」

貧困がなくならずに残ることは、恩着せがましい博愛主義の対極として必要なものであ

(10)（470－543）大司教。

った。それは、一九世紀、二〇世紀に富豪の企業人が実践していた博愛主義と本質的に同じものである。

聖ベネディクトゥスの『戒律』を読んだだけでは、救済の理念が、当時すでにどの程度形骸化していたのかは分からない。着なくなった古い修道服は、貧者救済用物資を保管する衣装部屋に「片づけなければならなかった」(55章)。しかし、このような行為の社会的な意味は何なのだろうか。総人口の〇・一パーセントを占めるにすぎない修道士が、将来慈善に回すことを念頭に置いて修道生活の理念を反映して、ほとんど何も残っていない自分の衣装部屋から古着を選び出してはこの保管部屋に保存していた。実際の修道院生活の様子を記述した後世の史料を調べると、自ら望んだ清貧は、常に経済的貧困に優先していたことが分かる。

一一三〇年にアンドレ修道院が焼失したとき、カンタベリーのクライスト・チャーチ修道院の修道士は、自分たちの古着をアンドレ修道院の修道士に送っている。(＊15) 修道的清貧は、本当の貧困よりまともな貧困なのである。彼らは援助するに値する人たちだったのである。つまり、霊性が経済的現実より優っていたということになる。(原注6) このような態度を考えると、これら二つの貧者のグループが競い合う理由は理解できる。そして、一三世紀になって徐々に清貧を実践しようとする気運が高まり、修道院の舞台に托鉢修道会が登場してくるようになるのもうなずけるのである。

(原注6)歴史研究において、「慎ましさ(simplicity)」という概念は「貧困」という曖昧な定義づけをされていることが多い。明らかに、これは「マタイ伝」5章3節の「霊において貧しい人は幸いである」に起因している。[128] 172〜192頁を参照。

修道士が修道院の門でさしのべていた援助には、どんな重要な意味があったのだろうか。語りものや説教文学を読むと、驚くほどの量のパンが配られていたという記述を目にすることがある。これらに書かれている数字の史料性に関しては、想像や誇張といった色付けが考えられるため、歴史研究の方法論という観点からはその信憑性を疑うのは当然である。だからといって、修道院は慈善活動に関与していなかったということではない。『戒律』に書かれている範囲を超えて慈善活動が行われる場合には、個々の修道士が自分の霊的充足への思いと人間としての哀れみの心から個人的に行っていたことである。この点に関しては、『戒律』や後の時代の慣習規則集は非常に明快である。寄進者自身がとくに貧者への施しを前提として修道院に寄進しても、これらの規則集は修道院の財政や物資供給が影響を受けてしまうような救済システムは考えていないのである。慣習規則集に規定してあることは、決められた量の食料や物資を一定の数の貧者にだけ配給すべしというものである。この点では、コルビー修道院のアダルハルドゥス(11)の法律集は有効な史料である。というのも、この法律集は、キリスト教を基盤にして俗社会を組織しようとするカロリング朝の理想に深く傾倒しているからである。

この時代のもっとも重要な修道院の一つであるコルビー修道院に暮らす修道士の人数は、一五〇人から二〇〇人ぐらいであったろうと言われている。(*16) 彼らは、日常どのような社会参加をしていたのだろうか。この修道院の門の所に集まってくる貧民には五〇斤のパンが

(11)（？－826）シャルルマーニュの従兄弟。コルビー修道院長。

(12)マズリンはいろいろな穀物（特に小麦とライ麦）の寄せ集め。スペルトコムギは、現在では家畜の飼料用である。

配られていた。四ポンドにも満たないマズリンや小麦、あるいはスペルトコムギ[12]で五〇斤のパンをつくっていたのである。したがって、一斤とはいうものの、その大きさは今日のロールパンのサイズであった。また、ビールも与えられたり、特別な日にはチーズやベーコンも配られた。救貧院に泊めてもらえるようなことがあれば、それは最高に運のよいことであった。泊まることができた人たちは、五〇個のパンが入った籠から一個半のロールパンをもらえたからである。

この支出を補うのに、一〇分の一税とお布施からそれぞれの五分の一――推定では四ペンスすなわち六・六グラムの銀に相当――を門の所で配る分に回されなければならなかった。[*17] ベネディクト修道会の修道院の支出パターン――中世初期に関する史料はないので必然的に後期だけのものであるが――に関する研究を見ると、コルビー修道院の史料が示していることを数字的に確認することができる。すなわち、慈善活動はあまり重要ではない二義的な現象であったということである。[原注7] たとえば、カンタベリーのクライスト・チャーチ修道院の施物分配吏《せぶつぶんぱいり》は、貧民の世話に専心すべき役職にもかかわらず、一二八四年から一三七三年の期間では、彼の下に集まる歳入の〇・五パーセントしか修道院外の貧民救済に当てていないのである。[原注8]

今日の社会ではこのような慈善行為以外にもっと大規模で充実した社会保障の考え方が当たり前になっているからといって、中世の修道士のこのような態度を非難してはなら

ホワイトブレッドを焼く（出典：前掲書92ページ）

（原注７）サン・ヴィクトール修道院の律修聖堂参事会員のための12世紀の慣習法には、手が付けられた食堂の残り物を門の前で配る行為のみを慈悲の行為として述べてある。手が付けられていない食べ物は、食料品保管係に戻された。［33］43～44頁。

（原注８）［220］247頁。叙述史料の表現より信頼できる、現代の算出法に基づいて出された他の例も同じ方向を示している。外部的な施しに回されるものがいかに微々たる量であったかについては、［12］（xxvi～xxviii頁）を参照のこと。スネープ（［235］110～118頁）は、施しに使われたのは修道院の収入の５%以下であると述べている。しかも、我々もすでに述べたように、そのほとんどは私的篤志家の特別な基金によるものであると強調している。スミス（［234］47頁）は、1284年～1373年の期間では、穀物やまれに布が配られる以外は、貧困者に配られたのは施物分配吏《アルモナー》の収入のうちの0.52%だけであったと計算している。著者は、イングランドの他の例にも言及している。15世紀の初め、北海沿岸低地帯で最古で最も富裕な修道院の一つ、ヘントのセント・ピーターズ修道院では、年間で、レンガ積み職人の日当の220～452倍に相当する金額しか支出しておらず、他の配給品目（食料、布）に至っては単なる象徴程度にすぎなかった。全体では、修道院の年収の0.12～0.45%に当たるものであり、これはブルゴーニュ諸侯の社会支援（0.14～0.28%）に驚く程近い数字である。政治権力は、慈善に対しては名を残すほどのことはしていない。［70］19～57頁、［217］97～120頁。

（原注９）具体例については［200］（291頁）を参照のこと。慈善行為に関する評価が私的な関与によってどこまで影響を受けるかという問題については、近年、シトー会士の著者による著述がある。それは、飢えた人々がベネディクト修道会の修道院前で死にかけていたが、シトー修道会の修道院は寛大に彼らを援助していたという記述である。これは明らかに間違っており、信頼できるものではない。［57］64～72頁。

ないことは当然である。しかし、無数の貧民が日ごとに修道院の門に群がる中で修道士がパンを配るというような、彼らの慈善行為に対して我々がもっている誇張された無批判なイメージは修正しなければならない。富裕な寄進者の好意のおかげで、二〇〇年間にクリユニー修道会は立て続けに三つの巨大な聖堂を建設したということを考えると、彼らが一日当たり配っていた三六ポンドのパンは、構造的救済（原注9）という観点からは何を意味するのだろうか。とくに、三番目に建てられた聖堂は、中世に建てられたものの中では最大級でもっとも贅を尽くして建てられた聖堂であるが、これは修道士の目がいかに天国を向いていたかをまざまざと証明するものである。

このように、（たとえば過去、現在の戦《いくさ》で何人の敵が戦死したかという数字だけにかぎらず）説話史料に現れる数字を扱う場合は常に慎重に対応しなければならないというのは、歴史学専攻の学生がその方法論の授業でまず最初に教え込まれることの一つである。しかし、この考え方は宗教学の分野ではめったに応用されることはなく、特定の数字が物理的に、あるいは地形学的にあり得る数字か否かを実際に応用して吟味することすらほとんどなされたことがない（＊18）。たとえば、都市や村から遠く離れ荒涼とした場所にあるシトー修道会の修道院の場合など、どうやってその門前で巨大な群衆に食べ物を施すというのであろうか。

しかし、修道上のある特定の関心事が、施しという行為の意義にいかに強い影響を与えていたかという点は強調しておかなければならない。したがって、死者に対して霊的なケアをしたことで知られるクリュニー修道会の修道士のことをここで考察してみたい。

およそ四万八〇〇〇人に上る物故した修道士と寄進者の名前を収録したクリュニー修道会の過去帳を見ると、彼らが死者に対して霊的配慮をしていたことが明らかに裏付けられる。(*19) クリュニー修道会の慣習規則集では、修道士が亡くなると、その命日はもとより死後三〇日の間、一人の貧者に対して食事が与えられていた。一二世紀の半ばになると、この伝統は相当な財政的負担を強いるものになっていた。J・ヴォラッシュの研究では、延べ三〇〇〜四〇〇〇人の修道士が毎年一万八〇〇〇食の食事を施さなければならない状況になっていたという。クリュニー修道会の修道院長の尊者ペトルス(13)は、「いつも来訪者が大勢あるし貧民の数は数え切れないほどだ」とぼやいているが、これは、施しを一日五〇食に限定することに決めた彼の気持ちを充分納得させる言葉である。我々は、何よりも優先して建物に巨額の資金を投じた中世でもっとも富裕な修道院を扱っているからといって、その重要性を過小にも過大にも評価してはならないのである。

修道士は病人の世話をしていた。このような言い方では、あまりに雑な一般化になりすぎている。もう少し繊細な表現が必要である。原則的には、黒のベネディクト会士も白のベネディクト会士も、自分たちの修道院の仲間のための病院しか建設していない。その病院では、病気や老齢の修道士は戒律の遵守にあまり厳格に縛られずに過ごすことができ、

(13)（1094頃－1156）フランスの聖職者でベネディクト会士。

適切な食事をとることができるようになっていた。彼らの便宜を図るためにほかの仲間たちから離れて、可能な場合は、別の建物か少なくとも独立した居住空間に隔離されていた。しかし、理由はそれだけではない。彼らの解放された生活は、肉を食べることが許されたり、入浴の設備が完備していたり、沈黙厳守のルールが一時的に撤回されるというような特徴を伴っていたが、それは彼らのような病人を修道院の生活外に置いて治療しようとしたからである。また、伝染病が広がる危険性を排除することも隔離した理由である。

このような施療院——一般に修道院回廊の東側に建てられていた——の中には驚くほど規模の大きいものがあるが、だからといって、それが修道院外からの病人を収容するためのものであったと考えてはならない。しかし、一四～一五世紀になって修道院の人口が減少するようになると、少なくともイングランドにおいては、施療院の建物の一部が年金《コロディ》(14)として裕福な人々の隠居部屋として賃貸されるというケースが出現するようになった。(原注10)

九世紀に、カロリング朝の皇帝たちが社会福祉——理想主義に満ち満ちていたものの、効果的な手段を欠いていた——を計画したとき、老人や孤児などを対象とした保護施設を建設しようとした。これらの為政者が描いていた地上の理想社会という青写真においては修道院はきわめて重要であったけれども、その管理の仕事も病人の世話もベネディクト会士には任されなかったようである。(*20)

修道士が運営する病院の例も、もちろんないわけではない。(*21) 修道院が病院に対して何ら

(14) corrody：修道院が王侯や後援者《パトロン》の要請で俗人に与えた一種の年金。様々な形態があり、通常は、修道院の部屋の一部を居室として使用させるという形が多かった。また、現金を支払うという形もあった。

(原注10) ヨーロッパ大陸では、おそらくもっと遅れて起こった現象であろう。

かのかかわりをもっているときは、ほとんどの場合その所有者としてであり、離れた所から管理していたのである。直接運営する病院が存在している場合でも、修道院の内部に建造されることはほとんどなかった。一般的には、修道院の近郊かもしくは別の都市や村といった遠隔地に位置していたのである。しかも、そのような場合ですら、初めは聖・俗の寄進者によって創設され、その後に修道院に寄贈されたのである。

運営人員は、原則として修道院とは関係のない人間で構成されていた。運営人員の中に修道誓願にのっとった生活をする者がいる場合でも、病院の所有者がベネディクト修道会であるにもかかわらず、たいてい聖アウグスティヌスの「戒律」を遵守していたのである。実際、聖アウグスティヌスの「戒律」は、聖ベネディクトゥスの『戒律』より都合がよかった。内容が世事に対してはるかに寛大で、文言もずっと短く、幅広い解釈ができたからである。もう少し厳密に言えば、聖アウグスティヌスが書いたとされる戒律の一つにのっとって生活していた、あるいはD・ノウルズが強調しているように、その戒律に基づいた開放的な生活スタイルに従って生きていたのである。人員は労務修士やシスター(15)で構成され、修道士や修道女の身分ではないマスターまたは副修道院長、あるいはウォーデン(16)の監督下にあった。

このように、ベネディクト会士が病人の世話に直接かかわっていた例はほとんどないに等しいのである。中世後期になると、托鉢修道士やシスター——その生活スタイルも立場

15）公式修道誓願をした修道士（monks）、あるいは修道女（nuns）に対して、肉体労働を担当していたのは修道誓願をしていない労務修士（lay brothers）や女性労務修士（lay sisters）であった。

（16）warden：病院などのような、疑似修道院組織の上長の肩書き。

も、しばしばはっきりとは確認できない――がシトー修道会に修道誓願する一方で、同時にそれまでの社会的役割を継続するということがしばしば現れることになる。一二三〇年代に起こったこのような例としては、ヘントのバイロ－ク病院の例がある。[＊22] 修道院が病院の管理・運営にかかわっていたことを示す史料はしばしば発見されているが、病人の世話そのものは最大限に見積もっても二義的な活動であり、「汝の隣人を愛せよ」という聖書の命令を実践する一般的な方法ではなかった。[原注11] 外部の人間に対する施療行為は、ベネディクト修道会運動の目的ではなかったのである。中世後期になって、聖アウグスティノ修道会士のネットワークや世俗の組織が（主として都市において）より充実した医療サービスを提供するようになるのはこのためである。

「歓待」についてはどうであろうか。聖ベネディクトゥスが『戒律』で規定していることについてはすでに述べた通りである。裕福で身分の高い人々は、修道院の来訪者用の施設を利用することができた。このことがどのようなことを意味していたのかは、フィレンツェ郊外にあるカルトゥジオ修道会の修道院に見られる[17]（中世終焉後の）豪奢な部屋からある程度推測することができる。また、貧民や巡礼者に対しても、最大の配慮をしなければならないことは『戒律』に書いてある通りである。

部分的にせよこのことが現実であったことは、街道沿いに修道院のネット・ワークが配置されていることからも分かる。とくに思い浮かぶのは、北スペインのサンティアゴ・

（原注11）ベル（［64］139～174頁）では、歴史、視野、組織、修道上の立場において異なる、イングランド、ウェールズ、スコットランドの26の病院とホスピスのことが挙げられているが、「シトー修道会は想像以上に深く地域の人民のことを配慮していた」とすることには説得力に欠ける。

バイローク修道院（ベルギー・ヘント）の中世後期のレンガ造りの外壁。シトー修道会の女子修道士が病人の看護にあたっていた。

(17) 1084年、ケルンの聖ブルノがフランスのグルノーブル付近のラ・シャルトルーズに創設した修道院。隠住修道制と共住修道制の特徴をあわせもつ修道会。

(18) イエスの12使徒の1人で、ヘロデ王により殉教。聖廟に聖ジェームズの聖遺物が残るとされ、サンティアゴ・デ・コンポステラは中世では巡礼の中心地となった。

(原注12) 15世紀初頭の風変わりな神秘家マージャリー・ケンプは、エルサレム、ローマ、コンポステラ、ヴィルスナック（ドイツのブランデンブルク）に向かう途中は宿屋に泊まっている。L. Collins, *Memoirs of a Medieval Woman*. The Life and Times of Margery Kempe. New York, 1983を参照のこと。

デ・コンポステラに向かうルート沿いの修道院網である。このルートはもっともよく利用された巡礼のルートである。聖ジェームズを祀る聖地に向かう長くてつらい危険に満ちた旅の一日が終わると、毎晩巡礼者は、このルート沿いの修道院のどれかに宿泊しては安らぎを得ることができたのである。しかし、その歓待の程度については、過激な幻想をいだいてはならない。このような歓待は巡礼者だけに向けられたものであり、それでさえも実質的には制限があったからである。すなわち、神と自らの救済とを念頭に置いて流浪と飢えを自由に選ぶことができる人々のみに対して、この救済システムは機能していたのである。自発的な克己《こっき》はやむを得ず辛酸をなめる身よりもステージが高いと考えられていたからである。

街道を往来する商人は一一世紀以降になると次第に増加してゆくが、『戒律』の基準では、彼らは来訪者《ゲスト》とは考えられていなかった。彼らの経済活動――当然のことながら物質的利益がかかわってくるために、宗教的にもモラルの点からも容認される筋のものではなかった――のおかげで、商人は歓迎される存在ではなかったのである。彼らの個人的振舞いもしかりであった。彼らは、平和と敬虔の安息地としての修道院を乱す存在だったのである。

病院も、ゲストハウスも、ホームレスのための宿泊施設としては考えられていなかった。少なくとも、そのような社会問題を解決するという意味ではこれらは明らかに違うもので

（19）当時の街道の様子については、堀田善衛『路上の人』（新潮社、1985年）に詳しい。

あった。先に挙げた、当時もっとも重要な修道院の一つであったコルビー修道院の九世紀の法令書では、一二人の男を救貧院に泊めてもよいことになっていたが、これは善意行為ではあっても決して貧民救済問題を解決する行動ではなかった。

不充分ながら、これまで以上に効果的なホームレス救済策がとられるようになるのは一二世紀後半から一三世紀以降にかけてのことである。しかも、たいていは都市部においてである。(＊23)都市の行政長官や裕福な人間によって病院が創設されたり寄進されたが、これには貴族はめったにかかわることはなかった。このような病院は、たいていベネディクト修道会以外の修道院運動から集められた看護スタッフにより運営されていた。中世後期の慈善は程度の差こそあれ儀式的なもののままであったが、それをいっそう必要とする時代に、幸運にもより多くの人々に行き渡るようになっていたことは明らかである。

人々の生活水準が、最初は向上したがまたやがて低下していったということは、貧困がさらに強烈になったということである。慈善活動のシステムが確立していなければ、都会の生活困窮者は、かつて農村社会で見られたように、有力者の一族や共同社会の団結を通してかくも簡単に保護は受けられなかったのではないだろうか。(＊24)

修道士は頻繁に断食《だんじき》をした。このように自発的に飢えるという行為が、食料の確保や貧民の生存に及ぼす――社会的には間接的な――影響とはどのようなものだったのであろうか。この問題を考えることで、簡単な実証的練習をすることができる。仮に、全人口のお

（原注13）15世紀のアウグスブルクに関する統計は［74］（9〜10頁）を参照のこと。

およそ〇・五パーセントに当たる修道士が非生活困窮者の半分しか食べないとして、その残りを全人口の一〇パーセント、二〇パーセント、さらには六六パーセントの人間に配給するとすれば、時代や地域にもよるが、扶養効果は明らかに実質ゼロとなる。（原注13）

修道院《モナスティシズム》は天国へのあこがれを満たす理想的手段であり、それだけに、現実の欲求に効果的に対処するために行われる慈善活動のシステムはほとんど欠如していた。修道院は、自由意思で自らの身勝手な心を捨て去ることができるというイデオロギーが行動を支配する、非現実的な夢の世界である。あらゆることを否定することが清貧の証として強調されたが、それはまた謙遜の徳の証でもあった。

以上のような歴史記述は、クリュニー修道会の修道院長尊者ペトルスの教義と一致している。彼は霊的な清貧の道を強調し、世俗的物質を放棄することよりも謙遜の徳を実践することがその本質であることをとくに説いていた。（＊25）霊的なものの優位性を信じる修道士の心は、この謙遜の徳を社会的なプライドにまで高めていたのである。修道院の父親的干渉主義《パターナリズム》は、たとえどんなに好意的な意図に基づいていたとしても、これまで見てきたようなやり方以外には機能することができなかったのである。

人口に与えた影響

修道院が人口統計的な影響を与えたか否かを検討することは、不毛な努力のように思えるかもしれない。修道士も修道女も独身主義の生活をしていたので、中には貞潔の誓願を破る者がいたとしても、彼らが社会全体の出生率に何らかでも影響を与えたとは考えにくいからである。しかし、この問題はもう少し関連性のあるとらえ方をすることはできる。直接的な史料がない場合でも、修道生活に入る人々の相当の部分――その人数や割合は時代と場所によって変わるが――が高貴な一族の出自《しゅつじ》であることは推測がつくことである。たとえ間接的ではあっても、人口統計的な影響は貴族階級の中には存在したはずである。というのも、たくさんの子どもの間で資産を分割しないですむように願う貴族の利害と、修道生活への召命《しょうめい》が驚くほど見事に一致するという事実があるからである。

この点から、貴族の置かれた人口統計的立場に修道院《モナスティシズム》が与えた影響はおよそではあるが算出することができる。修道院人口は、社会全体のおよそ一パーセント前後である。さらに、その修道院人口は、最大で社会の三～四パーセントを占めていたと推定される階級の出身者が構成していた。（原注14）すなわち、貴族階級のメンバーの三分の一から四分の一が修道上の独身主義に殉《じゅん》じたり、宗教上やむを得ず子孫を残さない境遇に身を置いていたという

（原注14）［98］137～145頁。コンタミンは、フランスの地域と後期中世にあわせて、1.3～3.7%の数字を挙げている。

ことである。このような数字は必ずしも信頼性の高いものとはいえないが、そのほかの概算数字をも考慮して算出した結果であるから、内容的には有意であると言うことができる。

貴族階級の一部分は、このようにして修道生活に取り込まれた。また、別の一部分は、司教や司教座聖堂参事会員などのような世俗教会の聖職者として吸収されていった。そのため、それぞれの世代の貴族階級の子どものかなりの比率にあたる部分が人口統計的に中和されることになった。彼らは、キリスト教がつくり上げた宗教的・倫理的鋳型に流し込まれたのである。貴族階級は、その一族の一部に結婚を放棄させることによって一族全体の人員を調整し、その結果として、没落の危険性を回避する見事な手段を見つけたのである。この方法は、「先延ばしされたバースコントロール法」と呼んでもよいかもしれない。障害をもった子どもが修道院に預けられたということも、このような考え方が背後にあったことを証明するものである。これにはさらに、考古学的な裏付けも見つかっている。(原注15)貴族階級にとっては、修道院とその組織は社会における彼らの有力な地位を守るための手段として有効だった。

このようにして修道院《モナスティシズム》は、その目的が性格上まったく違ったものであっても、支配階級を永続させる機構の部分品として機能していたのである。貴族階級との互恵《ごけい》関係があるおかげで、修道院は経済的に裕福になり権力をもつようになったが、反面そのような発展は、聖ベネディクトゥスやほかの修道院立法者の説いた修道目的を脅かすことにもなった。ど

（原注15）フランドルのエナメ修道院長ランベール４世の骸骨の奇形や、彼が虚弱体質で有力者たちに頼っていたという史料の記述などは、このようなケースを証明している。モロー（[196]1〜44頁）は、中世後期のフィレンツェでは、肉体的・精神的ハンデキャップが若い女性が修道院に入る主要な理由であったと考えている。

聖ベネディクトゥスが修道生活を始めたといわれる洞窟。この聖人を祀って、この洞窟の上に修道院が建設された（サン・ベネディット修道院、イタリア・スビアコ）。

サン・ベネディット修道院の近く、聖ベネディクトゥスの妹、聖スコラスティカが独住したといわれる場所にもう一つの修道院が建設された（イタリア・スビアコ）。

んなに両者の関係が明瞭で充分に適切なものであるように思えても――二次的史料ではそのように映るが――それは、純粋な修道精神を実現することが危うくなるような構造的な障害となったのである。聖ベネディクトゥスがもともと住んだとされるスビアコやモンテ・カッシーノの実際の場所は、後代、モンテ・カッシーノやクリュニーなどの修道院はどのようにして確認することができたのであろうか。いろいろな修道会派の中でも、ヴァロンブローサ、カマルドリ、シトーなどが原初の純粋さとその復興を求めて数々の改革を行ったことを考慮すれば、そのような原初の純粋さを確認することは実際いかに困難なことになってしまっていたかを理解することができる。

物質的観点からも霊的観点から見ても、修道院が修道士候補の自由な受け入れを制限していたことは簡単に理解できる。なぜなら、そこには修道士の数を一定に保っておこうとする意図があったからである。普通の修道院では、修道院長が一二人の修道士に対して権力をもっていた。この数字は一二人の使徒を表しており、象徴的な意味をもっていたが、もっと大きな修道院ではこの人数をはるかに超える所もあった。反対に、たとえば付属修道院などの小修道院では、三～四人しか修道士のいない所もしばしばあった(原注16)。

どの時代の修道士も修道生活に入るときには、それぞれ持参金《ダウアリ》を持って入ってきたが、さまざまな理由で修道士の名目上の最大人数は常に不変であった。その最大の理由が、資産を守って分相応の生活水準を維持することであった。私有財産も権力ももたないという

(原注16) ホーン／ボーン([141]342～345頁)では、カロリング朝時代の大規模修道院に関しては、信頼性に欠けるような数字をしばしば挙げている。信頼できる数字は、ノウルズ([153]713～714頁)を参照のこと。しかしながら、推定平均値は一修道院当たり11.8～13.5人である。[151]489頁。

修道的な意味での清貧は、文字通りの貧困につながることがあってはならないとされていた。同時にこれは、修道院を選ばれたグループのための安息地——個人的には、ほかのメンバーから拒絶されるようなことも起こりうるような場所でもあったが——として保全する手段でもあった。このようなタイプの修道院は、中世の後半になって、社会のダイナミズムが既存の均衡を破った瞬間から、その形態を改造しなければならない必然に迫られることになった。なぜなら、社会にうまく適合した新しい修道院運動に凌駕されることになりかねなかったからである。

厳密かつ絶対的に高貴な修道院が中世から近代初期に至るまで連綿と存在し続けたという事実は、これまで述べてきた内容と矛盾するものではない。まさしくその反対である。修道院はこの高貴な階級そのものの表現であり、またその期待と欲求を表現したものであったが、概してその霊的役割——修道院にはほかに役割はあるのだろうか——は実にかぎられたものであった。このことは、時代とともに減退に転じていたこの階級のもつ影響力を反映するものであった。

そのようなわけで、新しい時代になると、再生された——あるいは改革された——社会に適合した解決策が求められたのである。伝統的な均衡が破られたのは一二世紀ルネサンスが契機となっている。新しい修道院運動、新しい修道会派や修道院が興る背景には幾つかの主要な要因が考えられる。たとえば、一一五〇年ごろの修道院を取りまく状況は一〇五〇年ごろのそれとは劇的に違っており、またその一〇〇年後の状況はさらに異なったものとなった。まず、修道院創設者の社会的地位に変化が起こったことは明らかである。このことは、当然、修道院の人口に対する影響となって現れてくることになる。というのも、創設者と修道士との間には厳然とした関係があったからである。

一一世紀以降、階級の低い貴族——後に都市部の中産階級も——は、修道士や修道女の生活の世話に資金を投じた。この現象は、ずっと規模の大きい運動の一部分をなすもので、決して民主的と呼べるものではないが、富と権力と「今風《ファッショナブル》であるにはどうすればいいのか」という思いが広く行き渡っていたことを示すものである。イングランドやスコットランドの例がはっきりと示しているように、王侯たちが修道院を創設し続けていた一二世紀の時代にあっても、創設にかかわる始動基金のもつ重要性は中世初期のころに比べて低くなっていた。

その結果、ベネディクト修道会の修道院は徐々に国際的特質を失うことになった。新しく創設された修道院の中では、財力においても修道士の数においても、由緒ある昔の修道院と伍してゆけるような修道院はほとんどなくなっていた。それにもかかわらず、ベネディクト修道会の修道院は、ふさわしい社会集団や一族集団に属さない者にとっては、依然として入会が困難で閉ざされた場所のままであった。

人口増加——また、同様の修道士志願者の増加——に対する対策の一つとしては、既存の修道院が修道士をもっと多く受け入れるという方法もあったかもしれない。しかし、そうなれば、本来なら手元に入るはずの基金をこれまで以上に熱心で魅力的な修道院運動と分け合うことになってしまうため、既存の修道院は生活スタイルに何らかの制限を余儀なくされることになってしまう。これでは、貴族階級にしっかりと根を下ろしていた修道生活の籾《もみ》を踏みつけてしまうことになる。このため、既存の修道院に決められていた受け入れ人数は引き上げられることはなかったのである。

このような中で、新しいグループが発生した。概して、修道院の創設者は全体に以前ほど重鎮ではなくなっており、資産にもあまりゆとりがなくなっていた。その結果、提供できる基金は昔ほど高額ではなくなっていた。物質を投資して霊的な見返りを期待するという点では、ベネディクト修道会運動の圏外に出てしまう方が得策であることが多くなった。世俗の所有者が非合法的に所有する教会資産――教会の建物や一〇分の一税――を返還するようグレゴリウス改革(20)が強く働きかけていた時代にあっては、たとえば、世俗の司教座聖堂参事会を創設することは少なくとも彼らにとっては適切なことに思えた。修道院と同じように、彼らの余分な子どもは、ここでは司教座聖堂参事会員(21)として役割を担うことができたからである。ベネディクト修道会の場合とは対照的に、彼らは自分たちが携わる魂の癒しという仕事からの収入で生計を立てることができたのである。世俗の司教座聖堂参事会を創設することは経費が少なくて済み、それだけ創設者にとっては財政的負担が軽く

(20) 98ページの訳注(18)参照。

(21) 聖堂付きの世俗聖職者(下の「律修聖堂参事会員」の注を参照)。

(22) 公式修道誓願を立て、特に聖アウグスティヌスの「戒律」に基づいて修道生活を送る聖職者の修道会。

済んだのである。同時に、その創設にとっては道徳的罪に対する税金という感覚もあり、宗教的には彼らの目には有意義なことであった。

すでに述べたように、まず創設者の社会的地位が変化した。もう一つの現象は、深いキリスト教の信仰心が中世初期のエリートグループからそれ以下の階層――それでも中流階級の上――にまで移行してきたことである。そのため、キリスト教的動機づけが深まるにつれて、それを満たすための場所を増やさなければならなくなった。反面、伝統的なベネディクト修道会は、閉鎖的で階級がかぎられており入会は困難であった。また一方では、修道院の外で興りつつあった新しい試みはほとんどが蜻蛉《かげろう》的な存在となった。たとえば、隠修士の居住地は、比較的短期間のうちに修道院や修道分院に変わったり完全に消滅してしまうことがあった。これに対して、カトリック教会はますます制度的・司法的鋳型にはまり込むようになり、新しい試みには慎重になっていった。こうして、新しい運動はカトリック教会が認承する枠組みに適合するものでなければならなくなったのである。

この理論に従えば、プレモントレ修道会、アルエーズ修道会、サン・ヴィクトール修道会ほか、若干の修道会派の律修聖堂参事会員[22]に見るように、シトー修道会運動はすべての考えうる条件を満たすものであった。これらの修道会派は、組織形態に関する多くの部分をシトー修道院[23]から取り入れており、その霊性までが酷似していた。新しい形態の修道生活は修道院の回廊の中で行われなければならないとする公式なカトリック教会の基本条件

(23) シトー修道会運動の中心になったシトー修道院は、1098年にディジョンの南の荒涼とした地に創設された。クリュニー修道会が強大な中央集権組織を形成し、ただ一人の修道院長の下で全ての修道院が運営されたのに対して、シトー修道会に所属する修道院はそれぞれの独立性を保っていた。

を、これらの修道会派は満たしていたのである。こうして承認されたときに初めて、彼らの修道生活様式に成功する希望が出てきたのである。

しかし、ますますダイナミックになる社会では、新しい運動は人々に開かれたものになっていかなければならなかったが、これは労務修士という階職をつくることで達成された。その構成人員は「コンウェルシ」と呼ばれ、修道士ではなかった。さらに、すでに述べたように、創設の基金は昔よりは少なくなっていた。シトー修道会や律修聖堂参事会はほとんどが非常に乏しい基金で始まっていたので、自分たちの努力で基金を集めたり、効率的な管理を行いながらその基金を増やしていかなければならなかった。彼らにとっての分相応な修道院の生活様式は、かつて黒の修道士の間では当然とされた豊かな清貧ではなくなっていたのである。

フランドル地方とイングランドに関する概算では(＊26)修道士の絶対数は増えたが、社会全体の人口も増えたために、相対数はほとんど横ばい状態であるという結果が出ている。社会の人口の大きな比率を占める部分――下層貴族階級、豪農、都会人を含む――に対して修道院の門戸を開放したことで、かつて上流貴族階級がそうであったように、これらの階層の人々も人口統計的効果を達成することができるようになった。子どもを修道士にするための導入方法である献身制《オブラティオ》は、修道院復興の気運が高まった時代を除いてはずっと機能し続けていた。しかし、同時に長子相続制が確立したために、遺産分割ができなくなった。

確かに一族という観点から見ると、この制度は一族の没落の危険を排除することができる大変重要な制度ではあったが、長男として生まれなかった子どもをどう扱えばよいのかという問題の解決にはならなかった。このような子どもに対しては、明らかに昔と同じ解決方法がとられた。修道院に送り、子孫を残す可能性を排除してしまうことである。

一三世紀以前は、社会全体の人口に対する修道院人口の相対的割合が増加していた様子はないので、一二世紀に関しては献身制《オブラティオ》の人口統計的影響はそれ以前の時代のそれとほとんど変化はなかった。目に付くようになってきた違いといえば、人口を制限すれば世襲財産を守ることができるという考え方が、拡大したエリート階級の中に徐々に広まりつつあったということである。しかし、絶対多数を占める平民にとっては何も変わってはいなかった。彼らの余剰になった子どもをコンウェルシとして修道院に入れることができる可能性――この可能性が現実のこととして――はかぎられていたので、この方法が彼らのグループの社会に占める割合に何ら実質的な人口上の影響を与えることはなかった。実際、ごくわずかなパーセントのレベルの話である。さらには、黒のベネディクト修道会の修道院が修道士の数を制限したように、新しい修道院もついには修道士の人数を制限するようになった。

このような現実のため、たとえば一二世紀後半ごろまでには、修道生活に入る可能性が制限されたことに対する不満がとくに女性の間で噴出するようになった。修道生活に憧れる女性の間で不満が噴出したというべきなのか、女性のために親や一族などの第三者が不満を噴出させたというべきなのかは私には分からない。誰が女性の生き方を選択し、決定していたのかが正確には分からないからである。女性たち自身の判断なのか、それとも一般的にその父親や家族が決めていたことなのか。新しい運動が花開いているときには個人的な選択が優勢のよう見えるが、やがて運動のカリスマ的活力が萎《な》えてゆくと、後者の可能性の方が現実味が出てくる。本人以外の者が意思決定するということは、教会法の規定にある自由意思――修道誓願をする時点で正式かつ厳粛に守られている――に抵触するものではない。

人口の状況が絶え間なく変化し、不平等が減少してくるなど社会関係も変化し、より内面的な信仰に関心が向かっていったことで、一三世紀以来起こり始めていた新しい修道会へ向けた変化が理解しやすくなった。托鉢修道会やベギン会のような修道会運動は、社会的、精神的にも、また人口学的にも、このような変化した社会によく対応していた。このとき以来、少なくともこれらの修道会派の重要かつ活動的な拠点においては、ヨーロッパは――人口の観点からではなく社会的重要性において――都会的になるのである。

それまでの数世紀は、人口増加と中産階級レベルの修道生活を求める欲求という二重の現象に対処するために、修道院により多くの空席をつくるという一般的な趨勢が続いていた。その結果、新しい修道院は由緒ある修道院より財政的に乏しいままであり――シトー修道会の富は当然として——魅力のないものになっていた。したがって、修道院を創設することは、以前ほど費用のかかるものではなく、霊的な結果である救済はより確実なものに思えるようになった。つまり、少ない投資で天国に辿り着こうと願う人々が多くなったのである。

第五章
価値観
キリスト教的なものと修道院的なもの

キリスト教的価値観と倫理観

第五章では、修道院《モナスティシズム》が中世の心性《メンタリティ》に与えた影響を考察してみたい。心性とは、我々の感情や考え方を支配するシステムであり、文化によって決定づけられるものである。それは、社会的に獲得されたものである。したがって、心性は広い意味で文化という概念の一部である。E・B・タイラー(1)が一八七一年にすでにこの意味でこの言葉を使っている。後に、それはさらに厳密に定義された(原注1)。また、文化の定義には行動様式も含まれるが、研究者によっては、その行動様式が生み出すものまでをも含む概念と定義されることもある。

ここで我々が考える心性とは、一つのシステムに織り込まれた価値観で構成されるものである。そのシステムによって支配される感情や考え方は心性を表現したものであり、それらを見れば心性がどのようなものかが分かる。行為は、それ自体感情や考え方の結果として生まれたものである。行為もまさしく何かを語る表現体なのであるが、それは二次的レベルにおいてのみである。実際、中間的レベルの感情や考え方もある。何が自然に決定されたものであり、何が文化的に獲得されたものであるのかという定義には多少の曖昧さがあるとしても、研究の方法論として使うフィルターは、原則として文化に起源をもつものでなければならない。

（1）（1832－1917）ロンドン生まれ。人類学者。『原始文化』（全2巻）の大業績がある。

（原注1）タイラーによれば、「文化とは……知識、信仰、芸術、法律、道徳、習慣、そのほか人間が社会の一員として獲得した能力やしきたりを含む複合体である」。

修道理念に倣った社会?

修道院の理念が社会に影響を与えたか否かを調べるには、その理念がどのようなものであるのかをまず記述しなければならない。つまり、俗社会からの隔絶と克己《こっき》に集約される修道士の生き方を律する価値観を徹底的に理解しなければならないということである。したがって、この章を始めるにあたっては、すべての修道院立法者の中でももっとも重要な存在である聖ベネディクトゥスに戻ることにしたい。彼の『戒律』は、おおよそ六世紀半ばに書かれたものであるが、とても簡潔で、そのスタイルはきわめて明晰である。曖昧な解釈などは実質的にあり得ないほどのものである。もっとも、何世紀にもわたっていろいろな解釈がなされてきたのではあるが。

『戒律』は、共住修道院での生き方を規定している。また、完徳という霊的目的を強調し、この目的の達成を阻害するような共同生活特有のストレスの回避の仕方を説いている。

ほかにも、修道院の指導者としてはカシアヌスやいわゆるマスターがいた。ヨハンネス・カシアヌス(2)は四世紀後半に近東——共住修道士や隠修士的な生活の原初の場所はエジプトやシリアにあった——からガリアにやって来た。彼は、修道生活の規約をまとめた『共住修道院掟則（*Institutiones*）』と、長老修道院長と若い弟子との対話集である『教父

(2)(360?－435頃)ルーマニアのドブルジャ生まれ。エジプトの砂漠で数年苦行した後、403年に聖職位を受ける。南フランスに幾つかの修道院を創設。ガリア、スペインの多くの修道院のモデルとなる。彼の『共住修道院掟則』は、エジプト修道制の精神と実際を要約したもので、西方修道制にとって霊性に関する権威ある基準となった。

講話集（*Collationes*）』という二冊の書物を著した。これらの本はいわゆる戒律ではなく、修道生活のモデルとして使うための霊的指針の書である。もう一人の立法者は、聖ベネディクトゥスの師であったのか弟子であったのかその出自《しゅつじ》は不詳であるが、一般に「マスター」と呼ばれている人物である。(原注2) ケルトの世界では、ほかにも幾つかの修道会運動やその戒律が隆盛したが、この流れを汲む修道士が後にイングランドやヨーロッパ大陸の広範な地域をキリスト教に改宗するのである。(＊1)

　中世修道院の価値観を知るには、聖ベネディクトゥスの『戒律』を出発点として使うのが最適のように思える。というのは、この『戒律』は中世を通じてもっとも影響力のある戒律であり、およそ八〇〇年から一一〇〇年までの期間にわたって絶対的に用いられていたからである。価値観がもっとも明確に表現されているのは全七三章のうちの四章である。第四章は「善行の道具は何か?」、第五章は「従属について」、第六章は「沈黙の霊性について」、第七章は「謙遜の徳について」となっている。第四章がもっとも長い章であり、七四個の道具（**instrumenta**）のリストである。それぞれに一般的な目的があり、たいていの場合『新約聖書』に基づいているが、中には聖書の裏付けがないものもある。

　これらの『戒律』の文章《センテンス》のすべてに目を通す必要はない。ちなみにここで「文章《センテンス》」と呼んだのは、以下に見るように、古代から伝わるテクストで形態的に類似しているもの——中世でもっともよく使われていた教科書である『カトーの格言集（*Distichs*）』など——が

（原注２）どちらのテクストが早く書かれたものかという疑問は、今なお議論の定まらないところである。ダン（[113] 567〜594頁）は、聖ベネディクトゥスの方が早いと主張している。

「センテンティア（命題集）」と呼ばれていたことに倣ってのことである。

聖ベネディクトゥスの「文章」の表している深い意味は、神への愛と信仰である。第一章はこれで始まり、最後の章もこれで終わっている。残りの「文章」は、これらの基本的確信を敷衍《ふえん》しているにすぎない。したがって、次のように要約することができる。

我々は、神を愛さなければならない。このことは、たとえ我らの隣人が我々に害を与えることがあっても、我々はその隣人を愛さなければならないということを意味している。思考においても行動においても、あらゆる罪を回避しなければならない。神との最終的な対峙――死後のこと、最後の審判のこと、地獄のこと――を念頭に置かなければならないのである。祈りは救済に至る道である。個人の我欲やプライドは捨て去らなければならない。したがって、従属が遵守されなければならない。なぜならば、それが邪悪な考えや行いから我々を守ってくれるものだからである。リストは整然と並べられているわけではなく、ときには同じ内容が幾つかの文章に重複して表れることがある。これらを読むと、「マスター」がさまざまな手本から必要な個所を自分の本のために編集したものであるという印象を与えるかもしれない。(*2)

第四章の七四行をすべて検討してみると、中には修道士だけではなく、キリスト教社会全般に向けられたものがあることが分かる。とくにモーゼの「十戒」を解説している初めの九行は、その可能性が高い。「汝姦淫を為すなかれ」はその一つである。これは、比喩的には修道院というコンテクストにも当てはめることはできるが、実際は修道士ではなく既婚者に対して当てたものである。ほかの「文章」――たとえば、聖書の朗誦《ろうしょう》には気持ちを込めて耳を傾ける必要を説く五五行や、修道院長の態度や風采に言及している六一行など――は、修道院社会にのみ言及するものである。このことから、このリストの背後の考えが曖昧なものであることが分かる。マスター（および聖ベネディクトゥス）は、このようにときに明示的に、またときには暗示的にキリスト教の概括的な価値観を提示しているのであるが、それを修道院においてどう実践すべきかに関しては、はっきりとした言及がほとんどなされていない。

従属、沈黙、謙遜について述べているほかの三つの章は、第四章に対する補遺である。(＊3)。権威に基づいて社会的・超越的システムを押し付ける働きをしているという意味では、これら三つの章は全体として一つの内容を形成しているといってもよい。人は、従わなければならない。従属は沈黙を意味し、沈黙は謙遜を含意している。これらは、いうまでもなくキリスト教の倫理観では一般的な価値観であるが、修道院という閉ざされた序列社会でうまく機能させるためには、ことさら強調されなければならないのである。

キリスト教の価値観が、伝統的なローマ帝国後期の価値観とどこでどのように異なるのか。またそれが、社会の理想的なあり方に対する既成概念をどのように変えることになったのであろうか。これらの問いに答えるためには、聖ベネディクトゥスの『戒律』に見る価値観と三世紀ごろに書かれた『カトーの格言集』の「要論（*Brief Sentences*）」とを比較検討してみればよい。(*4)

両方のテキストの初めから、神の重要性をうたっている点がもっとも明らかな共通項として見えてくる。この後さらに、隣人への尊敬――愛とはかぎらない――の大切さが続いて扱われているが、これは両者の構造的な類似点である。価値観の内容においても類似点は存在する。両親を愛せよ（2章）、嘘をついてはならない（44章）、腹を立ててはならない（45章）、他人の持ち物を妬んではならない（54章）などである。

キリスト教のモデルで強調されている点の中には、キリスト教のもつ絶対的で妥協を許さない性質から必然的に現れたものもある。「命題集」で理想とされた人格的均衡――饗宴を控えよ（18章）、睡眠を充分にとれ（19章）、娼婦には近づくな（25章）――は、修道生活ではさらに強調された。同様に、キリスト教徒の生活においては、大いに俗人の理想とされることになったのである。すなわち、『戒律』の規則では「饗宴はするな、眠るな、貞潔に生きよ、さもなければ悪魔が汝を汚す」という表現に変化しているのである。

古代ローマとキリスト教の考え方の大きな違いは、社会交流の解釈の仕方にある。キリスト教は、社会の構造やその円滑な機能それ自体には関心をもっていない。社会が組織化されているとすれば、それは何の実質的な重要性ももたない過渡期的な状況にすぎないものである。やがてはその社会は、神の永遠なる世界が取って代わるべきものである。また

『格言集』には、たとえば、法廷に対する従属（5章）、執政官に対する従属（11章）、軍備による国防（23章）などが述べられているが、これらはキリスト教の倫理観には見当たらないものである。

もう一つの相違点は、両者の学問観の違いである。「命題集」で強調されている人間個人として成就《じょうじゅ》すべきこと——たとえば、本を読め（26章）、読んだことを思い出せ（27章）、子どもを教育せよ（28章）——は、概してキリスト教の価値観では強調されていない。反対に、キリスト教が通常強調する態度は精神の純朴、すなわち書物を通して獲得した学問ではなく、信仰を通して神のメッセージを受け入れることである。

しかし、このような態度は初めから存在したものではなく、長い間に進化し、変遷した結果形成されたものと思われる。というのは、修道院の戒律を見ても、中世初期の聖者の聖者伝《ウィタイ》の場合でも、勉学の重要性を強調することが理想的な修道生活に齟齬《そご》を来すことになるとは考えられないからである。むしろ、その反対とすら思える。言葉は永遠の価値があるときにのみ記録に値する、という中世初期の考え方を吟味すれば、このような類似性は理解することができる。

宣教師が宗教的戦術の一部分として用いるとき以外には、普通の人々は書物に接触することはなかった。書物に接触する機会があったとしても、その内容に触れるわけではなく、書かれた文字の魔術的《マジカル》な作用に触れるのである。それでも、キリスト教の教義にとっては、

『格言集』の教えには何も不都合なことはなかったのである。それはまさしく、両者の間には一致することの方が多かったからである。『格言集』が長い間にわたって教科書として使われ続けたのは、このような理由によるものである。これが最終的に使われなくなるのは一九世紀になってからのことである。

価値観の内容——万人のための七つの大罪

キリスト教の価値観を研究する者がとくに注目に値すると思うことに、キリスト教における罪[3]の重要性があるが、これには聖パウルスが深く関係している。罪という言葉は『新約聖書』の聖パウルスの「書簡」の中だけでも、聖書のそのほかの部分とほぼ同じぐらい頻繁に使われている。すべての被造物がたどる最終的運命に関する悲観主義——たとえそれが不充分なものであっても——が、これに対する一つの理由である。というのは、罪の解釈においては、キリスト教とは異なるほかの文化や宗教にも同じ悲観主義が当てはまるからである。

タブーを犯すことと罪とは違うものであることを強調しておかなければならない。どちらも悪であり避けなければならないものであるが、タブーを犯すことは単なる外面的な行

（3）罪は大罪（意識して神の意志に背くこと）と小罪（完全には意識せず、不用意に神の意志に背くこと）に分けられる。

為であり、何も道徳的な罪の意識を含まない。この意味で、罪という概念が単なる外面的行為から思考や感情にまで深められてしまったことは、一二世紀までにキリスト教の倫理観に起こった驚くべき変化の一つであるということができる。『旧約聖書』の「レビ記」や「申命記」に記されている純潔に関するタブーがどのように発達していったかを見てゆけば、この変化が起こった過程を見ることができる。告解のときに司祭が用いた中世初期の手引書――いわゆる告解規定書[4]――では、これらのタブーは罪に変わるのである。

キリスト教は、人祖《じんそ》の堕落以来、人類は堕落し悪に染まるようになったと本質的に信じていた。神を崇拝する鋼鉄の人間というよい製品をつくるために、優れた製造技術を磨くための工房が必要であると修道院立法者たちが考えるようになったのはそのためである。人類はアダムとイヴを始祖としているから、一族社会の連帯の原理に従って、彼らの犯した罪は人類の罪であるとされた。このことは、悪が遺伝的に踏襲されてすべての個人に内在していることを意味していた。もちろん、聖母マリアだけは例外である。

マスターの「戒律」では、第五章ですべての悪が詳述されている。しかし、この悪のリストは、聖ベネディクトゥスでは完全に削除されているのである。このリストがあまりに網羅的すぎるからではなく、より体系的なリストを提供しているカシアヌスの方を聖ベネディクトゥスは修道士に読ませたからである。この点については後に触れることにする。マスターは三三の悪を区別し、象徴的な組合せを示すかのように九つのカテゴリーに分類

（4）いわゆる告解規定書（penitential book）は、中世初期に西方教会の司祭が用いた手引き書である。最初の規定書はアイルランドとウエールズに現れ、後に布教の使命を帯びた修道士たちによってヨーロッパ大陸にもたらされ、6世紀後半から9世紀前半までにはヨーロッパの各地で使われるようになっていた。

７人の裸婦に誘惑を受ける居室の聖ベネディクトゥス（15世紀、スタヴローのジョン作『福者ベネディクトゥス修道院長伝』の細密画、シャンティリー・コンデ博物館、ms.738/1041 f. 135）

している。

　にもかかわらず、七つの大罪が標準的概念になってしまった。「七」という数字もまた象徴的数字である。これら七つの罪は、一つとなって悪の全体像を表している。これは、罪を最大限に規制するために、同様に七つの徳によって敵である悪魔と戦わなければならないことを意味していた。

　罪源《ペッカートゥム・カピターレ》(5)は、西方キリスト教会という文脈においても、修道院という環境においても、カシアヌスが初めて規定したものである。(＊5)その着想は教父時代のギリシャの作家オリゲネスやエワグリウス(6)から得たものであるが、カシアヌスはとくにこれらの罪がどのようなものであるのかを記述することに関心を示している。彼の『教父講話集V』は八つの大罪のみを扱っているが、重要な項目としてこれらを本格的に扱っているのは彼の『共住修道院掟則』(原注3)である。このテクストは一二章からなっており、そのうちの八つの章が「大食（gula）」、「邪淫（luxuria）」、「貪欲（avaritia）」、「憤怒（ira）」、「悲しみ（tristitia）」、「怠惰（acedia, anxieta cordis）」、「嫉妬（invidia）」、「傲慢（superbia）」という罪の記述とその対処法に割かれている。

　すでに述べたように、我々はほとんど常に「七つの大罪」という言い方をするにもかかわらず、実際には八つの項目が罪として述べられている。この場合、「傲慢《プライド》」あるいは「慢心《ヴァニティ》」は八番目の罪ということになるが、重要度が一番低いというわけではない。傲慢

（5）多くの罪の源となる「傲慢」「貪欲」「邪淫」「嫉妬」「貪食」「憤怒」「怠惰」の七つの大罪（the Seven Deadly Sins）をいう。

修道女から受けた贈り物を隠し持つ修道士を取り調べる聖ベネディクトゥス（12世紀、大教皇グレゴリウス１世の『対話（*Dialogi*）』の写本細密画、ブリュッセル・王立図書館、ms.9916－9991）

（原注３）［35］。チャドウィックによる選集の翻訳（［84］190～289頁）がある。また、基礎研究としてはブルームフィールド（［71］）がある。

（６）Origenes：（185頃－254頃）エジプトのアレキサンドリアの聖書学者、神学者。Evagrius：（346－399）コンスタンチノープルの説教者、神学者。自らの霊的危機感からエルサレムで修道士となった後、エジプトの砂漠に引きこもった。彼の瞑想的祈りと禁欲主義の神学は、東方教会、西方教会の両方の霊的生活の伝統の基盤となった。

（７）「堕天使」に見るように、ルキフェルと一部の天使が天上界から追放されたのは、神と同じになろうとする傲慢（superbia）が原因であるとされる。

（８）（540頃－604）ローマ教皇（590年）。教会の聖歌を手直しし、今日「グレゴリオ聖歌」と呼ばれる聖歌を完成させた。

（９）（560頃－636）スペイン・セビリアの大司教。『語源集（Etymologial）』を著す。

（10）コルンバヌス（543－615）聖人。フランスのリュクスイーユ修道院、イタリアのボッビオ修道院長。アイオナのコルンバとは別人。

（11）Poenit Cummeani：もともとスコットランド・北アイルランドの起源とされ、アイオナの聖コルンバ（597年頃）が書いたものとも、その弟子のキュミン、あるいは聖コルンバの創設したボッビオの修道院で没したキュミアンが書いたものとも言われている。184頁の訳注（４）も参照。

はあまりに根本的なものであるために、ほかの七つの罪の源と考えられていたためである。傲慢は、神の全能性に刃向かう「大罪（the sin）」だったのである。(7)

カシアヌスのリストは、大教皇グレゴリウス一世(8)がその『ヨブ記講解（*Moralia in Iob*）』の中で使っている。両者とも後のキリスト教倫理観に重大な影響を与えた人物であるが、大教皇グレゴリウス一世とは別に、少し後の時代になってほかにもセビリアのイシドルス(9)やアイルランドの聖コルンバヌス(10)などのように、カシアヌスのリストを写していた教父作家がいた。また、クミアンの贖罪規定書(11)にもリストが写されている。彼らはさまざまな地域（スペイン、アイルランド）の出身で、異なったタイプのテクストを書いた作家たちである。

一三世紀を代表して、聖フランシスコが「悪」と「徳」をどのように考え、なぜこれまで見たような分類とは異なる分類をしたのか、ということを考えることは大変意味のあることである。彼はキリスト教の立法者ではあるが、修道院立法者ではない。彼の起こした運動は、もっと社会に根を下ろしたカリスマ的生活様式を弟子たちに要求した点で、伝統的修道院《モナスティシズム》にも改革された修道院《モナスティシズム》にも対抗するものであった。

彼の信奉者は、修道士と同じように私有財産を否定するばかりか、共同体としても世俗的所有を拒絶して、個人として絶対的清貧に生きなければならなかった。彼らはやむを得ずしてなってしまった本物の乞食同様に、自らの日々の糧を乞い歩かなければならなかっ

(12) いわゆる托鉢修道会であるが、「一所定住」を修道誓願の一つとするベネディクト修道会などの伝統的修道会とは反対に、放浪することでキリストの清貧を実践しようとした。

大教皇グレゴリウス１世を描いた中世後期のフレスコ画（イタリア･スビアコ）。

「節制（節酒）の徳」に打ち負かされる「贅沢の悪」（９世紀、プルーデンティウス『プシコマキア』ブリュッセル・王立図書館、ms. 9987－9991）

たのである。[12]　聖フランシスコは、徳をたたえる聖歌『訓戒《アドモニティオーネス》』の中で徳と悪徳を対峙させている。一一の徳目に対して一一の悪徳を対立させている。すなわち、「恐怖（timor）」、「無知（ignorantia）」、「憤怒（ira）」、「動揺（perturbatio）」、「強欲（cupiditas）」、「貪欲（avaritia）」、「懸念（sollicitudo）」、「放浪（vagatio）」、「敵意（inimicus）」、「贅沢（superfluitas）」、「無情（induratio）」である。これらは一見でたらめなリストのように思えるが、たぶん聖フランシスコが積極的に教育することを目的としていたことの結果であろう。[原注4]

この節の見出しに、「万人のための七つの大罪」という副題を用いた。実際、人祖《じんそ》の堕落の結果、被造物という概念全体が否定的なものになった。人類は悪であり、厳格にしかも敬虔に生きることでしか永遠に救済されるチャンスはないのである。人祖の堕落以来、悪が優勢になったが、悪に対抗するには本質的に徳の高い生き方しかなかったのである。

一部の人のための七つの徳

今述べたことからは、悪と戦うための武器として徳をうまく扱うことは困難なことであるという印象を受ける。ここで、もう一度徳の内容と数がどのように変遷してきたのかを検討するのもよいが、結果的には、悪についてこれまで見たこととかなり似たものになる

（原注４）「肉欲（lust）」がまったく述べられていないのは驚くべきことではあるが、これは決して、聖フランシスコの価値観の中において重要な項目ではなかったということではない。聖フランシスコの第一の「戒律」の第１章で、貞潔が修道誓願の一つとしてすでに扱われている。

であろう。マスターの「戒律」では、第四章で二八項目の徳目のリストを載せており、その筆頭に述べられているのが「対神徳」[13]といわれる信仰、希望、愛である。

しかし、カロリング朝時代を通じて神学者たちは――しばしば、聖書の解題者として寓話を探し求める立場でもあった――この七つの徳を探求していた。古代哲学を利用しようという考えから、先に挙げた三つの徳が、ソクラテス以来すでに馴染みとなっている四つの徳――「賢明（prudentia）」、「剛毅（fortitudo）」、「節制（temperantia）」、「正義（iustitia）」――に加えられた。古代哲学者とその倫理観がもつ人間主義が、まさにキリスト教が説こうとしていたことと完全に一致したのである。

しかし、大きな違いが一つあった。罪と初めの三つの徳――信仰、希望、愛――は人類全体を対象としたものであるのに対して、残りの四つの徳目は人類全体が対象ではなかったということである。すなわち、これら四つの「枢要徳《すうようとく》（cardinal virtues）」はエリートの行動を支援し、その立場を強化するためのものであった。たとえば、誰もが剛勇《ごうゆう》であることが求められていたわけではなかった。従属はどのような社会組織においても必要ではあったが、剛勇さは為政者にのみ与えられた資質であった。正義も同様であり、残りの二徳についても同様である。事実、理論書でも実用書でも、中世に書かれた書物の多くがこれらの「枢要徳」と「為政者魂《ルーラーシップ》」との関係を強調しているのである。また、中世後期のアンブロギオ・ロレンゼッティが描いたシエナのパラッツォ・プッブリコの壁画[14]でもそのよう

(13) 対神徳（theological virtues）は、聖パウルスがキリスト教徒の生活の基本として一つにまとめたもので、信仰、希望、愛の三徳を指す。

(14)（1290－1348）イタリア・シエナ最大の画家。中世で最も重要なフレスコ画（壁の漆喰に描かれた絵）。

な解釈がされており、これらの四つの徳が「善き政《グッド・ガヴァンメント》」という文脈に置かれているのである。こうして実際、悪以上に徳目の方が七つに圧縮されてしまったために、徳は貧弱なものになってしまった。

しかし、再びここで『訓戒《アドモニティオーネス》』の文言に戻るが、聖フランシスコの場合は一一の徳目を区別しているのである。[原注5]「愛（caritas）」、「上智（sapientia）」、「忍耐（patientia）」、「謙遜（humilitas）」、「清貧（paupertas）」、「喜び（laetitia）」、「静観（quies）」、「黙想（meditatio）」、「敬神（timor Domini）」、「慈悲（misericordia）」、「分別（discretio）」の一一である。聖フランシスコの組み合わせ方は、七つの徳以上に弟子たちのための実用的な修道生活を意識したものになっており、その表現はまさに宣言書である。[15]

中世の人々が徳や悪をどのように考えていたのかということに関しては、さらに敷衍し完全なものにすることはできる。また、その発達の経緯や起源の研究もより精緻なものにすることはできる。[原注6]しかし、それでもその結果は今と同じことになりかねない。悪についても徳についても、最終的には明確に定義をしているリストがないからである。悪に関しても徳に関しても、「神対人間」の立場、「人間対人間」の立場を調整する目的で書かれた「文章《センテンス》」が数えるほどしか現存していない。しかも、これらの徳を実践する特定の場として、修道院が強調されることはきわめて稀なことだったのである。

罪が万人を対象としたものであるならば、徳は特定の人間だけのものであった。この特

（原注５）「肉欲」が不徳の一つとして述べられていないように、「貞潔」も徳としては述べられていない。その理由は、貞潔がそれ自体目的ではなく、神に対する無限の愛を成し遂げるための単なる手段と考えていたからであろう。

（15）永野藤夫訳『アシジの聖フランシスコ』平凡社ライブラリー、192～193頁参照。

定の人間とは聖・俗のエリートのことである。このエリートの筆頭がキリスト教のエリートであり、神の召命《しょうめい》で修道院に住み、日夜神に祈る生活をする人間である。しかし、実際には、これは現実とは異なる観念論的な考え方である。というのは、誰もが生まれ育ったグループ内にとどまらなければならないという静的な階級思想が存在するかぎり、キリスト教のエリートは社会的エリートの貴族階級とほとんど区別できないからである。中世の大半を通じて、この階級意識が人間を階層化する考え方――人々の全体的な（社会的、法的、キリスト教的）身分に対する考え方――を支配していたのである。

　徳は、困難ではあるが神の下に至る唯一の道と考えられていた。成功するのはほんの一握りの人間だけである。修道院立法者や改革者によれば、修道院はどの道を歩めばよいか――唯一可能な道――を示していたのである。聖ベネディクトゥス、カシアヌス、マスター、そのほか多くが悪の権化である悪魔との果てしない戦いのことを語っている。

　しかし、繰り返しになるが、修道院の価値観は修道院に特有のものなのであろうか。そうでなければ、キリスト教社会全体に当てはまる一般的なものということになる。これまで見たように、このことについての答えは明らかである。すなわち、価値観は修道院に特有のものではないということである。神の下に至る道は狭く、修道士が神に近づく可能性が一番高いと思われていた。また、地上の生と天国の生は、渾然一体となった宇宙・宗教システムの一部分をなしており、修道士は聖務日課(16)の中に、天上界の神聖な雰囲気を模倣

（原注6）たとえば、アンブロシウス・アウトペルトゥスが『標準語句注解（Glossa ordinaria）』（［1］）に及ぼした影響に関してなど。

(16) Divine Office：教会が司祭、修道者に命じた日々の祈祷の務めの意。祈祷、読誦、聖式などからなり、神に対する礼拝の表現と祈祷義の履行が目的である。

しようとしていた。このような状況にあっては、修道院内で有効な価値観は必然的に修道院の外でも有効であった。その価値観が、天上界を模倣するためのプログラムの内容をつくり上げていたのである。したがって、この聖務日課を遵守すればするほど、それだけ究極的な報いに至る可能性が高くなるのである。このように修道生活にかかわる価値観は、キリスト教社会全体のためにも救済の手段として機能していたのである。

前述したように、修道院《モナスティシズム》にはとくに固有の特徴的な価値観はなく、それぞれの社会がその領主や近隣者との好ましい関係を求めて形成するような価値観と何ら異なるものはなかった。しかし、このような社会関係を築くために、修道院が強調している方法が幾つかあった。したがって、むしろ世俗社会の方がこれらの方法——不自然で同姓だけが恒久的に共同生活をすることを前提としている方法ではあるが——を観念的に押し付けられ、それに従わなければならなかったという事実の方が、修道院の価値観の具体的な内容よりもはるかに驚くべきことである。それは、修道理念を通じて完徳が成就《じょうじゅ》できることを信じていたことを明らかに示しているからである。俗世界は、修道院《モナスティシズム》と同じ価値観に従って生き、しかも修道院の方法と同じ方法で生きるときに初めて正しく機能することになるのである。したがって、世俗の配偶者が修道院の価値観に従って性的関係を拒絶すること——表現としては本質的に矛盾であるが——が理想とされたのはこのような背景があるからである。

M　貧しい者に残された服従

悪徳は万人がその対象であり、徳はエリートのためにある。貧しい人間には何が残っているのだろうか。その答えは簡単である。服従という慰めである。これは、価値観の日常的な実践というよりは理論的な枠組みレベルの話である。社会史の研究者がこのような忍従の有無を疑問視することがあっても、とくに私は驚かない。しかし、不平等を是とするイデオロギーによって立つ社会は、有力なグループがほかのグループより強力な権力を行使するか、被支配グループが差別を精神的に受け入れるときにのみ、その均衡が保たれるのである。

貧しい人間は、置かれた現状に暗黙に同意しているかぎりは服従しているが、現状の安定を覆すような状況が起こると反抗的行動を起こす。しかし、これは必ずしも革命的行動というわけではなく、より多くの機会が与えられ、より多くの富と権力を手にすることができるような環境に移る可能性を求めての行動である。しかし、このような反抗的行動を起こした場合、経済的に成功したこれら貧しい者たち（humiles）は、傲慢や虚栄心という悪に屈したと支配階級からは判断されたのである。というのは、このように反抗的行動を起こすことによって、彼らは神の計画に基づいた一定不変であるべき社会秩序を侵害したからである。

したがって、忍従を望ましい特質ととらえる心性《メンタリティ》は、この種の社会を継続していく上で必要な要素であった。このような書き方をすると、謙遜の徳は、社会を維持するための手段として支配階級によってつくり出されたものだという印象を与えるかもしれない。事実そのような態度を示す実例は、人類の歴史、キリスト教の歴史を通じていくらでも探し出すことができるであろう。

しかし、謙遜の徳は、主要な価値としてすでにキリストのメッセージそのものに存在しているのである。キリストは、貧しい者に既存の社会身分を受け入れるよう説いている。このような謙遜のイデオロギーは、基本的には現世で起こる物事には何も重要なことはないという思想である、と説明することができる。天国の生だけが意味のあることであり、それがすべてである。それが絶対的に重要なことである。中道はないのである。この意味で、貧しいことは豊かであることよりもはるかに生きやすい方法であった。このことをキリストは、ラクダと針の穴のたとえ(17)を使って説明している。(「マタイ伝」19・24「マルコ伝」10・25、「ルカ伝」18・25)

このように、キリスト教においては謙遜の徳は不平等な社会を受け入れるための手段となったばかりでなく、一部のエリートにとっては目的にさえなった。虚栄心という悪徳がこのエリートを脅かす大きな危険である場合には、反対の謙遜の徳が彼らを救ったのであ

(17)「金持ちが天国に入るよりは、ラクダが針の穴を通るほうがやさしい」

る。もっとも顕著な例は、キリスト教の歴史においてさまざまな時代に「キリストの清貧（paupertas Christi）」が重要視されたことである。これはキリストの生き方に倣って自ら進んで受け入れた貧困である。それは、挫折、屈辱、あらゆる種類の苦しみを覚悟した上で、自由に貧者として生きることであり、やむを得ずというよりは自ら選んだ清貧の生き方である。自ら進んで行う断食修行は自発的な飢餓であり、家を拒絶して果てしない遍歴をすることは自発的な流浪である。隠住は自発的な牢獄である。このようにして、必要に迫られた結果ではなく、自発的に選んだ結果としての清貧は謙遜の徳という理念とキリスト自身が示した天国への道を実現することになるのである。

社会からは虐げられた存在ではあるが、貧しい人間《ハンブル》には富める人間に対して一つの大きな強みがあった。つまり、神の下に向かう彼らの道の方が易しい道であるということである。そのために、富める者たちが天国の生に対して何らかの希望をつなごうとすれば、彼らは別の道を探さなければならなかった。その別の方法が、まさしく修道院生活であったのである。それは単に個人の救済手段としてだけではなく——これがいかに重要であっても——修道院を創設した一族の全体の救済手段でもあった。このように修道院は、我々が論じている原始社会の血族組織において重要な役割を果たしていたのである。

価値観の伝播

価値観の解釈を広めてゆく過程で、修道士はどのような役割を果たしていたのだろうか。修道院《モナスティシズム》には、そのような目的を達成する手段があったのだろうか。これに答えるためには、もう一つの疑問を検討しなければならない。中世の人々は、どのような状況でどれだけ頻繁に修道士に会うことができたのかという疑問である。たとえば、（推定する際の誤差を考慮して、おおよそではあるが）フランドル地方[18]に対する概算値を見ると、総人口に占める修道士の割合はたったの〇・四二パーセント[原注7]、後代では〇・二八パーセント[原注8]にすぎない。これらの結果を見ると、いかに人々が修道士に会う機会が少なかったかが分かる。また、修道士が現世に対して抱いている基本的態度がまさに現世からの逃避であったことを考えると、事実上はるかに稀な遭遇であったということができる。天国を見据えた修道士の生き方を考えると、彼らは地面に縛られた人々に何らかでも影響を与えることができたのであろうか。「出かけていってすべての民族を私の弟子にしなさい」（「マタイ伝」28・19～20）というキリストのメッセージは、彼らには当てはまっていたのであろうか。

まず、ガリアを検討してみたい。ここは、ローマ帝国後期に、キリスト教への改宗の第一段階が起こった所である。古代から中世への過渡期に、ガリアではカトリック教会が崩

(18)ベルギー西部、オランダ南西部、フランス北部を含む北海沿岸地域。

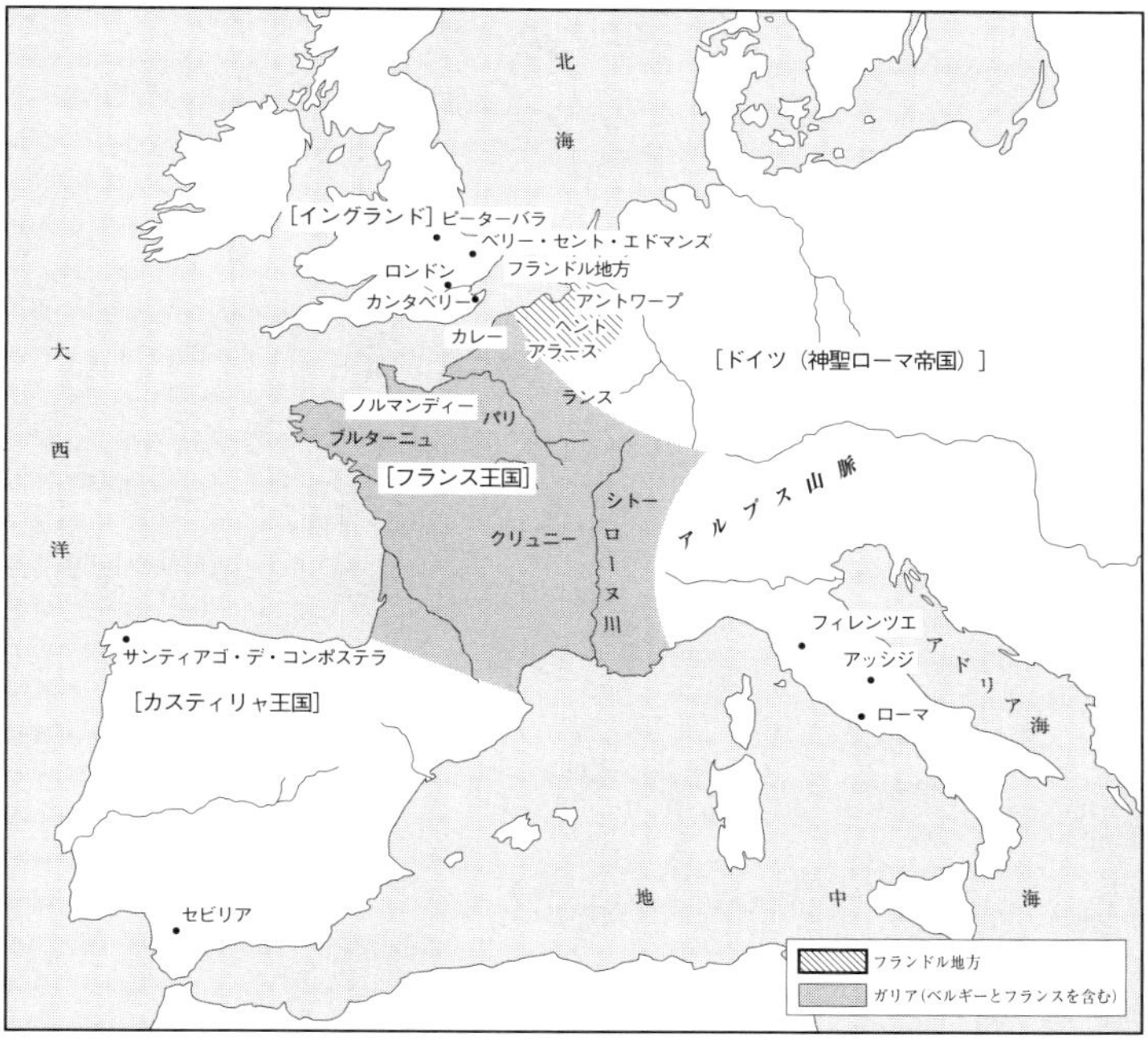

フランドル地方と主要修道院所在地を示す中世ヨーロッパの地図

（原注７）12世紀のベネディクト修道会の人口は419人と考えられている（大修道院5× 修道士 50 ＋ 小修道院 13 × 修道士 13）。また、[66]（231〜261頁）も参照のこと。シトー修道会が起こってからは、黒の修道士と白の修道士の総合計数は800人強と推定されている。この時期までには、フランドルの人口は10万人から25万人程度まで増えていたと考えられる。実際あり得ないことではあるが、両極端の場合の数値を求めると、35万の人口に対して200人の修道士、5万人の人口に対して800人の修道士となるが、%で表示すると0.06%、1.6%となり、有意差は見られない。

（原注８）修道士の比率が減少したのは、一般的に修道戒律に従って生活をしている人間の数が減少したということではない。専門的に言えば、修道士とは言えないが誓願形態が修道院（モナスティシズム）と多くの共通点をもつ律修聖堂参事会員を計算に入れなければならない。この点を考慮すれば、全体としては現状維持という方向性が見えてくる。

壊していた。あるいは、困難の連続の中でかろうじて存続している状態であった。ガリアを再改宗するためにやって来た最初の宣教師は、ブリテン島あるいは南フランスからやって来た修道士であったことは疑いのない真実である。彼らは、五世紀末にクローヴィス王[19]が洗礼されたことを受けて、メロヴィング朝[20]の王侯に協力して人民をキリスト教に改宗する政策を支援することになっていた。しかし、これらの修道士は、ベネディクト会士ではなかった。というのは、ベネディクト修道会運動は当時まだ中央イタリアにのみかぎられており、六〇〇年ごろにイングランドに伝えられる直前の状況にあったからである。

当然ながら、この改宗政策は表面的なものであった。まず第一に、偉大な教父を除けば、キリスト教という宗教自体がまだきわめて外面的、形式的であったということ。第二に、宣教師たちは心の内面の行いではなく、外面的な振る舞いにしか影響を与えることができなかったという理由による。このため最初は、社会生活をキリスト教化しなければならなかった。

キリスト教の教義に人民をすばやく導き入れた後、壮大な集団洗礼が行われた。実際、この洗礼と改宗は、個人が選択した結果ではなかった。改宗した指導者たちが、自分たちのグループの仲間に洗礼を強要したのである。聖人伝[21]では異教的偶像崇拝にこだわり続ける王を「オブドゥーラーティ（obdurati）」と呼んでいるが、異教の習慣を残すだけにとどまらず、改宗しないまま異教を信仰し続けていたという痕跡は数世紀にわたって残り続

(19)（465頃－511）フランクの王。数千の戦士共々キリスト教に改宗した。
(20)486年のクローヴィス1世から751年のカロリング朝に代わるまでの王朝。
(21)Hagiography：聖人たちの生涯について書かれた伝記。
(22)ゲルマン部族の一つ。オランダ北岸沖にある群島地域に住んでいた。

け、フランク王国の旧所領地にあたる地域では八世紀までその形跡が残っていたほどである。

このように、クローヴィス王が洗礼を受けた時点では、彼らは形式的にキリスト教に改宗したにすぎなかったのである。それぞれの民族のキリスト教改宗の時代は相対的に異なるが、同じような流れで改宗がなされていった。フリジア人(22)やサクソン人(23)あるいはヴァイキング(24)やスラヴ人(25)といった民族がキリスト教世界と接触するのはゴート人(26)やフランク人(27)よりも後のことであったが、改宗の過程は同じであった(*8)。まず第一に、キリスト教会は支配階級と共同して常に新しい外面的・集合的行動様式を押し付けていった。そのため、異教徒を説得するのに、この新しい宗教の力と真理を新たに証明してみせなければならなかった。そして、このことを達成するために、異教徒たちの崇拝の地を冒涜したり攻撃したりすることによって悪魔的偶像の全能性を失墜させたのである。また、異教徒を改宗し、さらにその改宗を永続させるためには、宣教師には「奇跡」という語が文字通り意味するもの、すなわち大衆を驚かすことが必要であった。

改宗プロセスで次に取られた方策は、個人の外面的な態度を調整するためのものであった。聖人伝の史料に詳しい研究者であれば、この新しい段階にはすぐに気が付く。またそれが、次のさらに洗練されたキリスト教的振る舞いへと推し進めるための前段階であることも知っている。この段階では、改宗プロセスにおける修道士の役割はすでに終わってい

(23) 北海沿岸（現在のドイツ北西部）に居住していたゲルマン部族。

(24) 8世紀から11世紀にかけてヨーロッパ北部から西部海岸を荒し回った北欧人。

(25) ロシア人を含む東スラブ族、ブルガリア人、クロアチア人を含む南スラブ族、ポーランド人、チェコ人を含む西スラブ族、に3大別される。

た。それは修道士の立場が弱かったためではなく、修道生活の考え方が変化した結果であった。カロリング朝以後の時代になって、ベネディクト主義が優勢になって世界を独占するようになった結果、修道的一所定住の理念が強調されることになった。これが布教活動に相反することになったのである(＊9)。

その後数世紀を経て初めて、キリスト教化過程の第三段階に至り、人々の内面の思考や感情に影響を与えるようになる。この段階は、社会現象というよりはどちらかといえば心理的現象である。倫理観は文化に属するものであり、個人の生来の性格に属するものではないので、キリスト教の価値観という型枠に流し込むということは、それぞれの世代ごとにすべての個人にあわせて型枠を更新しなければならないことであった。道徳的基準は文化的に習得されるものであり、自然に決定されているものではないからである。ほかのところでも述べたように、これは終わりのない過程《プロセス》なのである(原注9)。

このように、異教徒社会からキリスト教社会へと変えるためには、コントロールするシステムを効率的に築き上げる必要があった。集団のみならず、個人の外面的な振る舞いに対する社会的コントロールをつくり上げるのはもっとも簡単なことであった。なぜなら、人々がミサに出席したかどうかはすぐに確認できるからである。しかし、ミサの最中に彼らが実際何を考えていたのかを知るのは難しいことである。したがって、改宗が進めば進むほど、魂の癒しを行うシステムをますます複雑なものにする必要があった。キリスト教徒

(26) 3世紀から5世紀にかけて東西ローマ帝国に侵入し、イタリア、フランス、スペインに王国を建設した。

(27) 3世紀頃、ライン川流域に住んだゲルマン民族。

ケルト系修道院であるリンディスファーン修道院跡。635年、聖アイダンが創設。

(原注9)フット([120] 43～54頁)は、「初期の修道院付属大聖堂はベネディクトゥスの一所定住という考え方に縛られており、外部の聖職者とのかかわりをもつことが禁じられていたと考えなければならない理由はない」(48頁)と述べている。「修道院付属大聖堂」という言葉には、「王侯が暮らす最も富裕な大邸宅から司祭の住む最も貧相な独居房までを含めて、共同社会の全ての宗教的制度が含まれていた」(45頁)。したがって、修道院付属大聖堂は、後に意味するようになった今日的な意味での修道院と考えることはできない。

は、キリスト教徒としての生き方を習得し、遵守するようになるまで常に監視しなければならないのである。

カトリック教会が考え出したこれまでもっとも効果的なコントロール・システムは告解である。(原注10) これは、一般的な悔恨《かいこん》しか扱わなかったローマ帝国後期の公の告白とは同じものではない。それは個人的な告白であり、罪や教義、倫理に対する冒涜などを一つ一つ司祭の前で私的に告白するものである。このシステムは、明らかにケルトの修道院で実践されていた悔悛の修行から発達したものである。ケルト系修道院の修道士や隠修士は、自分の罪を「魂の友」――史料には、この道徳案内人のことがそのように書いてある――に告白していたのであるが、この同じ修道的人物像がそのまま聖ベネディクトゥスの『戒律』（4章、50）に入り込んでしまったのである。これはおそらくケルトの伝統とは無関係であり、ギリシャ正教会の修道院《モナスティシズム》の似たような慣行に触発されたものである。

邪悪な考えは、魂の相談役に告白しなければならないとマスターは語っている。ゆっくりとながらも着実に告解のシステムは一般化され、最終的には一二一五年のラテラノ公会議(28)で、すべてのキリスト教信者は教区司祭に年に一度告解をしなければならないという教令が出されたのである。これは、心と精神のキリスト教化をさらに強めるためにとられた重要な対策の一つである。ローマ・カトリック教会は、信者に自分の詳細な情報を告白するよう義務づけたのである。現代に生きる我々にとっては、このことはそもそも修道士を

（原注10）［192］487～498頁。告解と新しい世論の広がりとのかかわりについては、シーハン（［229］1～33頁）を参照のこと。ほかの文明における告解については［132］を参照のこと。

コントロールするために考えられたシステムがその対象を万人にまで拡大、一般化されたということを意味している。また同時に、修道士がほかの修道士に対して行っていた精神のコントロールが、魂の癒しを生業とする世俗聖職者によってすべての人間に適用されるようになったことをも意味している。このような告解制度を最初につくった修道院《モナスティシズム》それ自体は、それが一般的に実践されるようになるころにはそのシステムに関与しなくなっていた。したがって、この慣行を規定する文書――最初は悔悛の書、後に告解の手引き書――の著者は、修道士から世俗聖職者へと変わっていったのである(*10)。

修道士は、ほかにも布教や信仰の維持に影響を与えることができたのであろうか。修道院の聖堂を参詣するために組まれた巡礼のことが思い浮かんでくるが、確かにこれは伝導という意味では影響を与えたであろう。実際、修道院が保存している聖遺物を崇拝するために数かぎりない巡礼行が修道士によって組織されたり、ときには巡礼の儀式的慣習にのっとって聖堂が建てられることもあった(*11)。また、聖遺物の所有をめぐっては修道院同士で過激な競争が繰り広げられることもあった。このことは、巡礼に参加する者を増加させることになり、修道院の増収につながった。

これに反して、巡礼中心地の中には、単に何らかの既存の慣習があるだけで修道院になった所も多い。このような修道院の目的は二つ考えられる。一つは霊的な目的で、果てしない永続的な聖務日課の厳粛さを高めることであり、もう一つは世俗的な目的、すなわち、

(28) 教皇インノケンティウス3世の時にローマのラテラノ大聖堂で開かれた。カタリ派等の諸異端を処罰すると共に、信者は年に一度告白を行い、聖体を拝領する義務があることや聖地回復のために十字軍を派遣すること等が決定された。

より大きな富を築くことである。

普通の信徒が巡礼にどのように参加していたのかを推定したり、その全体像を描くことは困難である。たとえば、サンティアゴ・デ・コンポステラ巡礼について現在一般に考えられていることは、たくさんの団体が路上にあったということだけである。これは、現代の旅行《ツアリズム》の前触れのようなものである。実際、巡礼者はたくさんいたのである。主要な巡礼中心地に残る記録には、これを証明する史料がたくさんある。巡礼者の出身地であるヨーロッパの村や都市の数に比べて、この巡礼者の数字は一体何を表しているのであろうか。具体例を挙げてみる。サンティアゴ・デ・コンポステラ巡礼を経験したことがあるヘント［ベルギー北西部］の市民が一四九四年に集まって「セント・ジェームズ信心会」を設立したとき、その数はおよそ四七人であった（＊12）。その時点でのヘントの総人口は少なくとも五万人と推定されているので、〇・一パーセントがスペイン旅行をしていたことになる（原注11）。平均的な市民がこれらの偉大な巡礼中心地についてどの程度の知識をもっていたのかを知るには、これらの数少ない旅行者が、直接に間接に誇張や逸話を交えてその市民に語って聞かせたことを調べれば分かることになる。

しかし、修道院が中心となって組織した巡礼の方が、実際には中世人に影響を与えたと私は考えている。そのことにまったく疑いはないが、そのことを確かめるためには地方《ローカル》の中心地をもっと調べなければならない。ヘントの例を続けると、サン・バヴォー修道院か

著者による数字が挙げられている。普通の年は、200〜300人がドーヴァー海峡を渡っており、聖年では1,275人にも達している。1485年のイングランドの総人口は225万人と推定されている（[87] 82〜83頁）ので、これらの数字は、平年で総人口の0.01%、聖年では0.05%が加わっていたことを示している。

らシント・リーヴェンス・ホウテム修道院までの年一回の巡礼の旅を挙げることができる。これは、歩いて数時間の距離である。地方の巡礼地がこの例のように成功した背景は、イングランドやフランスの巡礼中心地の例でも裏付けることができる。すなわち、イングランドやフランスでも巡礼者の半数までが出発した当日に帰朝しており、しかも四分の三までが六〇キロ（三七マイル）圏内からの巡礼者であったということである。(*13)

それでは、どうしたらこのような巡礼の影響を概念化することができるのであろうか。たとえば、全体的な雰囲気として聖歌があり、ロウソクの明かりがあり、芳香が漂う環境であったであろう。また、信心深い参詣者に対して行われる霊的説教も考えられる。このような説教の文言は保存されていたはずであるが、一二〇〇年までの中世の前半に関しては、一般信徒のために書かれた説教で現存しているものはほとんどないに等しい。ノルマン征服(29)以前のイングランドについては、アングロ・サクソン語で書かれた説教がたくさん残っている。しかし、大陸においては、今日まで残るもののほとんどすべてが修道士や、ときには修道女を前にして読まれたテクストである。

このように、説教が残っていないということには二つの意味がある。一つは、修道士や聖職者は文字を書くことができる知識人（literati）であり、これらの説教文は筆写《コピー》に値するほど重要ではないと判断していたということである。二番目に、説教は修道院《モナスティシズム》に関係する活動ではないということである。聖ベルナルドゥスは、説教の自由とその義務を主張し

(29) 1066年、ノルマンディ公ウィリアム1世がイングランドを武力で征服した。

(原注11) 1300年の最初の聖年を祝うためにサン・ベルナール峠を越えてローマに向かったフランスの巡礼者に関して、同じような数字がベリングス（[65]）に挙げられている。15世紀におけるイングランドからのサンティアゴ巡礼に関しても、同じ↗

た修道士を書簡の一つで激しく叱責して、この点を次のように強調している。「修道士の義務は、説教することではなく喪に服することであることを彼は知ることができるし、そうすべきである（原注12）」

巡礼は人々に、はるかに永続的な影響を与えたはずである。というのは、その宗教経験を具体的な形で思い起こさせるものとして土産があったからである。メダルや貝殻の縫いつけてある帽子や衣服が、土産としては考えられる。後になると、壁に止める木版画が土産として現れてくる（原注13）。

しかし、いずれの場合にしても、修道院の役割は絶対的ではなかった。修道院と同じように、典礼を行い信仰の促進活動を行っているほかの組織も、巡礼という慣行やそれを表現する行事にかかわっていたからである。人里離れて敬虔《けいけん》に生きることを主要な目的とする修道士は、巡礼地の管理者としては適切であり好ましい存在であった。しかし、このような活動を行えば隠住を破って群衆と接触することになる。これらは、まさに相反する関係だったのである。

修道士の間接的な活動はどうであろうか。すでに指摘したことであるが、ベネディクト修道会の修道院はたくさんの教区教会を所有していたことが知られているが、そのほとんどはグレゴリウス改革運動の結果所有することになったものである（原注14）。修道院の資産台帳《フィエ》として知られる中世後期の調査資料を使えば数値的な査定をすることはできるが、実際のと

（原注12）［11］465頁。（原典のラテン語は「plangentis officium 」であるので、「祈る」という不正確な訳語を「悼む、喪に服する」に変えた）。

（原注13）ペトルス・クリストゥスの絵画「Panel with female donor」（Washington, National Gallery, c.1455）を参照のこと。

ころ、修道士が小教区民の霊的癒しを実践していたかどうかという問題を解く鍵にはならない。

修道院は教区をもつことを、一〇分の一税、お布施、奉献などを得るための収入源の一つとしか考えていなかった。[*14] 聖書に基づいて設けられた制度である一〇分の一税の目的を、自分たちの都合に合うように変えてしまったのである。一〇分の一税はもともと貧民を養うためのものであったが、修道士は——自ら進んでなったとはいえ——貧者であった。さらに、一〇分の一税は、一般信徒を管轄する聖職者——修道士は原則としてこれにはかかわらない——を養うためのものでもあった。修道院あるいは修道院長は教区の聖職者を指名したが、一般的には、彼らは教区の仕事には手を染めなかったようである。[原注15]

修道士が牧者の慰めを行った実例はたくさんある。また、ベネディクト修道会の修道院長であるドイツのルーパートなどの神学者は、修道士にはそのような行為を行う権利があると主張したが、[原注16] それは決して制度ではなく、この活動は修道生活の意味に反するものであるとして反対された。[*15] 禁欲的生活が始まった瞬間から、修道士は俗世界にとっては死んだものと考えられたからである。[原注17]

修道院が教区教会の所有者であっても、通常、その司教代理は在俗聖職者から選出された。宗教的な意味では、俗のパトロンよりも修道士の方がもっとも適格な候補者を選出する分別があったと考えたいところであるが、実際にそうであったということを示す充分な

（原注14）特にイギリスに関しては［135］を参照のこと。中世フランスにおける復興運動の重要性については、たとえばオーブルン（［58］81〜85頁）がある。

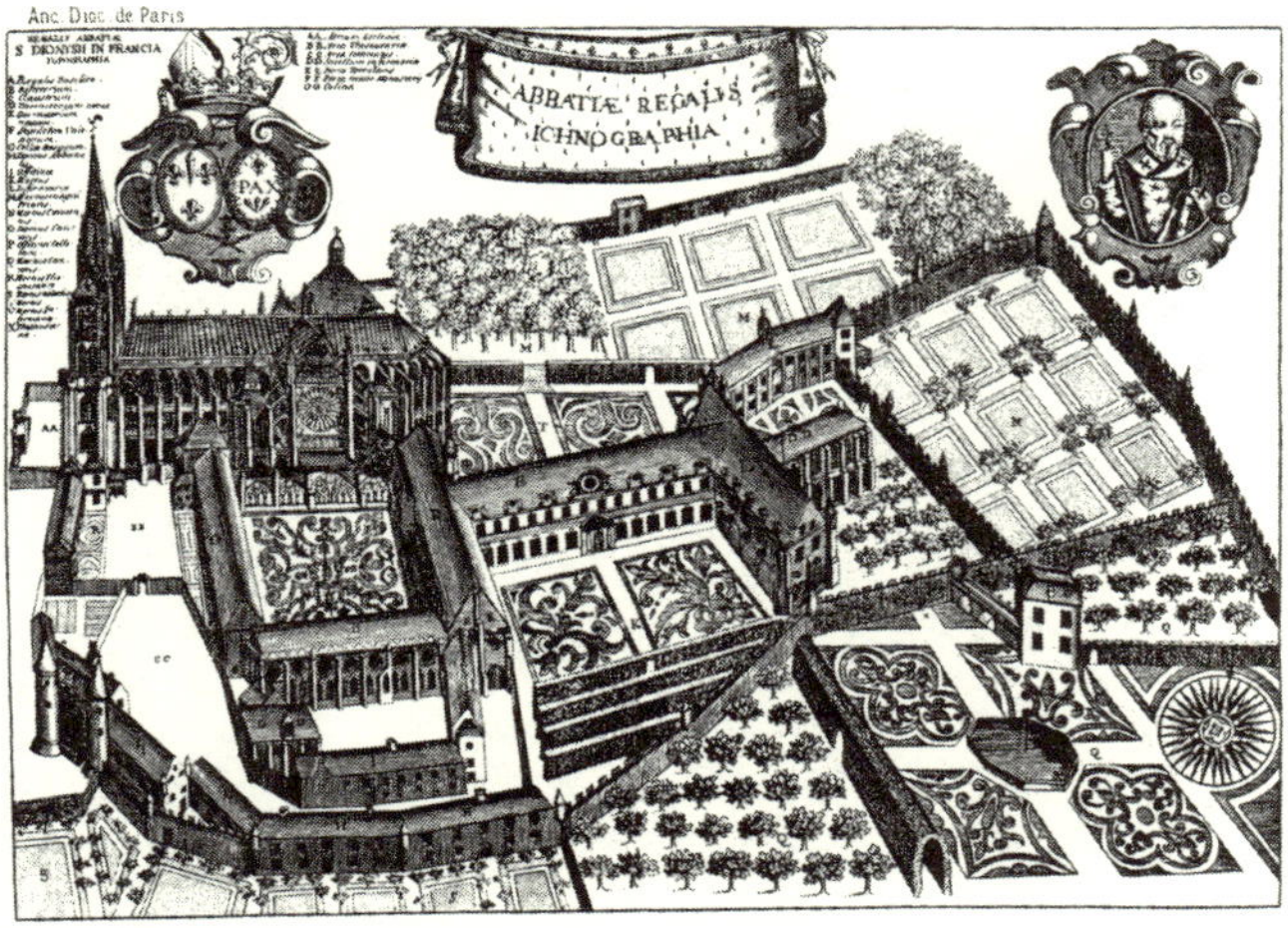

パリ近郊のサン・ドニ修道院のエッチング（17世紀）。フランスの王のほとんどがここに埋葬されている。

（原注15）[60] 453～517頁（特に、458～461頁）。クレールモン教会会議（1095年）では、「spiritualia（魂の癒し）」と「temporalia（物質的側面および財源など）」を分離することが制定された。教区に対する霊的なコントロールは、これらの教区が修道院の資産であるにもかかわらず、、修道院長ではなく助祭長が行った。同じ著者による［59］も参照のこと。クリュニー修道会に関する限りは、コンスタブル（[92] 349～389頁）が、「原則として、クリュニー修道会の教会における司牧活動は修道院がこの目的のために任命した聖職者が行っていたようである」という結論を出している。シトー修道会に関しては［67］（193～203頁）を参照のこと。

（原注16）[248] 326頁。第1ラテラノ公会議（1123年）は、修道士が司祭権を獲得しようとすることに反対の決議を行った（[19] 193頁）。ボイド（[77] 265頁）も参照のこと。

（原注17）この概念は、すでに4世紀の『アポフテグマータ・パトルム（Apophtegmata Patrum）』（[4]）に存在する。

（原注18）修道士としてのシュジェールの役割については、コンスタブル（[93] 18～32頁）を参照のこと。

証拠史料はない。修道士が稀に教区の教会に顔を出すことがあっても、建物の状況を確認したり、教会資産（temporalia）の一部を集金するためであり、信仰の基準に関して口出しをするためではなかった。事実、教会聖職者の霊的職能（spiritualia）を規制するのは、地域の司教の特権の一つであったのである。

今述べたことは、背理的《はいり》に証明することしかできない。すなわち、危機の時代にはほかの教区よりも修道士の所有する教区において、正統派的信念や熱狂的な信仰心がはるかに強く意識されていたということはまだ証明されていないということである。(原注18)

パリの城壁の外側にあるサン・ドゥニ修道院の修道院長シュジェールは、ルイ七世(30)が十字軍遠征で不在中にフランス王国の代理統治をしたが、これは修道院《モナスティシズム》が社会的に重要な存在であった例としてしばしば引き合いに出されることである。ほかにも、修道士が個々の為政者や政治全般に影響力をもっていたことを示す例を見つけることはできる。確かに、修道士はしばしば王侯の宮廷に現れるが、たいていは常任の宮廷人としてではないのである。彼らの影響力を否定するものではないが、仮に修道士が目立たない形で政治的役割を果たしていたとしても、そのような貢献はやはり不特定のものであるということだけは示しておきたい。(原注19)

地上の国《シティー》は、聖アウグスティヌスが「二つの国」の教義で描いたように、天上の国のイメージに従って機能しなければならないものである。また、修道生活は地上でもっとも天

(30)（1121頃－1180）フランス王。アキテーヌのエレノア（Eleanor of Aquitaine、1122頃－1204）と結婚したが離婚。第2回十字軍に参加した。

(原注19)たとえば、ルマリニエ（[170] 357～400頁）を参照。996～1031年のフランス王室の勅許状では、177人の立会人のうち修道院長は3人しかいない。

上の国に近い生き方を示すものであるから、もっとも手本とする価値があるものである。このような考え方を広める一助になるかぎりにおいては、厳密な意味での修道院《モナスティシズム》は政治に影響を与えたかもしれない。しかし、このような影響は、たとえそれが事実であって（カロリング朝の世界観のように）簡単に実証できるものであっても、あくまでも間接的なものであり、政治理論に限定されたものである。告解のような精神の内面を型にはめようとする個別化された手段に比べると、このような影響は一般信徒にとってはほとんど意味をなさないものであった。このような言い方は、修道院のエリート主義的・逃避主義的視点を強調することになる。

托鉢修道士の態度はこれとは違っていた。彼らは、人の心と精神に食い込むための手段として告解という制度を系統的《システマチック》に使うことになるからである。托鉢修道会が誕生した当初から、彼らは為政者たちによって個人的な告解者として選ばれ、一般信徒にも告解者としての自分たちの立場を押し付けていった。心性《メンタリティ》や振る舞いに対する彼らの解釈は、ベネディクト修道会の理念とは正反対のものであったのである。

文字を通して修道院が与えた影響についても、同じように記述することができる。中世初期のテクストの大半は、ベネディクト修道会の修道院に由来するものである。『戒律』に従って書いた作家が多く、その写本の大半が自分たちの修道院のために作製されたものであった。

しかし、ここでまた重要な疑問が出てくる。これらのテクストが一般信徒に与えた影響はどのようなものであったのだろうか。数多くの中世の図書館の書物目録が今日まで保存されており、たくさんの写本がまだ現存しているが、我々が研究対象として興味をもっている普通の人々にとって実質的な意味のある写本はほとんどない。これらの作品が価値観のことを述べ、修道士が実際にその価値観を人々の間に広める手段をもっているときに初めて、それらはなにがしかの影響を与えたのかもしれない。また、生きている手本も似たようなものである。修道士の聖者のような生活や彼らの修道的ヒロイズム——極端な形の禁欲主義——は、修道院の門戸が開いたままになっていて初めて世俗の人間が知ることができるのである。

ここまでは、修道院《モナスティシズム》が社会に対して何らかの精神的な影響を与えることができたであろうと考えられる手段を可能なかぎりすべて検討してみたわけであるが、結果はきわめて不充分なものである。中世後期になって托鉢修道会が成功した理由は、彼らが人間に興味をもっていたという事実があるからである。都市に住む人間はその重要性を増すにつれて揺るぎない階級となっていったが、それに伴って彼らは簡単に托鉢修道士に与《くみ》するようになっていった。もっとも、争いや相互の誤解も実際にあったことではあるが。

托鉢修道士は、聖廟《シュライン》——修道院——にとどまる代わりに町に出掛けていった。しかし、都市が発展し商業活動が活発になるにつれて社会がますます流動的になっても、修道院はその霊性に忠実に従い、隠住を求め続けたのである。社会的に見ると、修道院は常にエリート主義的存在であり、したがって周辺的存在であり続けてきた。しかし、社会が変わることによりこれまでとは違った宗教的感受性が刺激されることになり、修道院は宗教的には色褪せてしまったのである。修道院は、邪悪な現世が基本的に無意味であることを示すために造られたものであった。その目的は、現世に対する無関心と罪深い物質の拒絶を制度化することであった。しかし、いまや伝統的な修道院の外では新しい解決策が考え出されていたのである。

社会的機能としての互恵関係

「デヴォン伯ボールドウィンは、ライヤー修道院長ヒルデアリウスおよびその付属聖堂のすべての信徒に挨拶を送る。この挨拶状は、神の愛、我が罪の贖罪、我が魂の癒しのために、神と聖母マリアに仕えるライアーのセント・メアリー修道院と、その聖堂ならびに貴兄に対してワイト島のすべての聖堂、一〇分の一税、所領地、資産、収入および収益を喜《き》捨《しゃ》したことを知らしめるために送るものである(*16)」

この文面は、ベネディクト修道会のケアリスブルック修道院の創設にかかわる勅許状から抜粋したものである。これには、勅許状が一般に扱うような司法行為に対する宗教的理由が説明されている。このような文書は、通常、喜捨を裏付けるために書かれ、いわゆる「我が魂と先祖の魂のために（the benefit of my soul and that of my ancestors）土地ｘと収入ｙが喜捨された」ことを知らしめることが目的である。しかし、このような定型表現にはこれまでほとんど注意が向けられることはなく、常套語句《クリーシェイ》などまるで意味のないものであるかのように、無益なものとしてしばしば看過されてきた。しかし、もし意味がないのであるならば、そもそもどうしてこのような表現が存在するのだろうか。中世の修道院がなぜ存在したのかということに対する主たる社会的理由を見つけるために我々が目を向けなければならないのは、実証主義歴史学者には無駄と思われる、まさにこのような表現なのである。

一次情報の中には、中世の社会が観念的にはどのようにとらえられていたのかを理解するのに役に立つものがある。一〇世紀後半に、社会の「三階級理論（ordines）」をまとめたのはランのアダルベロン[31]であった。しかし、このような三分割する考え方はアダルベロンよりもずっと古くから存在しており、社会の底流として存続してきたシステムである。ジョルジュ・デュメジル[32]によれば、それは有史以前のインド・ヨーロッパ社会にまでさかのぼるという[*17]。

人間には三つの階級がある。食料を生産するために大地で働く人たち、安全を守るため

(31)（生没年代不詳－11世紀）ランの司教座聖堂付属学校教師。
(32)（1898－1986）フランスの比較文献学者、神話学者。

に戦う人たち、そして、永遠の生を保障するために祈る人たちである。またこれは、ラテン語で順番を逆にして、「祈る人（oratores）」、「戦う人（bellatores）」、「働く人（laboratores）」ともいう。ヨーロッパ大陸においては、一七八九年にフランス革命が起こって初めてこのような社会像が覆されることになるが、英国においては今日でもなお聖職者と貴族が二つの特権階級《エステイト》の名残として上院に存在している。三番目の階級――「残りの人々」と呼んでもよいかもしれない――は下院（House of Commons）に議員を送っているが、この言葉は、もともと特権階級には属さない人口の九五パーセントを占める一般平民の集団を表すものであった。

しかし、ここで留意しなければならないのは、社会が全体としてこの三階級分割に従って機能することになっていたとすれば、エリート階級は自らの優位な身分を保障しなければならなかったということである。このことは、特権階級集団である二つの階級をつなぐ相互関係があったということを意味している。彼らがエリートとして残るためには、祈る人と戦う人の双方が交流し、戦う人も祈る人も現世と天国の両方において生き残るためにお互いに支えあわなければならなかったのである。相互に支援しあうこのようなシステムは、血族組織という考え方に完璧につながっていた。

このような社会形態が中世において重要であったことは疑う余地のないことである。中世初期の無数の村落の地名を調べると、文化的、言語的、民族的背景がどうあれ、その起

(33) extended family：G・P・マードックによると、家族形態は、核家族（夫婦家族）、複婚家族、拡大家族に分類される。拡大家族は、直系家族と複合家族の総称であり、親子と祖父母などで構成される家族。

源が大家族であったことが見えてくる。たとえば、ローマ市内を歩き回っているときでさえ、かつて住んでいた「拡大家族」[33]の名前を冠した袋小路に行き当たってしまうことがある。社会現象としての宿根《しゅくこん》（vendetta）が果たしていた役割は、この一族という観点からしか説明することができない。核家族が徐々に発達してゆき、普通の一族の規模にまで発達するのには一二、三世紀ごろまでかかる。社会的には、このような発達の背後には人的流動性が高まったことが挙げられるが、この人的流動性の高まりの背景には経済活動が盛んになったことが挙げられるのである。しかし、長期的に見ればこのような一族の瓦解《がかい》は避けられないこととはいえ、その過程は実にゆっくりとしたものであり、今日に至っても（王家、実業家一族、マフィアなどのように）完全に消滅したとはいえない。ローマ・カトリック教会は、秘蹟としての結婚に対する考え方を少しずつ修正したり、近親相姦（原注20）に関する規制を強めることによって、自らもこのような変化の過程を歩み、またそれを助長してきたのである。

一族《クラン》制度においては、個人ではなく集団の利害という一つの主要な目的が一族の思考・行動様式を決定づける。集団の利害という考え方を理解すれば、修道院《モナスティシズム》と一族《クラン》のかかわりは評価しやすくなる。一族は、自分たちの集団の利益を確保するために存在している。その根底には、連帯というシステムが働いている。一族の中の俗のメンバーは現世での自分たち一族の存続を保障し、聖職にあるメンバーは天国における生を保障するのである。修

（原注20）中世においては、近親相姦は今日よりもはるかに広義の概念であった。したがって、今日のような「倒錯」という含意はなかった。

道院は、その両者をつなぐ操作キーの一つである。修道院の多くが、一族の所有する財産であるといっても決して過言ではない。このようなタイプの修道院を表現するのに、ドイツの歴史学者たちは「Eigenklöster《アイゲンクレースター》」（私有修道院）(原注21)という専門用語をつくり出した。この用語はほかの学者たちからも翻訳せずにドイツ語のままで使われてきており、この現象の説明という点では有用な用語である。

一族制度に関してはほかにももっと具体的な目的を挙げることができるが、その場合は、これらの修道院を創設した貴族の雅量の大きさを説明するのに使われることが常である。たとえば、敬虔さを示すという目的を挙げることができるが、彼らは何らかの形で財政を牛耳っていたので、実際は何も喜捨《きしゃ》しなかった。また、ゴミ箱機能としての目的もある。これは、一族の余剰な人間を修道院に預けるためのものでもある。したがって、このような側面は一族社会における役割上の互恵関係モデルにしっかりと当てはまっていると言えるのである。

しかし、すべての修道院が富裕なパトロンによって創設されたものとはかぎらない。この点では、著者は創設者たちの使命感ないしは純粋な宗教感情というものを無視しているという反論が出るかもしれない。確かに、純粋に宗教感情の影響を受けて創設された修道院があることは私も否定するものではない。しかし、このような修道院は、ほとんどの場合なんら実質的な基金もなしで存在していたのである。それに対して、権力をもった富裕

（原注21）たとえば、サール（[226]）を参照のこと。 第1章のタイトルは、「The Conqueror's Eigenklöster: Exemption and Dependence」となっている。

な創設者が控えている修道院は強大な一族制度に適合しており、ほぼ確実に基金的に裕福であった。一例を挙げると、七世紀の初めにメロヴィング朝のダゴベール王[34]が北ガリアにエルノーヌ修道院――後に「サン・タマン」と呼ばれる――を創設したとき、彼は手始めとしてローマ時代の皇帝基金《フィスクス》の一つである九〇〇〇ヘクタール（二万二〇〇〇エーカー）の土地を修道院に寄進したのである。

さらに、もう一つ反論が出るとすれば、これはすべて修道士だけにかぎられたことではないということである。確かに、律修聖堂参事会員の修道院や在俗参事会員の司教座聖堂参事会などのような教会組織が同じ理念と同じ目的のためにたくさん創設された。これは真実であろう。しかし、そのどれをとってみても、伝統的な黒のベネディクト修道会の修道院と比肩するほど富裕ではなかった。さらに、中世後期の修道院は初期の修道院ほど基金的には豊かではなくなるが、このことはこれまで述べたことを否定するというよりはむしろ裏打ちしているといえる。というのは、さほど財力的には重要な立場にない一族も、後にはかつて有力な一族が行っていた慣例に従うようになったからである。

さらに、もう一つ別の要因がある。修道院運動の中には修道院の物質的富に意識的に反発したところもあった。たとえば、一一世紀の「キリストの清貧（paupertas Christi）運動」などはその一つであるが、そこからシトー修道会の修道院が生まれることになったのである。シトー修道会は、当時きわめて一般的であった「教会の自由（libertas Ecclesiae）」

(34) メロヴィング王ダゴベルト1世（在位628－639）。

という理念に駆られて活動していたこともあって、貴族階級や一族とのかかわりは確かにはっきりと目立つほどのものではなかった。

だからといって、富裕な後援者《パトロン》たちが新しい修道院の創設や援助をやめてしまったということではない。むしろ、その反対である。役割上の互恵関係があるということは、もっとも効率的な解決策が選択されなければならないということである。修道院の観点から見れば、このような解決策とは、これまで以上に熱意を込めて神の御心を満たすような修道院改革運動を実行することであると当時は考えられていたのである。したがって、明らかにここには相反する感情が働いていたことになる。改革修道院は富裕な修道院の世俗的なルーツを拒絶していたのに対して、富裕な人々は改革修道院に喜捨《きしゃ》を受け入れるよう頼み込んでいたのである。現実には、このような新しい改革修道院のうちで自発的な清貧にこだわり続けた修道院は少ない。寄せては引く波のように隠住思想が存在し続けたということは、キリストの清貧が永遠のあこがれであったことを物語っており、宗教的に高い動機をもつ人々には真に迫るものがあったのである。

役割上の互恵関係に話を戻す。その機能の仕組みはきわめて単純である。

「我々は現世においてあなた方のお世話をいたします。あなた方は天国において我々の世話をしてください」

ということである。現世における保護と安全の保障が魂の救済と取引される関係なので

に、エイノーのロッブ修道院の修道士たちが寄付を募るために守護聖人ウルスマールの聖遺物を持ってフランドルを旅して回ったとき、守護聖人がいるというだけで平和調停が実現した。幾つかの町では、昔から続いていた確執が終わりを告げたのである。

ある。(原注22) したがって、最後の審判のあと楽園に行くのか地獄に落ちるのかは、「預定(praedestinatio)」[35]によって決められているのでもなければ、個人が現世において高徳の人生を送ったか否かの結果によるものでもない。天国は商品であり、天国は金銭で買うことができるのである。しかも、金銭をもっていない人でも、自分は「ラクダと針」の寓話に出てくる貧者なのだと思えば、誰でも癒しを得ることができるのである。

しかし、富裕な人々にとっては、地獄に落ちることを回避することがいかに至難の業であったことであろうか！　物事を目に見える形で外面化することが支配的通念になっている社会では、天国を手に入れることも目に見えるように外面化しようとする行為の結果なのである。一方が天国の値段を決め、もう一方がその金額を支払う。これは現世の生をより安楽なものにし、来世の生を保障する保険契約である。そこには、個人としての内面的なかかわりは存在しない。

このシステム全体は、失われた人命や傷害などを金銭で賠償するという中世初期の司法罰金制度にうまく適合しているのである。告解規定書の長いリストには罪が列挙されているが、その罪も同じように金銭的に償われた。すなわち、罪は禁欲という非現実的な行為によっても償うことができたし、また禁欲を善行や献身活動に変換するリストに従って、もっと現実的な償いに変えることもできたのである。たとえば、中世後期になって出現してくる免罪符売買は、これまでしばしば考えられてきたように、新しい現象というよりは

(原注22) ローゼンヴァイン（[217] 4～32頁、[216] 276～311頁）は、中世社会の平和に貢献したクリュニー修道院の役割を強調している。ベッカー（[62] 276頁）は、この役割を誇大化して考えてはならないと主張している。修道士がどのように間接的に平和に貢献したかということを示すよい例は［29］に挙げられている。11世紀↗

中世前期のこのような考え方の名残であるということができる。
「内面的なものを感知する」という考え方が発達してくることで、大きな変化が起ることになる。この変化は、個人や個人の責任、そして良心が重要性を増していったことや、タブーが罪に変化したこと、また、行為以前の罪を信ずるようになったことなどとかかわりがある。すなわち、社会性よりも個性を浮き彫りにするような事柄すべてに関係しているのである。

このような変化がいつごろから、どのような地域で、どのような社会的階層の中で発達してきたのかは特定することはできない。それは長い年月がかかって発達してきた結果であり、この新しいシステムは中世後半になって初めて一つの現象として目につくようになったのである。この点では、カトリック教会の役割は明らかである。中世人の一年の中でもっとも個人的かつ秘密の事柄を打ち明ける瞬間である告解が一般に行われるようになったことは、人間の内面に向かおうとするこのようなプロセスの結果であると同時に、それをさらに推し進める刺激にもなった。ローマ・カトリック教会が形づくり、押し付けた価値観にのっとって善行を行い、徳のある生き方をすることが、最終的には一族の保険契約としての修道院が消滅するという結果をもたらしてしまった。

一族の保険としての修道院は消滅したが、ベネディクト主義は残った。しかしそれは、一三世紀になって修道生活に対する新しい考え方が現れてくると、改革運動という新しい《ニューウェ》

(35) あらゆる出来事は神が定めたものであるとする解釈をさす。神学的には「選良」（神によって選ばれた良き人）には幸いが与えられ、地獄へ行く運命の者は見捨てられるとする解釈。したがって、各人の自由意思に基づいた善行や悪行は影響力をもたないとする異端である。

波《ーヴ》によって凌駕されることになった。このような改革修道院運動の中には、ローマ・カトリック教会によって正統と認められたものもあるが、反対に異端とされたものもある。確かに、ベネディクト修道会は中世後期の世界においても役割を果たし続けていたが、大土地所有や貴族階級とのかかわりのために、その役割は政治・経済にほとんど限定されたものになっていた。しかし、聖ベネディクトゥスが『戒律』を書いたのも、上流階級が修道士を援助してきたのも、ベネディクト修道会がこのように政治・経済にかかわりをもつためではなかったのである。

第六章 知的貢献

中世の修道士がヨーロッパ文化の発展において果たした役割を特筆できる分野が一つあるとすれば、それはいうまでもなく知的生活の分野である。彼らが精神生活に対してこのように関心を抱いていた理由は何か、その特質はどのようなものか、どのようにして修道士は知的野心を満たしていたのか、そしてそれらが、どのように普通の人々とかかわっていたのかということが第六章のテーマである。

古代の遺産

無知が渦巻く中世の時代には埃をかぶっていたという古典文化の遺産は、一五世紀から一六世紀のルネサンスで初めて再発見されることになったと一般的にはいわれているが、本当のところはどうなのであろうか。もちろん、非常に限定された意味でなら真実であるといえる。古典作家の作品を現代の研究者用のエディションで見ると、校訂に用いたテクストのもっとも古い参照資料としてカロリング朝の写本が常に引き合いに出されていることは驚くべきことである。このことは、「八世紀後半から九世紀初頭にかけて起こった古典の復興は、疑いもなく古代ローマの遺産が伝承される過程においてもっとも画期的で重要な段階であった」という発言を裏づけるものである。（*1）中世的論理には馴染まないと思われていた古代ローマの作家――たとえば、世俗的愛に関心があったことで知られるオウィディウス(1)や、魂の不滅論を否定したルクレティウスなど(2)(*2)――に関してさえ、中世におけるそのテクストの伝承過程は同じである。

これはどういうことを意味しているのであろうか。テクストの種類に関係なく古代ローマの文学的遺産が、九世紀という時代に書写《コピー》という作業によって保存されていたということである。書写をするということは、原典を選別するということである。では、選別に関しては特定の明確な基準があったのだろうか。もちろん、なかったはずである。九世紀の知的集団は、ア・プリオリな条件や特定の意見の一致などは考えずに、彼らの古典的伝統の中で手に入れることができるものはことごとく無差別に書写していたのである。一般的にいって、書写する際の唯一の条件はテクストのもつ永遠の価値であるが、この点はテクストの出自が古代ローマであるということで保証済みであった。

しかし、なぜ古代ローマのテクストにかぎられていたのであろうか。カロリング朝以前の古い時代の写本で残っているものとそうでないものがあるのは何故だろうか。テクストはどのような目的に使用していたのであろうか。そしてまた、修道士はこれらにどのようにかかわっていたのだろうか。

ギリシャ語の知識は、ビザンツ帝国と接触があったイタリアの一部の地域を除けば、中世の西ヨーロッパではかぎられたものであった。ギリシャ語のできる神学者はほとんどい

（1）(BC43－AD17) ローマの詩人。『メーディア』の代表作がある。
（2）紀元前1世紀のローマの詩人、哲学者。『物の本質について』がある。

なかった。通常の知的活動では、ギリシャ語はほんの数語か数文字程度しか知らなかったようである。

九世紀以前に書かれた写本が、数えるほどしか今日まで残っていないということは驚くべきことである。これは、六世紀から八世紀にかけては全体的に著述《ライティング》の伝統が空白の状態になっていた結果であり、また古い時代の写本は、九世紀に使われ始めた均一で読みやすいカロリング草書体で書写《コピー》されてしまうと廃棄されるということがあったからでもある。

古典のテクストは、主に教育目的に使用された。これらのテクストは、中世の世界観を扱っているわけでもなければ、それに合致するものでもなかったために、当時の時代が求めていた「超自然的システムを総合的に説明する資料」にはならなかったはずである。したがって、ローマ時代の古典テクストは、古代キリスト教の証人であるいわゆる教父《ファーザーズ》の著作物のような営々と研究され、解釈され続けてきたテクストと同じように扱われることはなかったのである。

修道士が果たした役割は何か、という中心的な問題については答は簡単である。九世紀に書かれた写本の出自や今日まで残る当時の書籍目録を調べると、(原注1)明らかに我々の文化遺産の保護と伝播には修道士がかかわりをもっていたことが分かる。しかし、どうして修道士がこのようなことにかかわっていたのであろうか。修道理念を実践する過程で結果的にかかわったのか、それとも修道院《モナスティシズム》とは無関係に単に一緒に行われていた活動であったのだ

(原注1)たとえば、ベッカー([6]24〜29頁)のサン・リキエ修道院のリスト。

9世紀に書写・保存された古典テクスト、黄道帯（中央の円）が書き込まれたプラトンの『ティマイオス』のラテン語訳テクストの1ページ。（サン・タマン・レゾー修道院）

ろうか。

第一に、古典テクストに対する関心とその管理は霊的な問題であったということである。修道生活では、読書が重要視されていた。倫理科学の知識を得るためには聖書を読むことが重要であるとカシアヌスはすでに説いており[*3]、それがカシアヌスを経てベネディクト修道会の伝統に取り込まれていった。純粋な瞑想が可能になるように、まず初めに神を研究しなければならなかったのである。しかし、このような考え方は、知識ではなく信仰こそが神の下に至る道である——あるいは信仰こそが知識である——とする後代の神秘主義的でポピュラーな態度とは大きく異なるものであった。

二つ目は、歴史的な問題である。九世紀はローマ帝国の過去、とくに四世紀初頭のコンスタンティヌス大帝の時代に対する崇敬の念が高まった時代であった。これは、当然予測されることである。というのも、キリスト教とカトリック教会がローマの異教に勝利したのがコンスタンティヌスの治世においてであったからである。しかし、この崇敬はローマが異教の帝国であった時代にまでさらに拡大されていった。これまですでに述べたように、このような過去を希求する行為の背景には——預言者ダニエル[3]が描いた像のような徐々に低俗な金属に移り変わる退廃のイメージや、聖アウグスティヌスの描いた歴史の六つの時代のように——時代の進行に伴う退廃は避けることができないことであるという考えがあった。中世の人々にとっては、ローマ帝国が終焉することはこの世の終焉を意味すること

（3）前7〜6世紀、『旧約聖書』の四大預言者の一人。「ダニエル書」はそのメシアに対する預言の書。

であった。だからこそ、書写《コピー》をするという行為の中にローマ帝国は生き延びなければならなかったのである。しかし、五番目の金属は存在しなかった(4)。あるいは、中世の人々は聖アウグスティヌスの言う六番目の時代――神の目から見れば第六日目――に生きていたので、第七番目の日は最後の審判の日だったのである(5)。

このような経緯を考慮すると、九世紀に見られた学問に対する情熱は特筆しておかなければならない。また、中世の知的世界には反啓蒙主義的傾向が存在していたとする考え方も排除しなければならないことが分かる。事実、中世に特徴的な素朴さやその連想的思考法や論理を反啓蒙主義と混同してはならないのである。

ものを書くという行為は、二つの側面から見る必要がある。一方には、書くという行為そのものがある。これは書写するために原典を読むという、完全に機械的な動作である。もう一方には、テクストの理解ということがある。この行為は、思考能力を示すという点でもっとも知的に進んだ状態である。しかし、中世――とくに中世初期――の修道士がものを書いた主たる理由はこのようなことではなかった。修道士たちは書くという行為の中に、『戒律』に規定された肉体労働の定義に合致する活動を見いだしていたのである。したがって、すでに述べたように、書くという行為には二つの霊的な魅力があった。

一つは、肉体労働は修道士の精神の均衡を保つのに役に立つということである。つまり、祈りすぎることはやがては耐えられないものとなり、神と一体になるという修道士の生き

(4)5番目の王国は存在しないということ、すなわちこの世の終焉を意味する。

(5)聖アウグスティヌスの歴史解釈によるもの。天地創造の6日間と歴史の6時代に類似性を認めるものである。第1の時代をアダムとイヴの時代として、キリストの福音伝導に始まる第6の時代までに分けられている。

方の理念に悪影響を与えてしまうということである。聖ベネディクトゥスが肉体労働を規定した目的は、まさしくそのような均衡を保つためであった。

二つ目の魅力は、肉体労働を謙遜の徳の表現と感じることができるということである。俗世にいれば日常的に行っていたはずの労働よりもさらに隷属的な活動に従事することによって、修道士は自分たち自身の救済に向かって努力することができたのである。

書くことは労働であった。なぜなら、非常に劣悪な環境で行われていたからである。後代の慣習規則集――日常の慣習や『戒律』の解釈を扱った規定書――を見ると、インクが凍った場合、それを温めて解かすために修道士は厨房に入ることが許されていたと書かれている。[＊4] また、書くことは、野の労働に匹敵する労働とも考えられていた。写本の奥付を見ると、書くことがいかに大変な労働であったかを証明する記述があったりすることがある。私の手元にある写本の中から無作為に選んだものだが、奥付に書かれた例として、「この本を書いた者は怠惰ではなかった。同士よ、神が彼を公平に扱うよう祈ろう」[＊5]というのがある。この場合の怠惰は「怠惰は魂の敵である」と言った聖ベネディクトゥスの言葉（48章）を指している。書くことと同じように、読書も重労働と考えられていた。カシアヌス[＊6]は、聴衆に対して熱心に読書をするようすすめている。聖ベネディクトゥスは、四旬節《レント》（68章）に行う禁欲的修行として読書を課すべきであると考えていることから、彼は読書に対してもっと深い意味を感じ取っていたといえる。

エと呼ばれる律修聖堂参事会の修道院でついに発見することができた」[222]

知識を求めることは、いかに写本を発見して手に入れるかということと同じであった。(原注2)このような考え方が、ベネディクト修道会の修道院やほかの修道会運動の知的政策の中心を占めていた。テクストは、希少でなかなか手に入れることができなかった。羊皮紙は高価すぎるために、最終的には何度も消しては再利用しなければならなかった。また、写本の書写《コピー》そのものに相当の時間がかかった。このような事情のために、図書係は必然的に図書の閲覧や貸し出しを厳しく制限しなければならなかった。一般的には、厳しい管理システムが導入されていた。泥棒や破壊者《ヴァンダル》を威嚇するために本に呪いの言葉を書き込んだり、鎖で本をつないだりして管理していたのである。しかし、このような用心の仕方は、諸悪の根源であると考えられていた知識が読書を通じて読み手の無邪気な精神に植え付けられる危険があると考える、いわゆる反啓蒙主義とは関係がない。むしろ、それは過去の文化遺産を次の世代に無傷で伝えなければならないという純粋な責任感のなせる業なのである。

本に対してこのように細心の注意を払っていたことは、本の外見にも見いだすことができる。少なくとも、今日まで残る中世初期の本は贅沢な装飾が施され、金、銀、象牙、宝石などを使って豪華な製本をしてあるものが多い。当然のことながら、このような豪華本の方が、羨望と倹約という危険にさらされながらも、普通の本よりも後世まで残る可能性は大きかった。通常、このような本は修道院の図書館に保存されることはなく、金の聖杯や聖体皿《パテナ》などと一緒に貴重品保管庫に保存されていた。装丁は、確かに本の内容がもつ永

（原注2）よい例が、以下に示す奥付である。これは、サン・ブノワ・シュル・ロワール修道院の12世紀半ばのラクタンティウスの写本 *Institutiones divinae* のものである。「司書、ジュリアンは紛失したこれらの4葉を求めていろいろな場所を探してきた。この地域では、この本はほとんど見つけることができないが、ブールジュの近くのプレンピ↗

サン・ヴァースト修道院（アラース、フランス）の豪華に装飾された９世紀の典礼用写本のページの一部。この中で用いられている金と紫の色彩は帝国の栄華を表している。（アラース市立図書館。ms.233/1045）

遠の価値にふさわしいものであった。

このような本は、たいていは聖書に関する本であり、特別な機会以外は使われることはなかった。文字を習得することが神と俗人とを仲介する人間だけにかぎられていた原始社会の考え方によると、これらの本の目的は文字の魔力《ライティング》を高めることであった。書かれたことは固定され、真実となる。口頭で話される言葉のように不測のはかなさはない。中世の人々は、口承的《オラリティ》な伝達とその社会的機能を当然なこととして受け止めていたが、まさしくこのためにその構造的な弱点を知っており、永遠の価値は書かれた言葉にあると考えたのである。このことを「魔力《マジック》」と呼んでみたが、実際の感覚を伝えきれるほど強い言葉ではない。

中世初期の宣教師は皆、後の時代もそうであるが、本で武装していた。使うというよりは威圧するのである。八世紀の修道士である聖ボニファティウス(6)が布教活動の際に自分を殺そうとしたフリジア人の刀を払いのけるのに使ったという写本がドイツのフルダ・カテドラル博物館(7)に所蔵されているが、威圧するために使った本の例としてこれほど恰好の例はほかにない。この重厚で豪華に装飾が施された本は、中世人には「ヨハンネスへの黙示」(5・2)の七つの封印《シール》で封じられた「巻物」のことを思い起こさせるものであった。それは不可思議で、威嚇的で恐ろしい印象を与える巻物である。その内容の一部には次のように書いてある。

(6)(672頃－754) イングランドの宣教者。ベネディクト会士。聖人。フリースラントで布教(753)したが、同行者たちと共に暴徒に襲われ殉教した。

(7)西ドイツ中部、ヘッセン州東部の都市(744年建設)にあるバロック建築のかつての聖堂。

「また、一人の力強い天使が、『封印をきって、この巻物を開けるのにふさわしい者はだれか』と大声で言っているのをみた(8)」

永遠のルネサンス

古代の文化遺産についてこれまで述べてきたことは、ほぼ完全に九世紀という時代にかぎられたものであった。この時代がローマ帝国の過去とのつながりを意識的に更新しようとした時代であったことを考えると、これは当然のことである。しかし、そうした行動には、現在は過去とは大きく異なるものであるという含みがあった。その意味では、この時代の為政者たちは、変形され弱められながらもなお残り続ける古代ローマの伝統の臍帯《さいたい》を切断し、それを人工的な復興と置き換えたということもできる。

ローマ帝国の過去に対して、このような称賛を示したのは九世紀だけではなかった。一二世紀初頭、もっとも高い評価を受けていた学問の中心地の一つであったシャルトルの学校の総長聖ベルナルドゥス(9)は、次のように書いている。

「我々は巨人の肩に座っている小人のように、古代人の肩に座っている小人である。もし、我々が古代の人間よりもっと多くのものやより遠くを見ているとすれば、それは我々の考

(8)「ヨハンネスの黙示」(『新約聖書　共同新訳』826頁)。

(9)(1090－1153)(クレルヴォーのベルナール)フランスの神秘家。聖人。シトーのベネディクト修道会の修道院に入り、後にクレルヴォー(明るい谷)修道院を創設して修道院長となる。第2回十字軍は彼の唱道により実現した。

え方のもつ洞察力のせいでもなければ、我々の体の大きさによるものでもない。彼らによって我々が持ち上げられ、巨人のような高さにまで高められたおかげなのである」[*7]

九世紀に見られた古代文化を評価しようとする感情は、三世紀後でもまだ生きていた。というよりは、生まれ変わっていた。実際、中世を通じて、古代ローマに対してはある種のノスタルジアが存在していたのである。過去半世紀以上にもわたって歴史家も、一五世紀・一六世紀のルネサンス（the Renaissance）は、実際は古代ローマ――その帝国と文化遺産――を復興しようと意識的に模索し続けた一連の努力の一こまにすぎないという認識をしてきた。だからといって、これらの運動のどれもがこの目的達成に成功したということにはならない。果たして、本当の復興などあり得るのであろうか。本物の一五世紀・一六世紀のルネサンスでさえ、復興という点ではそれ以前の時代と大差はないのである。

中世の運動は、それぞれ「カロリング・ルネサンス」[10]、「オットー・ルネサンス」[11]、「一二世紀ルネサンス」[12]として知られている。ルネサンスという表現を知的・芸術的成果だけに限定しようとする学者もいるが、この運動のもつ生命力《ヴァイタリティ》のあらゆる側面と、さらには世界変革を目指したローマ・カトリック教会の広範な社会的努力までをも含めて考えようとする学者もいる。私自身は後者の考え方であるが、経済的・社会的側面についてはすでに論じてあるので、本章においては知的貢献だけにかぎって論ずることにする。

修道院《モナスティシズム》は、果たしてこれらの運動が発生し発展していく上で何らかの役割を果たしたの

(10) シャルルマーニュとその後継者ルイ（ルートヴィッヒ）敬虔王の宮廷で繁栄した芸術、建築、学問、文化に対する総称。

(11) カロリング文化を基礎としたオットー朝の建築、彫刻、絵画に見る文化的復興の総称。

であろうか。また、そうだとすれば、どの程度までかかわりがあったのであろうか。その発達の経緯は確認できるのであろうか。これらの疑問に答えを出さなければならない。

「聖書は、古代ローマと対立するか？」

このスローガンに「ノー」と答えれば、問題は扱いやすくなる。実際、この問題は、これまで折に触れて述べてきたことである。中世という時代は、聖書やキリスト教が古代ローマと対立するものとはとらえていなかった。確かに、中世という時代は、コンスタンティヌス帝の時代に対してはとりわけ特別な共感を寄せてはいたけれども、ローマ帝国は、異教徒時代の帝国であろうとキリスト教改宗後の帝国であろうと、ただ一つの栄光ある帝国であり、それは運よく必然的に偽りの偶像崇拝から唯一真実の生きた神に改宗した帝国と考えられていた。過去や人類の進化を振り返って考えていた中世社会の人々は、古代ローマの遺産も聖書の伝統もどちらも自分たちの拠り所と考えていたのである。

しかし、この態度には取捨選択的な側面があった。彼らが選択したものには、すぐに「良い」というラベルが付けられたからである。異教徒、ユダヤ人、異端者などのように中世とは異なるものは除かれた。修道士こそがまさしく真理について考え、書物や祈りを通してそのことを詳細に吟味した人々であった。このことは、彼らがいかに古代に対して注意を向けていたかを物語るものである。

これまで述べてきたいろいろなルネサンスには構造的な違いがある。初めの二つのルネ

(12) チャールズ・ハスキンズが使い始めた用語。11世紀から13世紀にかけての中世ヨーロッパの社会変化は、都市の発展と相まって、あらゆるジャンルの変貌をもたらし、学問・文芸の分野においても大きな進展や復興が見られた。この時代の社会変化や学問・文芸の復興を総称して「12世紀ルネサンス」という。

サンスは、いうまでもなくもっとも限定されたものであった。事実、この二つのルネサンスは、聖アウグスティヌスの「二つの国」理論と、いわゆる「ローマ帝国の革新（renovatio imperii）」という二種類の考え方の折衷案からなる理想的な型枠に現存の社会をはめ込もうとする上意下達の試みであった。最初にカロリング朝が、続いてオットー朝が、もてるすべての精神的・物質的資源を動員してこの目的を達成しようとした。その社会とは、神のみに義務を負い、正義の皇帝が統治するよく組織された社会である。

しかし、実際に達成された内容よりも、この政策の神学的環境の方がむしろ重要であるように思われる。というのは、カロリング朝の絶頂期はやがて退廃へと続くことになるからである。要するに、領土の分割や侵略――ヴァイキングによる侵略ではなく――を効果的に排除することができなかった。つまり、帝国そのものの領土があまりに広大すぎて、当時の普通の伝達手段をもってしては対処することができなかったのである。また、ドイツと北イタリアにおけるオットー朝の目的はカロリング朝と比べればさらにおとなしいものであり、それだけ衰退も早かった。両王朝の夢が、あまりに野心的すぎて実現不可能だったからである。

これらの王朝が抱いた野望の神学的基礎は、誰によって築かれたものだったのであろうか。このような計画には神学的判断が基盤となっているから、神学者の存在（あるいはその影響）が当然考えられる。カロリング朝については、背後にいる少数の顧問の名前や経歴までも確認されている。まず、アルクイン[13]がいた。アングロ・アイリッシュの宣教師の伝統に従ってやって来た多くの修道士たちのように、彼はイギリス北部のノーザンバランドから大陸にやって来た修道士であった。彼はアーヘンの宮廷学校の校長になった人物である。二人目は西ゴート人のテオドゥルフ[14]である。彼は八世紀初頭にスペイン全土を征服したイスラム教徒の脅威からのがれるためにスペインを離れていたのである。彼は、サン・ブノワ・シュル・ロワール修道院の修道院長になり、後にはオルレアン修道院の司教になった人物である。最後の人物として、助祭パウルス[15]がいた。彼はかつてモンテ・カッシーノで修道士をしていたロンバルド人である。シャルルマーニュの伝記を書いたアインハルト[16]によると、シャルルマーニュはこれらの人物を自分の私的な教師と考えていたようである。

したがって、信じ難いことではあるが、修道院に関する事案を法制化する際に、シャルルマーニュとその後継者ルイ敬虔王が重要視したことは、この法制化の結果そのものでもなければ、より広範な基盤をもつ修道院の影響力のことでもなかったのである。この点は、資料的にも裏付けられている。直接的にも間接的にも、これらの為政者たちは修道生活を組織化するのに貢献していたのである。修道士にとっては、これはベネディクト修道会の独占を意味するものであり、ほかの修道会派――とくにケルト系修道会派――の消滅につながるものであった。そして、修道女や聖職者にとっても、同じような干渉が入った結果、

(13)（735頃－804）イングランドの神学者、教育者。シャルルマーニュに仕え、アーヘンにその宮廷学校を開いて「自由学芸」を教えた。

(14)（750－821）シャルルマーニュの宮廷詩人、聖職者。

(15)（730－799）ランゴバルド王ラキスのパヴィーアの宮廷で教育を受ける。

統一された組織形態が生まれることになった。

　カロリング朝時代の文書資料に知的活動の軌跡をたどることができるとすれば、それはたとえば、モンテ・カッシーノ、コルビー、ライヘナウ、ザンクト・ガレン、ボッビオ、フルダなどのような修道院に見いだすことができる。その図書館——とくにザンクト・ガレン修道院の図書館——は、これらの修道院がいかに豊かな知的遺産を享受していたかを今もって証言し続けている。

　修道院の存在は、オットー・ルネサンスに強力な影響を与え続けた。一〇世紀後半の学者で、もっとも有名なのはジェルベール[17]である。彼は南フランスのオーリャックの修道士であったが、その後カタロニアで学生として数年を過ごした。そこで、彼はアラビアの学問、とくに数学と物理学に触れることになる。[*8] ランスの学校の教授を務め、後にはシルウェステル二世としてローマ教皇の地位に就くなど、彼の経歴には目を見張るものがある。

　皇帝オットー三世[18]の任命を受けた者として、また、皇帝との相互の友情の印として、ジェルベールは「シルウェステル」という教皇名を選んだ。これはコンスタンティヌス大帝やシルウェステル一世[19]、そして四世紀に一つのキリスト教社会がつくられたということにちなんでのことであった。しかし、ジェルベールの生涯は決して修道的なものではなく、実際に修道院《モナスティシズム》を代表する者とは考えることはできない。さらに、第一ミレニアムがまさに終わろうとするころにオットーとシルウェステルは権力の座に就いたが、それもつかの間

(16) (770頃－840) フランク王国の学者。
(17) (945頃－1003) 皇帝オットー3世の時代にシルウェステル2世として教皇となる。
(18) (980－1002) 神聖ローマ皇帝。
(19) (在位314－334) 第33代ローマ教皇。

のことであった。また、いわゆるオットー・ルネサンスがその数十年前にすでに始まっていた。そのようなわけで、彼らの統治は数年で崩壊することになる。

この時代には、ほかにもヴェルチェリのレオ(20)やケルフールトのブルーノ(21)などの知的スターがいたが、修道院運動には一切かかわっていなかった。むしろ、オットー朝が自らの帝国を統治するために利用しようとして関心を示していたのは在俗の聖職者であった。そうすることによって、継承を建て前とする封建制につきものの遠心的勢力を排除しようと考えたのである。にもかかわらず、ライヘナウやザンクト・ガレンのような大修道院の名前は、伝統的な知的生産活動のどの分野にとっても中心的存在であり続けた。伝統的なという言い方をしたが、その理由は、ジェルベールが例外的に研究した実験科学に対して当時は驚くほど関心が低かったからである。

最後に、一一世紀後半から一三世紀初頭までの時代の、いわゆる一二世紀ルネサンスを考えてみると、その重要性は知的分野の境界をはるかに越えるものであったことが分かる。一二世紀ルネサンスは、物質・精神の両方において社会のあらゆる側面が完全に変化した現象ととらえなければならない。つまり、まったく新しい時代の始まりということである。思想に関するかぎり、神学、論理学、哲学、倫理学などいろいろな伝統的学問分野において修道士や修道院学校の名前が徐々に希薄なものになっていった。このことは、とくに合理主義的思考方法やそのほかの革新的なことが急速に発達するにつれていっそう加速され

(20)（？－1026）オットー3世の帝室聖堂長。

(21)（970頃－1009）プロイセン（旧ドイツ連邦）の使徒、殉教者。ケルフールトの貴族に生まれる。聖人。

ていった。

一一世紀後半、すべての修道院教育施設の中でもっとも重要な位置を占めていたノルマンディーのベック修道院は、当時、増えつつあった聖堂付属学校や司教座聖堂参事会付属学校と名声を二分せざるを得ない状況になっていた。事実、オルレアン、パリ、リエージュの付属学校は修道院学校よりもはるかに優勢を誇っており、この流れはやがてボローニャ、オックスフォード、モンペリエなどの大学の出現によって引き継がれたり、あるいは凌駕されていった。

それでも、伝統的な黒や改革された白のベネディクト修道会がまだ知的業績を生み出していたことは間違いないことである。ベネディクト修道会のクリュニー修道院長、尊者ペトルスやシトー修道会のクレルヴォー修道院長、聖ベルナルドゥスは、一二世紀ルネサンスの指導的人物だからである。しかし、これら二つの修道会はローマ・カトリック教会の全領域に行き渡っていたにもかかわらず、その知的成果を一般俗社会に向けて発信することをしなかったのである。修道院《モナスティシズム》がそのもてる知識を俗世界と分かち合おうとしないのに対して、世俗教会はすすんでこの同じ俗世界にかかわろうと躍起になっていた。このことから、より大きな知的創造性を求めて重心の移動が起こっていたことが分かる。

かつて、専売特許でもあるかのようにベネディクト修道会の修道院に入っていった知識人たちの数は見るからに減少していった。社会の構造が新しくなり、より開かれたものになった結果、世俗教会やその付属の学校が代わりにより革新的な知的姿勢をもつようになった。これに対して、修道士たちの能力は立ち遅れ、業績が不振に陥る結果となり、彼らと互してゆくことができなくなってしまったということもあり得る。

L・K・リトルは、ベネディクト会士が何世代にもわたって伝統的に、かつ絶対的にキリスト教聖典を伝える努力をしてきたことがかえって仇となり、それが修道院を根本から改革できにくくしてしまった原因であると強調している。というのは、修道院を根本的に改革するという考え方は、都市の環境で教育された結果であったからである。(*9)シトー修道会は一二世紀ルネサンス運動から生まれたものではあるが、彼らはそもそも絶対的に隔絶された生き方を理想としていたので、クリュニー修道会に比べれば知識の伝播がよりかぎられたものになっていたことは納得できることである。(原注3)

最後に、もう一点だけ指摘しておきたい。古代遺産を賞賛する感情は、中世の創造性を阻害することにはならなかったかということである。確かに、阻害の原因にはなっていた。古代遺産を際限なく賞賛したために、かえってそれに対する従属が誇張されることになった。古代の遺産が偶像化されればされるほど、単にそれを模倣することが目的になっていったのである。それは本質的に優れているからよいのではなく、古代から受け継がれてきたものであるというだけで優れているのである。全体的に、中世には自らの可能性に対する自信が欠けていたために、自らを凡庸と見なす自己認識から長い間逃れることができな

(原注3)聖ベルナルドゥス自身が、「教えることではなく、悲しむことが修道士の勤めである」という聖ベネディクトゥスの『戒律』を実践する多くの信奉者の例を強調している。

かった。このような認識は、修道院だけにとどまるものではなかった。したがって、二世紀の医者ガレノス(22)の書いた言葉の方が、中世やルネサンス期の知識人が実際に目で観察した知識よりも価値があったのである。

事実、一般的な知的・教育的活動の分野においては、修道院《モナスティシズム》の二つの基本的特質が最高潮に達していた。永遠なる価値と従属の価値の希求である。中世が精神的な意味で古代ローマの遺産を保存しようとするプラス面と自らの創造性に欠けるというマイナス面をもっていたとすれば、それは修道院がかかわっていたからと思われるのである。

書くこと、読むこと、教えること、考えること

集団の記憶の保管者としての修道士

書くこと、読むこと、教えること、考えることは、「永遠の価値をもつものを保存する」という知的・道徳的目標と同じことであった。聖ベネディクトゥスの『戒律』や中世のほとんどの本に見られる「sicut scriptum est（書かれているように）」という表現は、聖書のことを指していた。聖書では、文字《ライティング》は魔力《マジック》以上のものであり、それは神の言葉を証明するものであった。当然、最高の品質の聖書の写本を受け継ぎ伝えてゆくという伝統においては、その質が修道士にとって常に一大関心事であった。写本が書写《コピー》されるたびに、テク

(22)（130頃－201）医者。医学と哲学に関する膨大な著作を残し、後のギリシャ・ローマの医学書の典拠として利用される。

ストの間違いが増えるという可能性があったからである。

ほかの種類のテクストでは、間違いが生じても正しい理解ができなくなるか戸惑いを覚える程度であるが、聖書では神の言葉を冒涜することになる。この点では、カロリング・ルネサンスにおけるもっとも重要な知的貢献の一つは聖書の改訂であった。これには、当時もっとも有名な学者であるアルクインとテオドゥルフが個人的にもかかわっていた。(*10) また、一五世紀のルネサンスについても、聖書研究と印刷術で幕が開けられたことはいうまでもないことである。グーテンベルクの『四十二行聖書』(23) は、当時においてもっとも刺激的な業績の一つである。

書写《コピー》された写本の質が高いか否かは、写字生がどれだけ注意深いか（不注意か）ということによるばかりではなく、書かれた文字がもつ本来の質にも左右された。ここに、客観的な一般字体と主観的な個人書体《ハンドライティング》という二つの要素がかかわってくるのである。中世のどの時期においても、個人書体で書写することは許されなかった。もっとも、古文書学者は写字生特有の筆跡の癖を識別することはできるが。(24)

写字生の理想は、自分の個性が現れ出ない優れた作品を製作することであった。そのためには、文字をきちんと筆写し、手本を注意深く読むことが条件であった。文字の形状は誤読されるものであってはならず、また書きやすいものでなければならなかった。さらに、たくさんの省略記号(25) が使われるために誤った解釈が起こりやすいことから、テクストは正

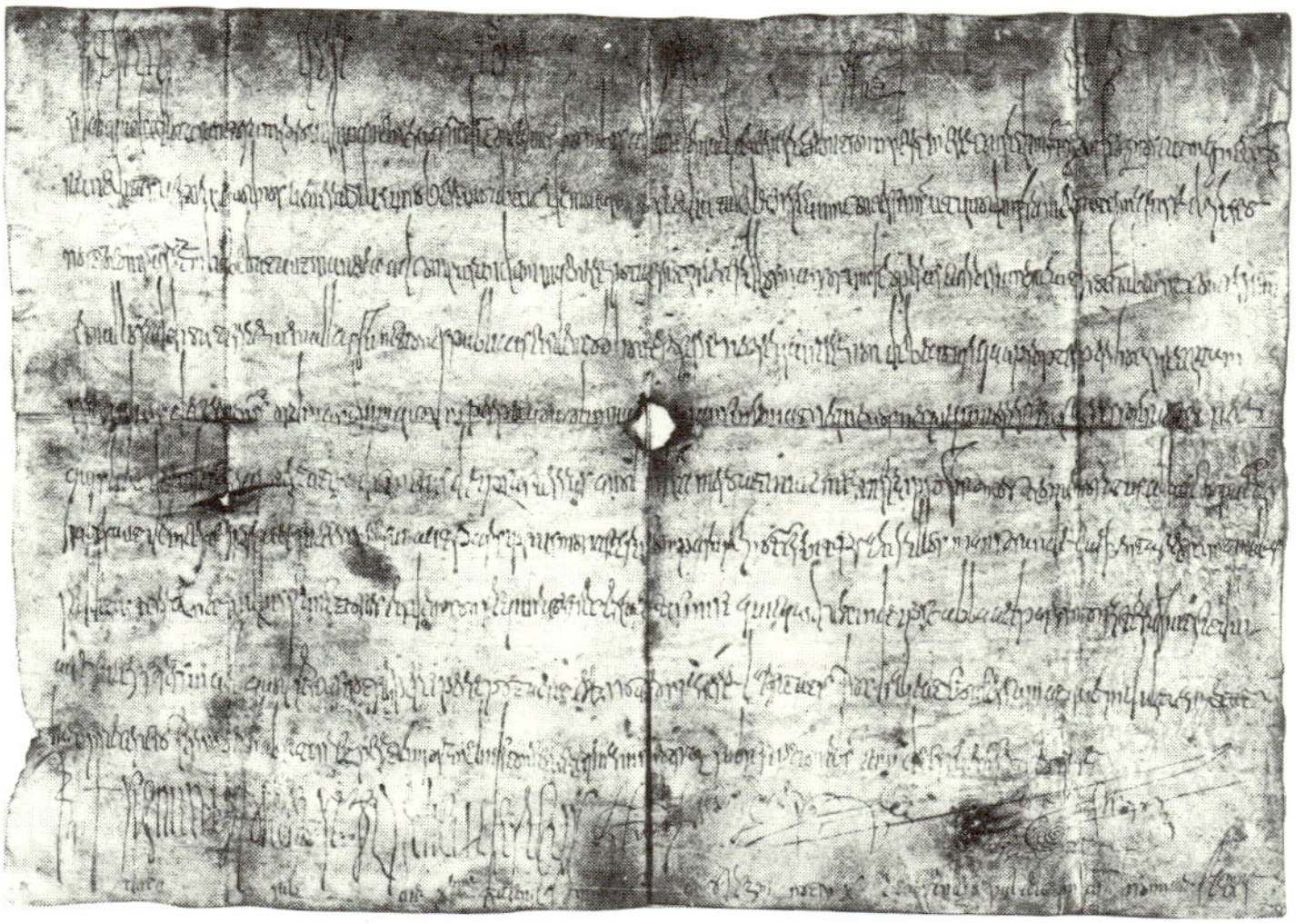

メロヴィング朝の手書き書体の例。フランク王テオデリック3世がサン・ベルタン修道院に宛てた勅許状。（しかし、682年の原文は12世紀に書き直されている。ヘント大学図書館、ms 3872）

(23) 活字を発明したグーテンベルク（1393？～1468）がマインツで印刷した聖書。装飾の部分は手書きとされる。

(24) このような写字生（scribe）の筆跡の癖の例として特に有名なものに、13世紀のいわゆるトレミュラス・ハンド（tremulous hand）がある。この写字生の筆跡には、独特のふるえが見られることからこの名で呼ばれる。

(25) 中世の写本に用いられた省略記号は、主として貴重な紙面を充分に活用するためのものであった。具体的には、「and」は「7」、「mon」や「man」は「mō」などがある。したがって、「andswaru（answer）」は「7swaru」と記されることがあった。

確に理解しなければならなかった。

七世紀から八世紀ごろの書体には混乱が起こっていた。地域によっては、古代ローマ時代の行政で用いられていたような筆記体が使われていたり、また一部では、有力な修道院の写字室で発明・開発された書体が用いられていた。したがって、写字生の書体は彼らがどの文化圏に属しているかで違っていたのである。カロリング朝になって書きやすくて読みやすい新しい書体が導入されると、それは瞬く間に広まっていった。これは、一般に「カロリング草書体」といわれるもので、大変革であった。その後、若干の修正がなされたものの、この書体は中世後期にゴシック体と筆記体が開発されるまで使われ続け、ある程度は現代の印刷文字にも残っている。

また、文字で書き記すことは連続性を意味することでもあった。本は貴重な宝であったので、後の世代のために保存しなければならなかった。本の外観は、その内容の恒久的な価値を表していた。聖書、教父の著作、聖者伝は、永遠に使うことができるものでなければならなかった。行政や司法にかかわる勅許状などの文書は、修道院が永続的に存在し、共通の利害が継続しているから重要だったのである。『戒律』は書くことの価値を充分認識しており、修道士が修道生活を始めるときの誓願を朗唱するだけでなく筆写することをもすすめているほどである（58章）。修道誓願は厳粛な誓いであったので、文字で書かれた不変の証拠が必要だったのである。

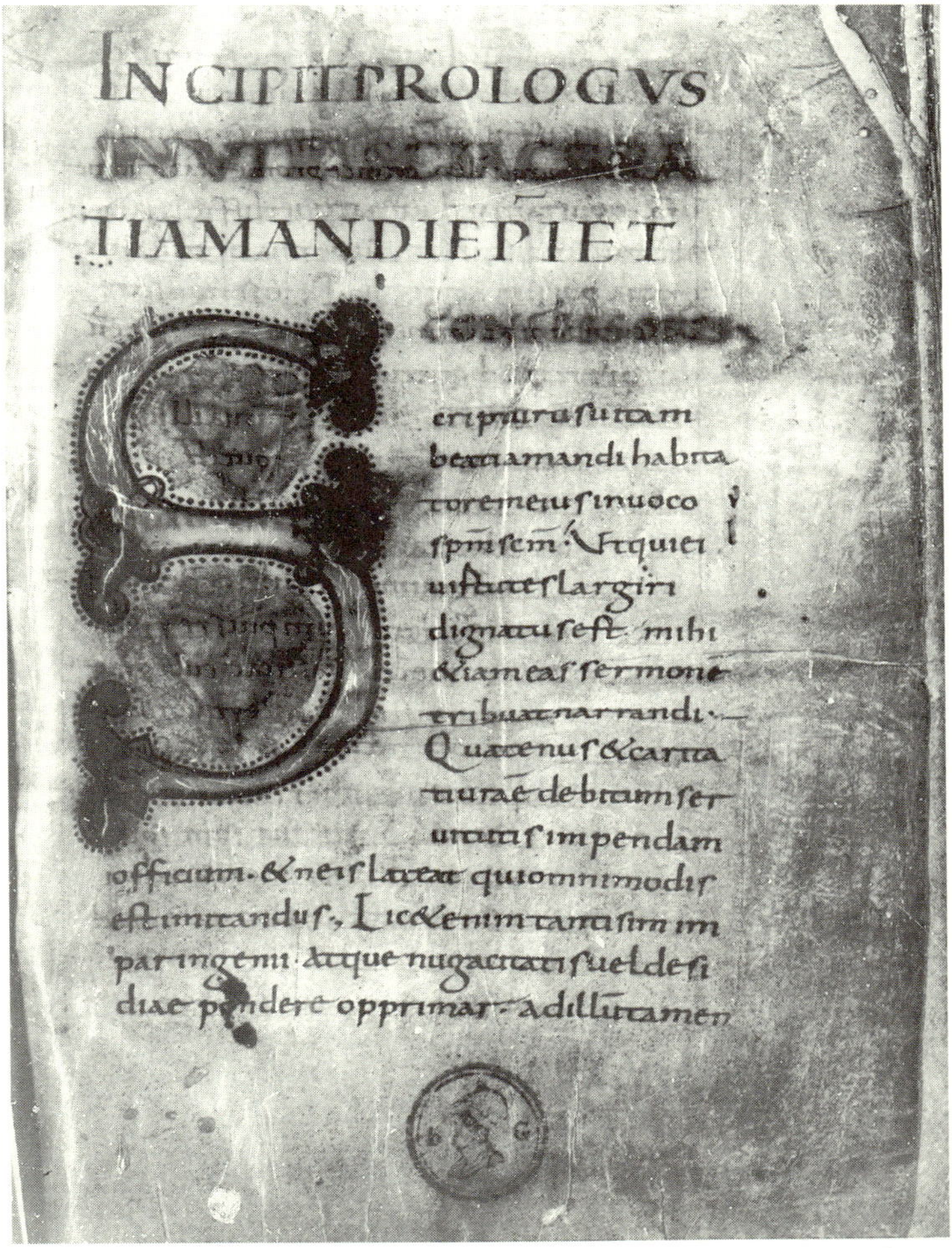

９世紀に導入された標準書体であるカロリング草書体で書かれた写本（『聖アマン伝』）の例。タイトルは古典テクスト（ギリシャ、ラテン語の写本）で用いられたアンシアル書体（丸みのある大文字）で書かれている。（ヘント大学図書館、ms,224）

文書に書き記すか否かは、幾つかの要因や条件に左右された。しかし、書くことは無益な活動、と考えられることはなかったのであろうか。霊的修行のほぼ完全な形態を表しているという隠修士は、概して書くことはしなかった。彼らは完全に隔絶された状態にあり、神との接触は本を通して行うよりももっと直接的でなければならなかったからである。また、隠遁の生活には制度としての連続性もなく、次世代に伝えるべき現世的利害もない。そのため、次代に伝えるという必要性自体がまったくなかったのである。それでは、俗事から解放された集団にとって書くことは贅沢であったから、徒然なるがままに一日を送ることができたのであろうか。永遠の価値は、世俗のこだわりを超越していたのであろうか。それとも、それは克己《こっき》の印なのであろうか。修道院の中では、書くことは主に精神的均衡の問題であったのである。

修道院《モナスティシズム》は、その知的優位性を守るために文字《ライティング》を意図的に独占してきたのであろうか。そうではない。実際のところ、何世紀にもわたってある種の独占から恩恵を受けてきたのは修道士だけではない。ローマ・カトリック教会全体が同様に恩恵を受けてきたのである。しかもそれは、意識的に計画した結果ではなく、一連の社会的不備が招いた結果であった。たとえば、カロリング朝の為政者たちは普遍教育の制度を計画していた。教区に学校をつくり、自由民の子どもや奴隷の出自の子どもたちに開放して、初歩的な唱歌、数学、文法(＊11)を学ばせようとしていたのである。しかし、彼らの帝国は間もなく崩壊したために、この計画がはっきりとした形で実現されることはなかった。

一方、カロリング朝の上流階級は、以前から伝統的に読み書きを実践していた。その中でも、フリオウルの貴族エーベルハルトとその妻ギゼラが子どもたちに残したたくさんの蔵書はもっとも優れたものではあるが、決して九世紀における世俗の知的活動の唯一の例というわけではない。(＊12)

書くことは、ベネディクト修道会の生活の骨格をなす部分であった。清貧の誓いでは修道士が私財を所有することは禁じられており、彼らは全面的に修道院長に頼ることを旨としていた。『戒律』で述べられている物品――すなわち個人的に所有することができない物品――には、たとえば一般的でごく普通の筆記用具までもが含まれているのである（33章）。

これまで、修道院における伝統的ではあるが高い水準の精神活動について述べてきたが、それは楽観的な面だけを述べた内容である。実際には、すべての修道院が必ずしも知性の安息の場所であったとはかぎらない。現存する写本や『戒律』の文字の華麗さに、我々はだまされてしまったのかもしれない。修道士といえども、中にはラテン語のできない文盲(illiterati)修道士もいたのである。修道院では、読み書きの言葉はラテン語だけであったので、「文盲」とはラテン語の読み書きができないということを意味する。修道生活に入ることを希望する者に対して、聖ベネディクトゥスはラテン語の知識があることを条件とはしてはいない。もともとは単なる俗人であり聖職者ではない人間である修道士が、修道院に入って共同の生活を営み、自らを神聖化しようと努力していたのである。それが彼らの目的であった。

しかし、やがて時代が過ぎると、叙階される修道士が増えていった。そして、早くもカロリング朝のころまでには、このような修道士のうちの相当の割合が司祭となっていた(＊13)。この時代以後においても文盲のままであった者たちは、知能の点でラテン語を習得することができなかった者たちである。すでに引用したが、一三世紀初めに信頼できる史料を残したアンドレ修道院のウイリアムは、貴族が精神的・肉体的ハンディキャップを背負った子どもを修道院に送り込んでくることにはっきりと不満を表している。

文字《ライティング》の使用に関して、もう一つ述べておかなければならない。経済的にもっとも富裕で、知的活動においてももっとも優れた修道院においてさえ、本は希少であり貴重なものであったということである。典礼書のような共同使用される本は、まさに分かち合うのが原則であった。典礼が始まるまでに、テクストは復唱し暗記しておかなければならなかった。このようなやり方は敬虔さを植え付けてゆく方法であり、怠惰を防ぐ手段でもあったが、本質においては、本を共有しなければならないという純然たる必要性そのもののためであった。つまり、修道士一人ひとりに朗誦《ろうしょう》で使う個人の本をもたせることができなかったのである。暗い聖堂内で読もうとすれば大きくて重い二つ折り判《フォリオ》の本が必要になるが、それでは自由に取り扱うことができなくなる上に、製作にも多額のお金がかかることになる。

(26) Septem artes liberales：中世におけるエリートのための教養基礎教育科目。言語能力に焦点を当てた基礎的な「3科（Trivium）」（文法、論理、修辞）と、さらに発展させた「4科（Quadrivium）」（算術、幾何、天文学、音楽）の7科目からなる。

あらゆる教育は全面的にラテン語で行われた。ラテン語は母語としては使われていなかったので、どのような学問を始めるにしても、先にまずラテン語を教え込まなければならなかった。しかし、学問を成した人たちはラテン語を流暢に読み書きすることができたが、そのほとんどは聖職者であった。少なくとも中世後期――とくに、近代初期にフランス語が取って代わるまで――は、国際政治においてもラテン語が使われていた。

修道院《モナスティシズム》は古代遺産をどん欲に飲み込み、修道士は手に入るものは何でも書写《コピー》していたので、彼らがローマ帝国後期の教育の伝統である「七自由学芸（Septem artes liberales）」(26)の研究を踏襲し続けていたことは容易に理解できることである。このシステムは紀元前二世紀のワッロ(27)にまでさかのぼり、その後五世紀にマルティアヌス・カペラ(28)がそれに修正を加えたものである。

『フィロロジーとメルクリウスの結婚について（*De nuptiis Philologiae et Mercurii*）』という本の中で、彼は七自由学芸をすべて列挙し発展させている。最初の三学芸は、全体的な言語的訓練――文法、論理学、修辞学――を行い、残りの四学芸はさらに進んだ段階の訓練を意図したものであった。四学芸は、「幾何学」、「算術」、「天文学」、「音楽」で構成されていた。そして、これら四つの科学すべてが数学を扱っていた。なぜなら、四学芸の中の音楽も和合と考えられていたからである。ランスのサン・レミー修道院付属学校で教えていたアイルランド人司教ダンチャド(29)と修道士ヨハネス・スコトゥス・エリウゲナ(30)が、マ

(27)（BC116－BC27）「ローマ人の中で最も学識のある者」といわれ、「7自由学芸」に関する長大な著述を残した。

(28)（480年頃）北アフリカの学者、作家。散文、韻文混合の百科全書的著作『サティリコン』がある。

ルティアヌスのテクストに注解を付けたのがこれまた九世紀であるということを考えると、七自由学芸と修道院《モナスティシズム》のつながりが驚くほど密接なものであったことが推し量られる。早くも西暦一〇〇〇年ごろには、ザンクト・ガレン修道院の修道士ノートケル・ラベオ(31)がこの本をドイツ語に翻訳している。大小の修道院を含めて、九世紀、一〇世紀の修道院の蔵書目録にはマルティアヌスの名前がある。このように中世を通じて、このテクストは一般的に使われていたのである。

一二世紀以後、大学という新しい教育制度が誕生したときでさえ、七自由学芸はカリキュラムの中で大きな比重を占めていた。学士号（B.A）や修士号（M.A）は、このような状況の名残である。しかし、五世紀に書かれた本が五〇〇年以上も経た時代でもまだ使われ続けていたということは、この本の質の高さを表すものではあるが、本質的には中世が知的硬化を起こしていた兆候でもある。このことは、これまで述べてきたことを裏打ちするものである。

確かに、中世は知識を保存するために細心の注意を払ってきたのであるが、それは創造性を犠牲にすることでもあった。古代の先人たちを熟知していた中世の作家たちは、自分の著作でこれ見よがしに古典作家から引用したが、聖書や教父作家からの抜粋の扱いとは違って、彼らは自分の思想を発展させることはほとんどなかった。古典作家から引用することは、スタイルやファッションの問題であったのである。

(29) 9世紀、アイルランドの司教。

(30)（810頃－877）哲学者、神秘主義者。フランク王シャルル2世禿頭王の宮廷学校で教えた後、アルフレッド大王の求めに応じてオックスフォードに移った。

(31)（840頃－912）883年頃に書いた『シャルルマーニュ伝』で有名。

修道院建築や彫刻と同じように、写本の贅沢な装丁もシトー修道会からは退けられた。(*14)しかし、ここで注意しなければならないことは、シトー修道会が求めた写本の質素という概念は、そのつくりや外見にしか当てはまらないということである。たとえば、フランドルのクレールマレ修道院では、写本の製本に使われたヤギ皮の表面の毛が注意深くむしり取られていないのである。これは、慣習的に行われてきた豪華な装丁とはまったく違っている。それでも、質素さを追求したからといって悪趣味にも粗野にもなっているわけではない。質素さは内容とは関係がなかったのである。(原注4)

白の修道士の初期の修道会令では、すべてのシトー修道会の修道院が同じ典礼用写本を持ち、そのテクストの内容もまったく同じでなければならないと規定している。(*15)写字生にとっては、慎重に書写《コピー》することは単なる心得以上のものであった。精神のつつましさという理念は、内容《テクスト》の質を指すものではなかったのである。細心の注意を払って書写していたからこそ、修道士は修道規則の均一性を守ることができたのである。

学問のための本、永遠の価値に関する本という概念を、これまで何度も繰り返し使ってきた。この考えを敷衍、応用した結果、修道士は細心の注意を払って歴史を記録していたという結論にたどり着いた。彼らは知識を伝達する責任を感じていた。だからこそ、永遠に興味深いと思われる出来事を選んで記録していたのである。

前章で、世俗の人間は修道士の眼中《ホライズン》にはなかったということを示すために年代記を検討

（原注4）ディジョン市立図書館所蔵の写本（No.170）の細密画（ブルック［81］に複写・転載）は、うっとりするほど興味をそそるものであるが、黒のベネディクト会士のスクリプトリウム（書写室）で描かれたものに比べればはるかに素朴である。

した。事実、記録されていた内容は、ほとんどが為政者、高位聖職者、彼ら自身の修道院長の継承というテーマに関するものであった。外敵の侵略や戦いを記録しているものもあれば、宇宙や自然、物理現象——蝕《しょく》、飢饉、奇形児の誕生——など前兆現象と解釈できるものを扱うものもあった。現代人の眼で読めば、これらの年代記は反啓蒙主義や狭隘《きょうあい》な精神の証拠と間違って判断されかねないものである。実際、このような間違った判断が起こるとすれば、それは彼らの宗教観、宇宙観がなかなか理解しにくいものであることに起因している。彼らは、肉体でしか感知できないこの世界を詳細に調べることで、神が送ったサインを探し求めていたのである。

このような知識はしばしば古代ローマ人から借り入れたものである上に、何世紀もの間更新されることがなかったのだから、現代に生きる我々にとっては量的に非常にかぎられたものに思えてしまう。確かに、その通りである。これについては、「賞賛」と「従属」という二つの理由をすでに指摘した。三つ目の理由は、いうまでもなく知識を充分に伝達することが物理的に困難であったという事実である。ありていに言えば、写本の入手には限界があったということである。そこで、この問題を解決するのに二つの方策が講じられていた。つまり、選集《アンソロジー》を利用することおよび記憶力を訓練して高めることである。

これまで、選集をその役割機能や伝播という観点から研究することはあまりなかった。(原注5)しかし、中世のほとんどの図書目録には選集が記載されており、中世の作家が論評や論文

(原注5)ラウズ＆ラウズ([218])は、アンソロジー(選集)が古代の知的遺産を伝達する上でいかに重要であったかを証明している。

で同じ議論、同じ権威作家、同じ抜粋に頻繁に言及していることを考えると、そのような選集が広く一般的に使われていたことを知ることができる。

典礼活動や教育の過程においては、記憶を使ったり訓練したりすることはデータ保存のもっとも重要な方法であったようである。たとえば、修練士は詩篇を暗記しなければならなかった。詩篇を暗唱できるか否かが、しばしばシトー修道会の修道士と労務修士を識別する基準になった。ほかのどのような口承社会《オーラルソサエティ》においてもそうであるが、このような記憶による伝達の場合はその質がきわめて重要であるため、定期的に確認しなければならなかった。(*16) また、このようなシステムにおいては、知識のもつ静的な特質や従属と権威の与える影響が必然的に強調されることになった。情報《データ》の前提である真実は、誤記や不必要な注解、付け足しなどで台無しにされることがあってはならないのである。一三世紀以降になって筆記設備が改良され、ある種の意識改革が起こった結果、最終的にこのような硬化した態度自体が変化したときには、ベネディクト修道会は本道から逸脱することになってしまった。

新しい知識の探求という点では、ベネディクト修道会の参加度はほとんど無に等しかった。たとえば、東洋を初めて訪ずれ、その長くて危険な旅で目にしたものを書き留めたのは一三世紀中葉のフランシスコ会士ピアノ・ディ・カルピーニのジョヴァンニ(32)であり、リユブリュキのギョーム(33)であった。自分自身の目で見たことが、それまで伝統的に伝えられれ

(32)（1180？－1252？）教皇インノケンティウス9世の特使としてモンゴル帝国に赴いた。イタリアのフランシスコ会創始者、アシジのフランシスコと同時代人。

(33)（1215－1295）1253年に、フランス王ルイ9世の命を受けてモンゴル帝国への旅に出た。その記録は、中世ヨーロッパで高い評価を受けた。

てきたことと比較、対照されるということは初めてのことであり、重要な意味をもつものであった。これらの目が、ただ天国だけを瞑想するのではなく、自然をも鋭く吟味し始める時代がゆっくりとではあるがやって来たのである。

寓話と合理主義

この節のタイトルには、中世的なものの考え方がどのような発達の経緯を辿ったかという意味が込められている。初めに、セビリアのイシドルス(34)の『語源集』(＊17)に話を向けることにしたい。七世紀初めに編纂されたこの本は、古代から中世へと受け継がれてきた科学知識の集大成《スンマ》である。全二〇巻の中で著者は、七自由学芸をはじめ神学、生物学、地学、農学などを体系的に扱っている。タイトルが示すように、彼の知的な関心は語源を通して事物や概念を説明することであった。

この本がその後の時代において知識人の間でよく知られた教科書となったことは、図書目録や今日に残るたくさんの写本の中においてこの本が言及されていることからもはっきりと言えることである(原注6)。この本が広く受け入れられていたことは、中世初期の科学知識が発展性に欠ける静的な特徴をもつものであり、しかもそれが尊敬の念と結び付いていたと

(34) 187ページ第5章訳注(9)を参照。

(原注6) 1000冊以上の写本と、消失した写本への言及が見られる。[31]を参照。

いうことを証明している。さらにそれは、この時代のまったく不可解ともいえるほどの創造性の欠如、無能さ、知的無力状態を示しているようでもある。

『語源集』は、中世の三段階の知識伝達過程における第一段階を表している。すなわち、現存する知識を転写《コピー》や記憶によって保存する段階である。第二段階は保存された知識に注釈を加えるという段階であるが、ラバヌス・マウルス(35)のような作家を見れば理解できる。このフルダの修道院長は、イシドルスの科学の知識と聖書の解題――これは彼にとって常識であったが――をどのように融合させていったかを示す格好の例である。ラバヌスはその『宇宙論二十二巻』で、九世紀という彼が生きた時代にあって知的分野で成し得る最大限のことを実行した。

彼はイシドルスを転写《コピー》し、それに聖書から導き出した長い寓話的解説を加えた。実際、概念や事物の名称とその定義との間に関連があるとするイシドルスの説は、神の普遍的・宇宙的システムに合致するものであるということをラバヌスは確信していた。彼は、イシドルスの言説が基本的に正しいか否かは議論していない。ただ単に、イシドルスの証明したことを敷衍《ふえん》し、補足的な側面を加えようとしただけであった。その意味で、ラバヌスは受容性の旺盛なカロリング・ルネサンスの典型的な代表であり、古代ローマの古典的伝統に賞賛と隷属的態度で臨んでいたということができる。

現代の読者にとっては、ラバヌスが行ったこのような加筆事項はあまり意味をなさない

(35)（780頃－856）フルダで教育を受け、トゥールでアルクインに師事。フルダの修道院学校校長。

ことであり、合理的思考の後退であるかのような印象を与える。しかし、今日我々が認識していいるような科学的真理と聖書との間の本質的違いは中世では認識されていなかった。聖書はすべての真理の基本的テクストであり、知的活動か否かを問わず、すべての活動は聖書の基準にそって判断されなければならなかった。このような包括的な世界観が存在したために、中世の人々にとっては現実と虚構の区別が困難なものになっていたのである。

簡単に物事を信じてしまういわゆる軽信性《けいしんせい》とは、実際に五感が認識している現実のほかに、さらにもう一つの現実が存在すると信じ込む思考形態にすぎない。何世紀にも及ぶ合理主義的思考の結果、今日では我々は、経験や五感を通して認識できないものはどのようなものであれ知識とは呼ばない。

その後何世紀にもわたって、寓話的推論形式が存続し続けた。実際、どのようにそれが続けられていたかを示す典型的な例としては、一一世紀後半から一二世紀前半のドイツのベネディクト修道会の修道院長ルーパート(36)を挙げることができる。当時の学者のほとんどが、パリやランの司教座聖堂付属学校やそのほかの学校で学び、真理に到達する別の方法を用い始めていたのに対して、ルーパートは依然としてベネディクト会士が用いていた寓話的伝統に従って研究していたのである。

知的発達の第三段階は、新しい知識を創造する段階である。それは伝統的知識と（自分たちの文化圏外から借り入れたり、実験の結果手に入れた）新しい知識とを統合したもの

(36)（ドイツの）（1070頃－1129）リエージュ出身。ベネディクト会士となり、後にドイツ（現ケルン市内）の修道院長（1120年頃）。聖書注解者。

(37)中世の学校（聖堂付属学校、修道院学校、大学）で行われた神学・哲学の総称。聖トマス・アクィナスによって集大成された。

に基づいていた。この第三の段階は、一一世紀後半から一三世紀にかけて発達したスコラ学(37)の方法によって始まったものである。過去の矛盾した言い回しや言説を並置し、論評や評価を加えていって最終的にこれらの矛盾に対する説明を見つけようというものであったが、矛盾が存在するということ自体がすでに中世人の感性に大きなショックを与えていた。

この推論法（スコラ学）は、最終的には何らかの結論に結び付いた。一二世紀のアベラルドゥス(38)やペトルス・ロンバルドゥス(39)、一三世紀の聖トマス・アクィナス(40)は、この分野における偉大な人物である。最終的には、とくに神学の分野で知的進展を見ることになるが、それは合理主義的精神を用いてキリスト教信仰に系統的に接近することを意味していた。聖トマス・アクィナスの『神学大全』は、きわめて大胆な行動であった。古代ギリシャの哲学――とくにアリストテレス――を使って、『旧約聖書』と『新約聖書』の間にたびたび見つかる矛盾を見極めようとしたのである。このようにして、彼は聖アウグスティヌスにも匹敵する権威をもって神学項目を定義したのである。『神学大全』は、その後何世紀にもわたって権威を保つことになった。

しかし、このような時代の流れの中にはベネディクト会士の姿はなかった。一二世紀最大の思想家アベラルドゥスが修道士であり修道院長でもあったということは真実であるが、このことは、彼が修道生活を志した結果というよりは彼の個人的不運による結果であった。彼は生涯、初恋の相手である「学校」の人であった。彼の哲学的・神学的研究はしばしば

(38)（1079－1142）神学者。『わが厄難の記（*Historia Calamitatum*）』がある。
(39)（1100頃－1160）クレルヴォーのベルナルドゥスに神学を学ぶ。1159年パリ司教。
(40)（1225－1274）キリスト教学者、神学者。『神学大全（*Summa Theologica*）』は未完ながら、ローマ・カトリック教会の信仰に絶大な影響を与えた。

疑念と非難の対象となったが、その中には、ベネディクト修道会の知的活動はまったく反映されていなかった。これからも分かるように、神学的知識を体系化しようとするプロセス全体において、修道士の著作が重要なモデルになっていた例を見つけることはできない。(原注7)

中世後期の思想という舞台にベネディクト会士の姿がまったく欠けているということは、ラバヌス・マウルスの死後三、四世紀経た後に書かれた『百科事典』を検討してみればさらにはっきりしてくる。サン・トメール修道院の聖母マリア聖堂参事会員が、当時の西洋科学の解説書とするために『花がたみ（*Liber Floridus*）』(41)を書いたとき、その資料となったものはまったく伝統的なものばかりであった。

百科事典というジャンルが劇的に変化することになるのは、ずっと後の一三世紀直前のことである。この時代になると、ようやくアラビアの科学論文や古代ギリシャの科学論文がアラビアを経由して取り入れられるようになり、多大な恩恵を受けることになるからである。アラビアとギリシャという二つの影響は、中世始まって以来もっとも活力のあるきわめて有益な刺激となった。律修聖堂参事会員で後にドミニコ会士になったカンタンプレのトマス(42)、フランシスコ会士バルトロメウス・アングリクス(43)、ドミニコ会士のボーヴェのウィンケンティウス(44)が、このころにつくられた新しい『百科事典』のもっとも重要な編纂者たちである。しかしこの中には、ベネディクト会士は誰一人としてかかわっていなかった。

『歴史の鏡（*Speculum historiae*）』（15世紀末）の翻訳本より。

（原注７）イタリアのカノン法学者グラティアヌスはカマルドリ修道会の修道士であると伝統的に考えられてきたが、この説は今日では排除されている（[203] 145～172頁）。一般的には『教令集（*Decretum*）』として知られている彼の『矛盾教会法令調和書（*Concordia discordantium canonum*）』は、ペトルス・ロンバルドゥスが神学の分野で用いた方法論と同じ方法で教会法を扱った。この方法論は、100年後に聖トマス・アクィナスが引き継ぐことになる。最初に矛盾するデータを対立させ、その後に自分自身の意見を形成するというものである。したがってこの作品は、修道院というよりは学校のスタイルを醸し出すものとなっている。

(41) 編纂者ランベルトゥスの肖像つきの本で、タイトルの花とは必ずしも関係なく、読んだ本から得たありとあらゆる雑学的知識が書かれている。特に形而上的テーマに関心を示し、魔力（マジック）や天文学などの項目には特に重点が置かれている。（ヘント大学所蔵）

(42)（1201－1272）16歳で聖アウグスティノ会聖堂参事会員になる。1232年、ルーヴァンのドミニコ会に入る。

(43)（？－1250？）著書に『物の特質について』がある。

(44)（1190頃－1264頃）この時代の第一級の百科事典『大鏡（*Speculum Majus*）』の編者。

黒の修道士や白の修道士が、当時の知的業績に何の役割も果たしていなかったというつもりはない。現に尊者ペトルスの著作は、文体や道徳の点では中世最高のものと評価されている。また、聖ベルナルドゥスやサン・ティエリのギョームが神秘文学や神秘主義全般の発達において果たした役割は途方もなく大きなものである。しかし、神秘主義が中世の俗の信徒に何らかでも影響を与えたとは考えられない。なぜなら、一般信徒の宗教感情はまだとても粗野で表面的であったから、神秘主義ははるか彼方の理想にすぎなかったからである。彼らにとっては、神秘主義は達成不可能な霊的能力であり、神が召命《しょうめい》した人々だけの生き方であると思われていた。神秘主義は、実際に中世の俗人の世事に干渉することはなかったのである。

修道院運動の中では神秘主義がいかに重要なことであったとしても、中世の知的行動を変えたのは学校が実践していた体系的な批評、すなわち合理主義であった。長くゆっくりとした歩みではあるが着実なその発展の歴史で科学的な試みが支配的になっていった結果、物質的世界観、精神的世界観が一変することになった。

この点で最初に挙げなければならない代表的人物は、一三世紀のオックスフォード大学総長――後のリンカーン司教――ロバート・グローステスト(45)と、その弟子で数学と物理学を研究するよう訴えた天文学者ロジャー・ベーコン(46)である。しかし、どちらもベネディクト会士ではなかった。このように、全体的に黒の修道士の姿が見えないという状況は、中

(45)（1175頃－1253）リンカーン司教。ギリシャ語、ヘブライ語学者。

(46)（1214－1292）イングランドの哲学者。科学者。グローステストと知り合いになったことでスコラ学から離れ、言語学と実験科学を研究する。

世初期の学問では彼らの姿が至る所で見かけられたという事実と比べると、まさに隔世の感がある。このような言い方をすると、ほかの宗教的・知的伝統の所産である百科事典や大全も同様に一般俗人に影響を与えることはなかったのではないかという反論が予想されるが、このような反論は実質的には間違いとは言えない。しかし、長い目で見れば、このようなテクストは知識の獲得とその普及をはるかに容易なものにしてゆく途中の段階であったと考えられるのである。

一二世紀に自然観察を行った例としては、ライン河畔にあるベネディクト修道会のビンゲン女子修道院長ヒルデガルト(47)の名を唯一挙げるのみである。自然と医学に関する彼女の著作は、それまでの伝統的学問の教えとはまったく異なるものであった。彼女の知識が彼女自身の観察から得られたものであるのか、口承で伝えられていたものによるものなのかははっきりしないが、彼女が女性であったことがかえって好都合となり、このような違いが生まれたことは間違いのないことである。

修道女としては、彼女は実際のところ知識人ではなかった（彼女のラテン語は、まったくお粗末であった）。しかし同時に、彼女は神秘家でもあり、神との直接的な関係にあった。(原注8) この二つの要素のおかげで、彼女は研究や表現を自由に行うことができたのである。古典作家という重荷が修道士の知的創造性にあまりにも重くのしかかっていた中世の男子修道院では、このような自由は考えられないことであった。

(47)（1098－1179）ドイツのボッケルハイム生まれ。8歳でディッセンベルクの女子修道院に入り、若くして同修道院の修道院長となる。
（原注８）近年出版された多くの関係資料の中ではニューマン（［202］）を参照。

時代が変わり、教育が変わった

前の二つのセクションでは、中世後期――厳密には一一世紀以後――に新しい教育網が試みられるようになったことを示した。新しい教育網になってから知的活動に進歩が見られたが、反面、尊者ペトルスや聖ベルナルドゥスのような高名の士がいたにもかかわらず、ベネディクト修道会の貢献が一二世紀には相対的に減少していったことを意味している。

このような教育の変化にはいろいろな理由を挙げることができる。社会全体に起こった広範な変化の結果、文書《ライティング》の必要性が増大したことである。政治的にも経済的にも社会的接触が密になり、これまで以上に複雑な社会構造と組織が必要になったからである。文書固有の特質――すなわち、普遍の価値や心理をもつものを変質させることなく伝達するということ――がこのころまでにはすでに充分認識されるようになっており、その結果、正確さが必須とされる行政や商取引の分野でますます文書が使われるようになった。一二世紀になると、初めて世俗行政の大法官庁文書が続々と出現するようになる。これらの文書は、たとえば、ロンドン公文書局の驚くほど内容の充実した歴代英国王の文書資料保管室《アーカイヴ》でいまだに堂々と開示してある。（原注9）

より汎用性のある文書技術の必要性は増大し、そのことが文書を基盤としたもっと複雑

（原注9）教皇名録は中世初期から記録されていたが、継続的に記録されるようになるのは1200年以降である。

な社会組織を形成してゆく原動力にもなった。ベネディクト修道会の修道院は、長い年月にわたって文字をとくに使い続けてきた人たちではあったが、この流れにはほどんど関与することはなかった。世俗の荘園領主の管理体制がまだ充分に組織化されておらず、契約当事者として個人的にかかわっているときは修道士がほとんど全面的に勅許状を製作し続けていたが、第三者に請け負わせるということもあった。これは、修道院の伝統的な独占行為が残っていた例である。

　文書を書くことができる人間の需要が高まると、それに対する供給が必要になってくる。このために、より開かれた《オープン》学校の必要性が発生し、修道院とは無関係に機能する普遍性のある教育形態が必要になった。修道生活に入る考えのない若者にも教育を施していた黒のベネディクト修道会の修道院の事例やシトー修道会の修道院の事例がないわけではないが、これは一般的に行われていたことではない。

　というのは、このようなことが行われると、自分たちの学校《スコラ》を閉ざされたままにしておこうとして修道院運動の内部からほぼ確実に反発が起こったからである(＊18)。修道誓願をするか否かという条件の違いで、すべてに対して開かれた司教座聖堂付属学校や聖堂参事会付属学校と、将来の修道誓願志願者にしか開かれていない修道院付属学校に分かれていたのである。中でも、パリやランのように長い歴史があり、急激な発展を遂げつつある学校には世界各地から人々が集まり、たとえばソールズベリーのジョン(48)やペトルス・ロンバルド

(48)（1115頃－1180）神学者。ウィルトシャー・ソールズベリー生まれ。パリでアベラルドゥスに学ぶ。『教皇史』（1163年頃）がある。

ゥスなどのように、学問においては一流の教師や学者、また教会の聖職においては司教が次々と輩出されていった。

ベネディクト会士の中から、修道院の学校で教育を受けた同じようなタイプと人柄で高名の士を見つけようとすれば、必然的にもっと早い時代を探さなければならない。一一世紀の人物で、人生の一時期をノルマンディーのベック修道院で過ごし、カンタベリー大司教になったランフランク(49)やアンセルムス(50)はこのようなタイプでもっとも傑出した例である。

しかしながら、この本の目的は偉大な人物よりは俗人を研究することであり、例外的状況よりは普通の出来事を調べることである。したがって、他の追随を許さないような例外的に有名な学校よりは、ごく一般的な教育の形態の方に我々の関心は向く。

これまですでに述べたように、ここで重要なテーマは生徒がすべてラテン語で読み書きを教わるような学校なのである。このような訓練に関する史料があまりに少ないことは残念なことであるが、一一世紀以降に地域の領主たちが創設し寄贈した多くの小規模な司教座聖堂参事会の中に、ある種の予備的学校が造られていた。これらの学校において、人々に書く能力を身に着けさせる教育を施していたのである。常に、教育の質が均一で高いレベルのものであったというわけではないが、この種の学校があったからこそ、地域的に見ても一般的に文書《ライティング》が普及していったのである。これは、とくに一三世紀に下層階級の勅許状が劇的に増えることからも証明できる。

(49)（1010頃－1089）ベックの修道院長。後にカンタベリー大司教。
(50)（1033－1104）カンタベリー大司教。

教育全般の目的——とくに読み書き教育の目的——が、ますます実用主義的になっていったことは間違いのないことである。これが原因となり、絶え間なく神を賞賛（laus perennis）するという行為を質的に向上させるための教育——すなわち、修道士のいう科学を手段に使って神の栄光を高めてゆくための教育——は背景にかすんでしまうことになった。以後、職業的成功が人々の主たる関心事になった。法律や神学の勉強は、当初は純然たる知識の集積をめざしたものであったが、一三世紀になるとそれははっきりと職業を意識した選択になっていった。法律や神学を学ぶ目的は科学的思考や考察をすることではなくなり、有能な役人のように忠実に仕える聖・俗の後援者《パトロン》を見つけることに変わっていた。こうして、聖職者（clerics）は書記（clerks）になったのである。これに対して閉じられた学校や修道士の生き方は、このような実用主義的心性《メンタリティ》に適合することはなかったのである。

一二、三世紀に大学が生まれ、発達すると——中には、すでにあった聖堂参事会付属学校から発展したものもあるが——新しく創設された托鉢修道会はすばやく大学に群がるようになった。既存の修道会派は、概してこれには反対か少なくとも関心を示さなかった。一三世紀の大学が輩出した偉大な人物は、すべてドミニコ会、フランシスコ会、在俗聖職者たちのいずれかであり、たとえばパリ大学では、アルベルトス・マグヌス(51)、聖トマス・アクィナス、聖ボナベントゥラ(52)、ヘントのヘンリー(53)、ブラバンのシジエ(54)などが名を連ねて

(51)（1193頃－1280）中世ドイツの哲学者。パドヴァで学んだ後、ドミニコ会士となる。「百科博士（Doctor Universalis）」と知てしられる。

(52)（1221－1274）フランチェスコ会士。神秘派の神学者。

(53)（1217頃－1293）フランスの神学者。トマス・アクィナスに反対した。

いる。托鉢修道会は、大学町に自分たちの学寮を建て、大学生活に組み込まれていった。こうして、大学の社会的重要性も公的権威の増大に伴って増していくことになった。

パリでは、ドミニコ会が一二一七年に自らの学寮をもち、フランシスコ会はその数年後に学寮をもった。また、一二五四年までには、アウグスティノ修道会、トリニタリアン修道会、プレモントレ修道会、さらにはシトー修道会までもが学寮をもつに至っているが、黒のベネディクト修道会はもっていない。(＊19) オックスフォードでは、これらの修道会の学寮は一二八三年に発足し、ケンブリッジに至っては一三二一年である。しかし当時は、彼らは確かに高い尊敬を集めていたのである。(＊20)

ベネディクト修道会がこの時代の波に乗り遅れたという言い方をしたが、これは彼らに対する批判でもなければ、その後進性を指摘しているわけでもない。ただ単に、彼らの隠住が、新しいタイプで性格の異なる大規模な知的活動に巻き込まれないために、自ら求めた防護壁となったということを指摘しているだけである。教皇ベネディクトゥス一二世(55)が、一三三〇年代に幾つかの修道会派に対して改革令を発布したとき、彼はベネディクト修道会、シトー修道会、律修聖堂参事会に対して、それぞれ最低限の大学入学の割り当て人数を課したほどであった。(＊21)

(54)（1235頃－1281頃）フランスの哲学者。

(55)第198代ローマ教皇（在位1334－1342）。

寛容と無理解

半世紀以上も前に、フランスの修道院史研究家F・カブロル(56)は、その著作の中で次のように述べている。

「聖ベルナルドゥス(原注10)——それは禁欲主義である。尊者ペトルスとクリュニー修道会——それは人間主義である」

以来、黒の修道士と白の修道士の両方のベネディクト修道会の修道院運動の歴史に関しては数多くの研究がなされてきたが、カブロルの主張は今日でも妥当なのであろうか。人間主義《ヒュマニズム》の意味するところは何であろうか。人間が中心で、その欲望を満たすことが生きる目的や意味となるような生活様式または考え方、すなわち今日一般的に解釈されている意味と同じように人間主義を解釈してよいのであろうか。それとも、「人間的データとキリスト教的インプットが一体となって人間的価値が全体として増加すること(原注11)」という意味であろうか。

カブロルの人間主義は、むしろ人間の弱さに対する理解に比重が置かれており、そのため罪や超越的理念に結び付いている。カブロルの業績は、禁欲主義が人間主義とはまったく正反対のものであり、禁欲主義は人間の弱さに対して理解を示すものではないことを指

(56)（1855－1937）ベネディクト会修道士。典礼学者。『典礼事典』がある。

(原注10)原典は Dictionnaire d'histoire et de géographie ecclléiastiques。

(原注11)これは、ルクレルク（[164] 69～113頁）の定義である。ペンコ（[209] 285～315頁）の方法論もほぼ同じである。

摘した点である。これはまさに、聖ベルナルドゥスの禁欲主義論と同じである。聖ベルナルドゥスの考えでは、禁欲主義は人間のもろさを克服し、神と出会うための唯一の手段である。それでは、聖ベルナルドゥスが非人間的で超人的だったということなのだろうか。それとも、聖ベネディクトゥスの妥協の余地のない『戒律』を文字通りに読むことを彼は執拗に守ろうとしていただけなのであろうか。(*22) 聖ベルナルドゥスにとっても、シトー修道会の修道院の創設者にとっても重要なことは、六世紀に書かれた当時のままの霊的規範であり、後代の修道士たちによって解釈を重ねられた規範のことではないのである。

「原典に戻れ」、「文字通りの意味に戻れ」というのが、聖ベルナルドゥスと当時の霊的指導者たちが改革をめざして唱えたモットーであった。彼は、クリュニー修道院や黒のベネディクト修道会の修道院全般に対して反対していた。というのは、彼らは何世紀もの時間の中で発展成長し、『戒律』に従って守られてきた修道院の伝統それ自体には固有の価値があると信じていたからである。何世紀にもわたってさまざまな修道院慣習規則集がつくられ、大綱的な訓令や『戒律』の霊性が日常の修道生活に則して解釈されてきた。したがって、同じ『戒律』でも時代によって強調される点が変わることもあったのである。特定の側面が強調されることがあったり、逆に弱められてしまうこともあったのである。『戒律』を伝統的に読むやり方には、寛容の精神があったと言えるのだろうか。もし、寛容ということが教義上相反する意見を受け入れるという意味ならば、伝統主義者も改革主義者も寛容ではなかったと言うことができる。尊者ペトルスも聖ベルナルドゥスも、中世の西欧カトリック教圏に住んでいたすべての人たちと同様に、ローマ・カトリック教会が絶対的真実であることを信じて疑わなかった。

ペトルスが『コーラン』を翻訳させたのは決して寛容があったからではなく、科学的な論戦に備えてのことであった。戦士が敵の武器を知る必要があるように、神学者はイスラム教という忌《い》むべき異端者の考えを知らなければならなかったのである。ペトルスの論文を読むと、ユダヤ人や異端者などの宗教的少数派に対して、寛容な態度を示すことなどまったく眼中になかったということがはっきりと分かる(＊23)。「西方カトリック教会は真理、絶対的真理の番人である」と確信するためには、精神的にも肉体的にも妥協を許さない態度が必要だったのである。

寛容の精神が中世のキリスト教になかったことは理解しているものの(原注12)、第三ミレニアムをまさに迎えようとしている今日になっても、我々にとってはこのような態度を理解することは難しいことであり、ほかの宗教で不寛容の沙汰が起こると大いに驚くのである。啓蒙運動とその政治的結果として一八世紀から一九世紀にかけてヨーロッパやアメリカで革命が起こった結果として、我々は――しばしば理論上だけのことではあっても――個人の自由や宗教の自由に慣れ親しんでいる。しかし、中世では、ローマ・カトリック教会がクレームをつけようとも、異端運動が非難しようとも、真理は絶対不寛容であった。神は真

(原注12) 神の計画の内部にいる良き異教徒たちの立場にかかわりをもった著者に巡り会うことは例外的である。そのような著者の例としては、13世紀の俗の著者ヴォルフラム・フォン・エッシェンバッハを挙げることができる。彼の『ヴィレハルム（*Willehalm*）』は、シュレーダー＆ホラント（[54]）に所収。

理であり、したがって絶対である。一二世紀後半に新しい学校のシステムや新しい修道会派が起こっても、他者に対する尊敬の精神、すなわち人間主義が生まれることがなかったのはこのためなのである。それどころか、現実はその反対であった。ベネディクト修道会にとっての真理は、伝統によって制約されており、自らの霊的隔絶ということによって守られていた。

一方、大学人や新しい修道会派にとっての真理は、彼らが熱心に浸透していこうとした俗社会から簡単に受け入れられてしまった。やがてこれらの知識人たちは、ますます強大化し、中央集権化して独裁的にすらなった統治の象徴である聖・俗の法廷で重要な地位を占めるようになった。さらに彼らは、一二一五年に定められた「告解」という精神の法廷においても重要な地位を占めるようになった。したがって、とくに黒の修道士――シトー修道会は南フランスでカタリ派(57)の制圧にかかわっていた――の優雅な理論的不寛容は、大学人やドミニコ会の残忍で実用目的に応用した不寛容の形態（異端審問）にやがて道を譲ることになった。

中世後期および一六世紀は、このような残忍な不寛容の時代である。このように、より開かれた教育は、人間主義の中心的概念である理解や相互に思いやりを向上させることにはならなかったのである。修道士が実践していたような神を崇める態度が、人間の逸脱と罪を探して俗世界を審問する行為にすり変わってしまったのである。

(57) 12～13世紀に、とくに南フランスを中心に広まった二元論を唱える異端者の総称。マニ教の流れを汲むとされ、アルビジョワ十字軍によって鎮圧された。

第七章
キリスト教・修道生活・教会

布教活動、改宗、十字軍

布教活動を扱った際（第五章、一九八～二〇二ページ）、中世初期に修道士が異教徒の改宗にどのようにかかわっていたかを述べるつもりであったが、布教活動を可能にしていた仕組みについてはほんの表面的にしか述べられなかった。もう少し徹底的に検証するために、違ったタイプの修道生活を見ることにしたい。

聖ベネディクトゥスは、「修道士は死ぬまで修道院で神の教えに精進しなければならない」と述べている。この場合、数ある修道生活のスタイルの中の単に一つの可能性を示しているにすぎないが、彼の書いた文章を読むと、ほかの修道生活のスタイルについても知ることができる。『戒律』の第一章――マスターの「戒律」においても第一章――は、「いろいろな種類の修道士について」というタイトルとなっている。その中で、彼は修道士を四種類に分類している。「共住修道士（cenobite）」、「隠（棲）修道士（anchorite, hermit）」、「離脱修道士（**sarabaites**）[1]」、「放浪修道士（**gyrovagues**）」の四種類である。しかし、聖ベネディクトゥスは修道形態に関しては非常に懐疑的であり、修道院長の霊的指導の下で普通の（共住）生活をすること以外に完徳への道はないと確信していた。この範疇に入る修道士は、もっとも強い集団と呼ばれた。離脱修道士については、聖ベネディクトゥスは否

（1）個人や少数で都市の近郊に集団生活をし、修道生活上の上長を認めなかった。このことは、『戒律』の「従属の誓願」に抵触するため、聖ベネディクトゥスは彼らを修道士としては認めなかった。

定的である。少人数で生活し、従属の理念を実践しないからである。放浪修道士についても、その呼び名の語源が示すように、彼らは放浪生活を送るので聖ベネディクトゥスは同様に否定するのである。彼らは放蕩な生活を送り、一所定住を実践しないからである。

一所定住を実践していないというまさにその理由で、彼らは悪い修道士であると『戒律』には書いてある。しかし、隠修士については違った評価を下している。彼らの隠住の形は完徳に至る究極の道ではあるが、それは悪魔の誘惑を払いのけるために、長い共住生活を通して充分な経験を積んだ老練な修道士だけに到達できる道である。聖ベネディクトゥスは、『戒律』を読む者に対してこのように警告をしているのである。聖ベネディクトゥスの言葉は、隠住生活が天国に至る道であるとしても、非常に困難な

「砂漠」を求めた時代および初期キリスト教時代の隠住修道生活を今に伝える修道院跡。エルサレムの東方、ジェリコ近郊にあるギリシャ正教テンプテイション修道院。

道であるという意味にも解釈できる。
ここでは、修道院《モナスティシズム》が布教活動に与えた影響を考察しているので、近東の砂漠の教父たちの隠住生活に深く立ち入ることは避けたい。この話は、東方キリスト教会の歴史にかかわることであり、カシアヌスのような橋渡し的作家や霊的手本を通して西方キリスト教会に影響を与えたにすぎないからである。むしろ、ここで検討しなければならないことは、中世初期のケルト系——とくにアイルランド——の修道院のことである。ケルト系の修道院は一所定住が特徴ではなく、完徳の生に至る方法は流浪、つまり自分の自由意思による流浪生活である。

ケルト系修道士は、修道士としてある一定の形成期をすぎてから、外国での生活を始めるために修道院を離れていった。「あなた方のうちで、自分の財産をことごとく捨てきれる者でなくては、私の弟子となることはできない」（「ルカ伝」14・33）という

クロンマクノイズの隠住修道制と共住修道制を複合した修道院の廃墟（アイルランド）。彫刻された十字架が特徴。

キリストの言葉を成就《じょうじゅ》することだけが、彼らにとって完徳と天国に至る基本的な方法だったのである。彼らは、永遠の巡礼者（peregrinus）であった。

ラテン語で「peregrinus」とは「異邦人」のことである。修道士はどこで生活していても、安住感を抱いてはならなかった。望郷の念、危険、飢餓に耐えなければならなかったのである。そのために、六世紀以降になると、アイルランドの修道士――後にはイングランドの修道士も――はヨーロッパ大陸にやって来た。彼らはいわゆるホーム・ベースとなる修道院の網を広げ、それらを基盤として周辺地域の改宗に向かっていったのである。

いくたびも度重なる布教活動によって、最終的には地域全体が改宗されていった様子がこれまでの地域研究で明らかになっている。八世紀までには、少なくともガリア地方に関しては改宗の第一段階――キリスト教化された社会的行動――が完了していた。ガリアの東側の地域――後のドイツ――は、この段階ではまったく手がつけられていない。北のスカンジナヴィアやさらに東側のスラヴ地域は、当時は宣教師が足を踏み入れることすらしていない。この地域がキリスト教に改宗されるのは、さらに何世紀も経ってからのことである。

ケルト系修道院とベネディクト修道会系修道院、あるいはヨーロッパ大陸の同種の修道院との間の接触はゆっくりと進行していった。やがて両者は合流し融合していったが、これは一所定住――一つの修道院に生涯とどまること――の重要性は高まっていったものの、果てしない遍歴の重要性が失われたことを意味していた。カロリング朝になってベネディクト修道会の修道院が最終的に修道院を独占すると、一所定住という思想が文字通りすべての修道士を修道院に閉じこめることになる。したがって、その後の改宗段階――個人の外面的行動や心の振る舞いをキリスト教化すること――には修道院はほとんど何も影響を与えていないのである。心の振る舞いをキリスト教化する段階はとくに重要であった。というのは、たゆまなく個人一人ひとりに繰り返し説き、またその後もフォローをしなければならないからである。これは勢力を増大しつつあった世俗教会の守備範囲であり、一三世紀以降は托鉢修道会の仕事になった。

布教活動や改宗活動には、基礎となる一つの基本原則があった。すなわち、自分の信仰が唯一真実の信仰であり、その信仰以外には救済はあり得ないという確信である。複雑な教義内容と神学的解釈に基づくキリスト教が、ほかの異教よりも優れているという主張は当然考えられることである。キリスト教は一神教信仰であり、キリスト教の神を異教の多神教信仰に合流させるために妥協することは絶対にあり得ないことであった。事実、伝統的な異教では、これまでなかった特性と役割をもつ新しい神を自らの教義に吸収することはあり得たことである。キリスト教の神は自らの神性にすべての特性を具有しており、しかもそれを神自らが完璧な方法で具現化したのである。キリスト教が、ユダヤ教やイスラム教などの異教に対して寛容な態度を示さないのはこのためである。

歴史的には、キリスト教のこのような不寛容な態度は異教を排斥したり、日陰者の存在に押しとどめようとする行動になって現れた。また逆に、キリスト教内での異教分子の復活という形で現れてくることもあった。さらには、西方キリスト教会文明がなぜ反ユダヤ思想を抱くようになったのか、また、なぜ地中海周辺のイスラム教徒と長い抗争を繰り広げてきたのかということもこのことで説明がつくのである。

ほかの宗教とその信徒に対する中世的態度を論ずるには、十字軍に代表されるようなきわめて動的《ダイナミック》な運動との関係において修道院《モナスティシズム》がどのような意味をもっていたかを検討しなければならない。一〇七一年、すでに七世紀以来イスラム教徒の勢力下にあったエルサレムがセルジュクトルコ人[2]に征服された。セルジュクトルコ人は、キリスト教巡礼者の聖地パレスチナ詣でを妨害し、ビザンツ帝国の安全を脅かしていた。

この問題の宗教的な側面に関するかぎり[原注1]、十字軍運動の指導者はローマ教皇であった。十字軍が起こる少し前、歴代の教皇たちは教会の最高権力が教皇にあるという主張を認めさせることに成功していた。これがいわゆる叙任権論争[3]の争点である。事実、このために神聖ローマ帝国皇帝――ドイツ皇帝――と教皇が対立していたが[4]、この闘争はいまだに解決を見ていなかったのである。一〇九五年、教皇ウルバヌス二世が十字架をとって異教徒と戦うようキリスト教徒に命じた。領主十字軍が起こる前の民衆十字軍は、隠者ペトルス[5]の呼びかけが発端となっている[原注2]。

（2）11世紀から12世紀にかけて中央アジアからアナトリア（黒海と地中海との間の広大な高原）にわたる地域を統治したトルコ人。

（原注1）すでに明らかになっている十字軍の経済および社会的側面に関しては、ここで扱う必要はない。

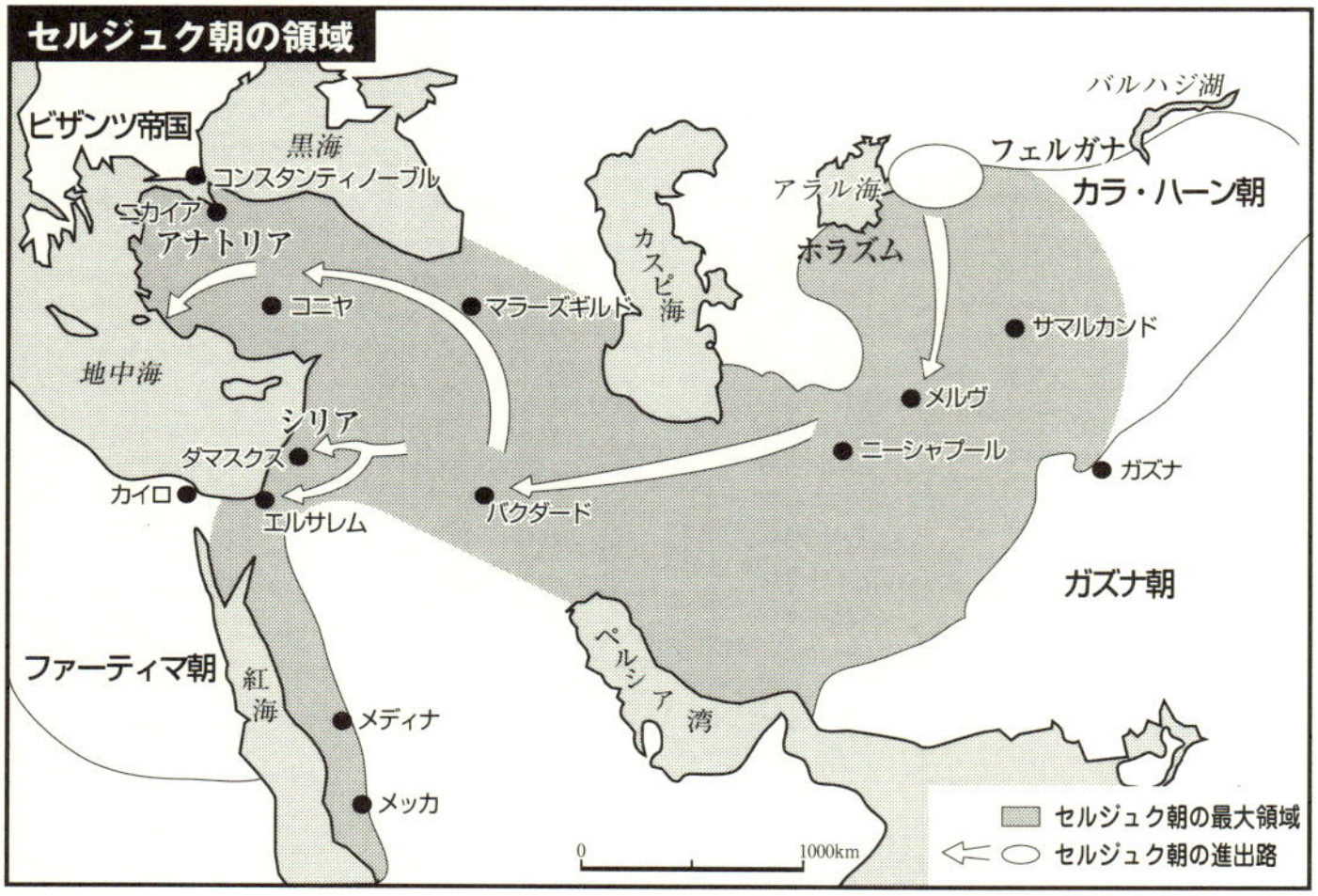

(3)厳密には「聖職叙任権論争」という。1077年の「カノッサの屈辱」に見るように、教皇グレゴリウス7世とハインリッヒ4世の「教権」と「帝権」をめぐる争いに始まり、教皇カリクストゥス2世と皇帝ハインリッヒ5世の「ヴォルムス協約」までの教権と帝権の闘争をいう。

(4)(1040頃−1099) 第160代ローマ教皇（在位1088−1099)。

(5)(1050頃−1115) フランスの隠修士。第1回十字軍の唱導者。

(原注2)聖地からの帰還後、隠者ピエールはリエージュ近くにあるヌフムーティエの律修聖堂参事会の修道院を創設し、修道院長になった([105] 135〜159頁)。彼が果たした正確な役割に関する議論については、ブレーク＆モリス([69] 79〜107頁)を参照のこと。

隠者ペトルスはもともとベネディクト会士であったが、彼の説教が修道院を代表しているとはいえない。事実、彼のような放浪説教者は、伝統的修道院《モナスティシズム》とはっきり違っていたのである。彼らは、社会とのかかわりをもっともてるような修道生活の再解釈を求めていた。現代の歴史学者が一般的に用いるドイツ語の用語を使えば、これらの「放浪説教師（Wanderprediger）」は、伝統的なベネディクト修道会の修道生活に違和感をもつ隠修士たちであり、新しい修道生活の方法を模索する人間たちであった。だからといって、修道院長や修道士たちがその後の時代になっても――さらには一三世紀に入っても――ヨーロッパを出て聖地に向かおうとはしなかったということを意味することにはならない。彼らの中には、主要な十字軍に参加する者もあれば、またほかの機会に聖地に向かった者もいたのである。というのは、西方キリスト教会の覇権が確保されていた一三世紀後半まで、巡礼者や移住者や騎士の流れが途絶えることなく続き、それによって聖地が守られ続けていたからである。それでも、黒のベネディクト会士が計画的に、また大規模に聖地に向かうことはまったくなかった。しかし、この地域を再キリスト教化するために創設された多くの修道院の中には、かなりの数のシトー修道会の修道院があったのである。シトー修道会の勢力がこのように拡大し成功した背景には、十字軍運動の活力にも匹敵する全体的な宗教的ダイナミズムがあったからである。

しかし、本書の目的にとってもっと注目すべきことは、騎士修道会が存在していたということである。彼らを「騎士道精神を修道院風に翻訳した者」と呼ぶことができるが、これは「修道院《モナスティシズム》が俗の平民に与えた影響」という本書の本質的な問題に答える手がかりとなるものである。この集団に付けられた呼び名「キリストの騎士団（milites Christi）」には、共住修道士の生活形態と戦う騎士としての生活形態が共存していた。シトー修道会の聖ベルナルドゥスは、このような騎士団の中でもっとも重要なテンプル騎士修道会を創案し、正式に創設するのに主要な役割を果たした。

彼は、いわゆる「新騎士修道会（*new militia*）」という論文を書いている。このような騎士たちのもつ半騎士的、半修道士的な立場は、いかに修道理念が俗社会に入り込むようになっていたかということを示す顕著な例である。悪に対する神の勝利、異教徒に対するキリスト教徒の勝利は、目前のごとく感じられた。合法的な戦いが、神聖で修道士のような戦士によって行われたのである。社会における二つの特権集団である「戦士（bellatores）」集団と「司祭（oratores）」の集団が、同じ社会的・宗教的利害の下で今まさに一つに融合するかに思われた。シトー修道会はほかの騎士修道会を軌道にもつ太陽系の中心として、この運動を導くよう神に召命《しょうめい》されていると聖ベルナルドゥスは考えていたのである。(*1)

しかし、中東における西方キリスト教会の覇権が一三世紀に崩壊し、一四世紀にテンプル騎士修道会が無惨にも解散すると、この現象の意義は急激に消失していった。ほかの騎士修道会――いわゆる「マルタ騎士修道会」と呼ばれる看護騎士修道会など――は今日まで残り、またテュートン騎士修道会などのように新しく発展する騎士修道会もあった。そのころまでには、聖ベルナルドゥスとその時代の情熱は消えていたが、騎士修道会の人間愛とスラヴの異教に対する彼らの血なまぐさい戦闘は、矛盾する行動というよりはまったく同じ精神性から現れ出たものと考えられていたのである。

　クレルヴォーの聖ベルナルドゥスは、自ら一一四七年の第二回十字軍を唱道した。改革指向ではなかったが、黒のベネディクト修道会は悪の勢力であるほかの宗教に対しては不寛容であり敵対的であった。もっとも、彼らは誰一人として自分たちの信仰の防衛や布教には熱心ではなかったが。

　これに対して、自分たちの修道会のもつイメージにあわせて描いた地上の天国をなおも求め続けるシトー修道会は、数十年後には南フランスで二元論を信奉するカタリ派の制圧に乗り出すことになる。これはきわめて当然の成り行きであった。ところが、そのシトー修道会そのものも、一三世紀初めに創設されたばかりのドミニコ会(6)によってキリスト教の正統という戦場から排除されることになる。このことは、ローマ・カトリック教会が一般信徒をコントロールするのに、白、黒を問わずベネディクト修道会そのものを必要としなくなっていたということを如実に物語る驚くべき事例である。

　一三世紀に西方キリスト教会がイスラム教に対してどのような宗教政策をとったかを考えると、最初に思い浮かぶのはフランシスコ会のカリスマ的創設者である聖フランシスコ

(6)聖ドミニクス（1170頃－1221）の創設した托鉢修道会。中世後期の異端審問は、このドミニコ会が中心となった。

の名である。彼はイスラム教の世界に出掛け、キリスト教に改宗させようとしたが失敗した。彼は、イスラム教の信徒と対話をしようとも、その信仰を理解しようともしていないのである。もっと柔軟な態度が芽生えてくるまでには、さらにこの後何世紀もの時間が必要であった。

故国に残っていた人々はどうなったのであろうか。ヨーロッパに残った人々は、十字軍のおかげで修道院がますます富裕になるのを目の当たりにしていた。これは、修道院の富が実質的に増加したということではない。ほとんどすべての修道院の記録保管所《アーカイヴ》にはいまだに多少の勅許状が残っており、それを調べると、出征を控えた十字軍戦士たちが、天国である天上のエルサレムを心に描きながら自分たちの現世的私財と権利を修道院に寄贈する旨が書かれてあることが分かる。

さらに、ビザンツ帝国の首都であるコンスタンチノープルが陥落すると、たくさんの聖遺物が修道院の富を精神的にも物質的にも豊かにすることになるのである。このキリスト教大司教区の荒廃と略奪は予期せぬことではあったが、これは一二〇四年の第四回十字軍(7)の不名誉な出来事であった。幾百もの聖遺物が、西方キリスト圏に送られた。修道院によっては恩恵を受けた所もあったが、修道院の制度自体には実質的な意味はなかった。

(7) 1204年の第4回十字軍は、本来の目的とインノケンティウス3世の意図に反して、コンスタンティノープルを征服し、略奪行為を行う結果となった。

カリスマ、戒律、修道院

この三つの言葉からなる見出しは、この第七章全体のタイトルに呼応している。「カリスマ」とは宗教感情である。「戒律」を通して、この感情は修道生活という形に変わる。この修道生活が、「修道院という制度」の下で実践されるのである。

修道院史を研究する者は、これら三つのレベルを考察する必要があるだけではなく、相互のかかわりも調べる必要がある。事実、どれ一つをとっても独立して存在しているのではない。カリスマは行為を通して具現化されなければならないものであり、戒律はその方法を示すものである。さらに、これはカトリック教会、神学、学問、伝統という組織の青写真に合致するものでなければならない。

では、これら三つのどの段階で修道生活につながるのであろうか。その答えには三つの要素が関係している。第一に、基本的に神への帰依に基づいていなければならないということ。二番目に、神と一つになることを選択すること。そして最後に、この選択を霊的にも物質的にも実現する方法が存在するということである。しかし、これを実現するにはさまざまな制約、すなわち「物質的制約」――たとえば、神と一つになることは生物学的に不可能である――と「社会的制約」によって規制されているのである。

カリスマという言葉の意味を定義するのは難しいことである。[原注3] 私なりの定義をすれば、自分の命を神に捧げようとする熱狂的な願望の表示ということになるだろうか。この意味では、カリスマは必然的に個人的な現象である。しかし、社会が集団の基準にのっとって組織されればされるだけ、この熱狂的感情は社会的側面を呈するようになる。理論的には、カリスマは妥協を拒絶することを意味する。カリスマの基盤は神への絶対的愛であるから、それは神から絶対的な反応を求めようとする。宗教社会学の観点から見れば、カリスマの中身――人が感じるもの、人がカリスマの表現として満たしたいと願うもの――は、文化ごとに決定されていることであると言うことができる。言い換えれば、神への愛は絶対的で一貫したものであると認識されてはいるが、社会ごとに馴染みのある「概念」、「イメージ」、「シンボル」あるいは「目的」という形で表現されるということである。

修道院運動の歴史にかぎってみれば、カリスマを実践に移すための第一に重要な方法はマスターの模範に倣うということである。霊的長老が、若い情熱的な修道士を導く。体系的思考と行動を通して、彼らにその感情を実現する方法を教えるのである。長老と若い修道士の関係を表す語彙については、当時の教育網を検討すれば知ることができる。すなわち、一つは学校という場での関係である（聖ベネディクトゥスは、修道院のことを神に仕えるための学校と呼んだ）。この場合は、マスターと弟子の関係ということになる。また、家族という関係もある。その場合は、修道院長という語の語源的意味[8]である「父」と「息

（原注３）“*Webster's Seventh New Collegiate Dictionary*” には、二つの意味が挙げられている。①精霊によってキリスト教徒に与えられた（癒しの力ような）非凡な力、②政治家あるいは軍事指導者に向けられた一般大衆の特別な忠誠心、あるいは情熱を起こさせるような指導者の個人的な抵抗し難い魅力。

子たち」との関係が全面的に強調されることになる。

聖ベネディクトゥスは、『戒律』を読む者に呼びかける際には「私の息子よ、マスターの教えに耳を傾けなさい」という言い方をして、これら二種類の語彙を交ぜて使っている。修道生活に関して最初に使われる表現は、すべて個人的模範のタイプのものである。これはカリスマに基づいた個人対個人の直接的関係を強調するものであり、有名な社会学者のマックス・ウェーバー(9)の言う「権力の純粋三形態」の第一番目に相当するもっとも単純な形態を思い起こさせる。(*2)

直接的な模範は、小規模な共同体においてのみ機能するものであり、しかもその特徴は主観性ということである。カリスマは妥協をしようとしない。それは本質的に絶対的であり(個人的な感情であるから)主観的でもあるので、それだけではそのままの形で具現化することはできない。隠住修道生活は個人的な生活形態であるから、このようなカリスマ感情をもっとも厳密な意味で具現化することができる。しかし、生活をともにする共住修道生活の環境では、すべての行為は基準にあわせて具象化されなければならない。したがって、必然的に修道士の社会行動の基本的な美徳は従属ということになる。これは、正義が修道院長にとっての第一の義務であることと同じである。

聖ベネディクトゥスの『戒律』やほかのすべての修道院戒律では、どのような振る舞い(あるいは考え方)が修道士に義務づけられているのか、またどのような振る舞い、行動

(8)「修道院長(abbot)」の語源は、アラム語で父を表す「abbá」である。

(9)(1864－1920) ドイツの社会科学者。経済学者。中心的著作に『プロテスタンティズムと資本主義の精神』(大塚久雄訳、岩波文庫)があり、これは後の社会理論に大きな影響を与えた。

が許容され、あるいは禁止されているのかが記述されている。このことは、カリスマを一定の命令事項と禁止事項に縛り付けてしまうことを意味する。戒律は、修道院社会全体に対して客観的かつ機能的であろうとするので、修道院社会の全構成員に対して達成可能な義務を押し付けることになる。規則は最小限の規律でもあり、最大限の規律でもある。弱者に対しては、その意志をくじかないためにも、義務づけられた生活形態は常に実行可能なものでなければならない。反対に、意志堅固な者については、修道院の生活形態は一般に「放縦《ほうじゅう》」として危険視されているヒロイズムに走らせないための牽制として働くのである。

言い換えれば『戒律』は、カリスマを実践に移す際にその妥協を許さない性質を抑圧してしまうことになる。また、極端な生き方を糾弾していると言うこともできる。聖ベネディクトゥスが、隠修士という話題について多くを語らないのはこのためである。極端な形の苦行あるいは禁欲を強調するほかの「戒律」——これらは現に存在するが——は、実際は隠修士を対象としているものである。たとえば、「汝の食事はすえて悪くなるまでいつまでも食べ続けてはならない。眠りが汝を抑圧するまで眠ってはならない(＊3)」というような戒めは、中世初期のアイルランド的隠住修道生活の伝統には簡単に当てはめることはできるが、共住修道生活では充分に機能するものではない。

聖ベネディクトゥスが規定した修道生活は、個々の独立した修道院で実践された。修道院が創設されるときには、修道士の一部がすでに現存する修道院を離れ、クローンともいうべき新しい修道院の核をつくった。その場合のシステムは、ウエーバーの「三形態」の第一の段階である個人対個人の接触という関係を反映したものである。しかし、社会というもっと広い枠組みではこのシステムは脆弱《ぜいじゃく》であった。

　これは、修道院にとってはかなり危険なことを意味していた。外部からの影響や圧力は、修道院の独立とその修道生活の質を危機に陥れることは容易にあり得たからである。とくに、一族の利害が絡んでいるいわゆる役割上の互恵関係を考慮すると、この危機感は相当のものであった。彼らの修道院が独立を保つことは社会に対する彼らの依存を際立たせることであるが、実際のところ、物質的にも修道生活の点からもこれは弱点であった。なぜなら、社会的には修道院は封建制の一構成要素であり、封建制や貴族階級に起こった変化と同じ変化に影響を受けるからである。

『戒律』では予知していたことであるが、修道院長を自由選挙で選ぶという修道士の要求は、通常は満たされることがなかったという事実が修道院のこのような社会に対する依存関係を如実に物語っている。修道院の所有者である王侯、貴族が、修道院長候補――たいていは一族の一員か信頼できる協力者――を押し付けてきたのである。その後で、『戒律』の戒めに従うためだけの選挙が行われることもあった。

　カロリング朝時代になって、少なくとも大規模な修道院に関して、いわゆる俗人の「修道院長制」が一般化するようになるのはこのような背景によるものである。この時代、皇帝の忠実な補佐役が、距離的にはかなり離れている幾つかの修道院の修道院長を同時に兼ねるということが起こった。彼らのほとんどは、純粋な宗教感情をもった充分に資格のある人たちであり、しばしば指摘されるような退廃的な道楽者ではなかったが、彼らは『戒律』や聖ベネディクトゥスの求め——神の子羊の群れのために、よい牧童として霊的世話と配慮をすること(＊4)——を満たすことはなかったのである。

カロリング朝が九世紀後半に崩壊して、一〇世紀に——公的権力が私的なものになり、低い次元で行使されるようになるなどの——封建制崩壊の兆しが濃厚になってきたとき、修道院も宗教的には何の取りえもない外部の為政者の影響をますます強く受けるようになった。

これに対して、宗教感情を表現したものとしての修道院の制度改革という形で二つの主要な解決策が考え出された。基本的にこの解決策は、主要な修道院を念頭に置いてのことであったため、弱小修道院のことは考慮していない。第一の解決策は、アキテーヌ公ギヨーム三世(10)が九〇九年にブルゴーニュに創設したクリュニー修道院である。最初の勅許状ですでにアキテーヌ公は、修道院は創設者である彼自身に対して独立した立場であることや、直接の責任監督はローマ教皇にあることを明言している。これら二つの点は、当時としてはきわめて珍しいことであった。

(10)81頁の訳注(7)を参照。

にもかかわらず、その後の二世紀の間にクリュニー修道会が飛躍的な発展をすることを考えると、クリュニー修道会運動には根本的な矛盾があるように思われる。クリュニー修道会運動は、俗世からの独立を維持・表明しようとしていたが、それにもかかわらず緊密に封建制や貴族階級と結び付いていたからである。このことは、クリュニー修道会が当時の支配的社会機構に加わっていたということを意味している。しかし同時に、典礼と祈りを何よりも大切にしていたことからもはっきりと分かるように、天国へのあこがれのために俗世に対してはよそ者的存在であったということでもある。

修道院としての独立を保ち、個々の修道院の自治が小規模であることに内在する脆弱さに対処するために、クリュニー修道院は中央集権化したシステムを考え出した。改革運動に所属するすべての修道院は、クリュニー修道院との直接的なつながりを維持していた。クリュニーの修道院長は（少なくとも理論的には）クリュニー修道会のすべての修道院の唯一の修道院長であり、付属の修道院の長は「副院長（prior）」と呼ばれた。これは、大修道院の副院長を指す用語として伝統的に修道院で用いられてきた肩書きである。このことから、いかにクリュニー修道会が中央集権化していたかをうかがい知ることができる。また、このシステムは、俗人からの影響に対してもある程度対応できる方策でもあった。

しかし、縦割り的な領主と領臣の関係にある封建制のピラミッドとクリュニー修道会の修道院のピラミッド組織の間には類似性があるとしばしば指摘されることがあるが、この点は我々には支持できないことである。その理由は、クリュニー修道会は独裁的ないしは単一支配者による権力であり、権力が段階的に強くなってゆく封建的モデルではないからである。クリュニー修道会は、もはや独立した個々の修道院における修道院長と修道士との個人的関係を維持する修道院ではなくなっていたのである。大規模な組織では、問題を解決するのに大規模な解決策が必要になる。クリュニー修道会の支配形態は、ウエーバーの「権力の純粋三形態」の第二の段階――いわゆる伝統的権力と呼ばれる世襲的あるいは長老的支配――と比較することができる。

シトー修道会は、一一世紀後半、クリュニーと同様にブルゴーニュにあったニューウェーヴ（改革派）のシトー修道院から成長発展したものである。シトー修道院は『戒律』を字句通り解釈して、それにあう修道生活をするためにこれまで以上に充分な解決

サン・ガルガノ修道院（イタリア）。シトー修道会に属し、その13世紀の建築様式にはフランスの影響が見られる。

方法を模索していた。シトー修道会の創設者やそのもっとも代表的な人物である聖ベルナルドゥスは、シトー修道会に属する修道院相互の関係でもっとも基本となる価値は愛《カリタース》であると考えていた。そして、シトー修道会に属する修道院を統合し運営するための原則を記述している憲章が『愛の憲章《カルタ・カリターティス》』と呼ばれるものである。この文脈においては、この言葉は相互関係と責任分担を意味している。

各修道院が、その創設のもとになった修道院に対してある程度まで付属し続けるというピラミッド構造を先駆けて導入したのはシトー修道会であった。この関係を説明するのに、「母親修道院」と「娘修道院」という比喩がよく用いられる。同時に、シトー修道会では年に一度総会が開かれ、すべての修道院の院長が出席を求められた。このように、権力の執行システムは、部分的には同僚が平等に権限を共有するという団体組織的責任体制に基づくものであった。これはある意味では、一三世紀に世俗政治の世界で始まることになる議会制の先駆をなすものであるが、これに関しては修道院の直接的な影響は見られない。しかし、シトー修道会の総会は、カトリック教会内ではほかの多くの修道会のモデルとして機能することになったのである（原注4）。

個人のカリスマは衰えることがある。実際、衰えるものである。これは、修道院全体に共通するカリスマも同様である。修道院運動の歴史を見ると、幾度となく次から次へと現れる改革の波は、カリスマ的衝動にその源を発している様子が認められる。それと同時に、

（原注４）1215年の第4回ラテラノ公会議では、（シトー会の例に倣って）総会をもたない修道会運動には総会を組織することが義務づけられた。1330年代のベネディクトゥス12世の改革文書で繰り返されている。

マンネリ化が修道生活には付き物であるということも証明している。原初の情熱が消滅しても、修道精神が存続するためには何らかの救済手段を見つけなければならなかった。私の考えでは、その問題に対する一般的な解決策はさらに複雑な管理機構をつくることであった。それによって、義務の不履行をより厳密に管理しようとしたのである。たとえば、外国の修道院長が旅の長さと幾多の困難を思って意気消沈し、自発的に総会に現れないような場合には彼らを召喚する必要があった。このことから、文書《ライティング》や行政管理が充実強化されていったことを推量することができるのである（原注5）。

ユートピアは制度化された（＊5）。制度は、常に正統的カリスマや修道院《モナスティシズム》の期待を表すものである。しかし、これは人類そのものに固有のものである。社会はいつも妥協するのである。

（原注５）修道士に関しては、そのような研究はまだない。我々の研究（[189] 549～566頁）を参照のこと。

第八章
芸術的表現

自分たちのための芸術か、それとも後世のための芸術か

芸術的表現が中世の人々にとって何を意味していたのかを理解することは、二〇世紀に生きている者にとっては難しいことである。フランス、イタリア、そのほかのヨーロッパ各地を旅行すると、中世の建築物や彫刻に感銘を受け、細密画や壁画の見事さに圧倒される。しかし我々は、普通、これらの作品のもつ深い意味についてはまったくと言ってよいほど知らない。

現代人にとっては、「ars」は「アート(art)」のことであり、美的感覚あるいは美の表現を意味している。中世の人々にとっての「ars」は「技術（craft)」すなわち職人的技術を意味しており、それには二つの用方があった。一つは、鍛冶屋や織工が必要とするたぐいの一般的な意味での技術であり、もう一つは、金細工人やつづれ織職人が修得するようなもっと洗練された技術である。

事実、「art」という語の意味は変化した。もともと、この言葉はつくる者と作品の関係を指すものであったが、やがてそれは買い手と作品の関係を強く表すようになった。かつては、ものをつくるのに必要な能力という意味での技術であったものが、最終的には美的表現の評価手段になってしまったのである。美術史研究家でさえも、このような意味の変

化を客観的にとらえることは難しいことであった。学問としての美術史が始まってから、研究家は主に美の問題に関心を向けてきた。そのために、「技巧的《アーティスティック》」と「耽美的《エスセティック》」という言葉が、間違ったまま同義語になってしまったのである。

しかし、今日では、ほとんどの研究者が以前とは違った考え方をするようになっている。このような考え方の変化を説明するには、考古学の場合を考えてみれば分かるであろう。たとえば、考古学者は、博物館のコレクションを充実させたり、美術品を求めて訪れる人の目を楽しませるような彫刻を発掘するということはなくなった。現在では、考古学者は土地を層位学的に検証したり、その検証に基づいて発掘された対象物が製造され使用されていた社会的コンテクストを推定するために発掘作業を行っているのである。

このように「art」にはいろいろな意味があるために、本章で論じようとしている修道院のアートと社会との関連性という問題は、どうしても不明瞭になってしまうのである。実際、何を検証するのであろうか。技術なのか、それとも今日的な意味での美の問題なのか。また、当時の社会にとってアートがどのような価値をもっていたのかを我々は知りたいのだろうか。それとも、後世の子孫に対する文化遺産としての重要性に関心があるのだろうか。

中世から今日に伝わるほとんどすべてのアートの作者が不詳であるという事実(原注1)には、それなりの理由があることが分かる。すなわち、アーティストは語源的にも精神的な意味で

（原注１）少なくとも12～13世紀のイタリア以外では、例外（作者名が確認できるということ）は稀である。したがって、オータンの彫刻家ギスレベルトゥスは美術史においては有名な名前である。

も職人であるということである。職人は自分の技術に自信をもっており、たとえば、彫刻職人であれば、後のルネサンス期の彫刻家たちが示したものと同じ自信をもって石を刻んでいたのである。しかし、自分の彫像に対する態度はルネサンス期の彫刻家とは違うものである。中世のアーティストの名前はまったく不詳であるということは、あまりに常套句的になりすぎていて真実の状態を伝えているとは言えない。確かに、個人より集団が優先するという感覚があったために、アーティストたちは個性を出すことができなかったということは部分的には正しいことである。

中世社会――少なくとも、その一部――においては、ほかの社会と同様に、優れた職人と凡庸な職人は区別されていた。製作者（artifex）の名前こそ文書や作品に記録されて伝えられることはめったになかったけれども、優れた制作者の個人の業績は評価されていたのである。多くの文学作品と同じように、作品に対して作者の個人名が主張されることはなかった。前章の内容に戻ると、一度書かれて世に出たテクストは書写《コピー》されたばかりでなく、編纂、修正、剽窃《ひょうせつ》も何の呵責もなく行われていたのである。書いた人間の質が重要だったのであって、名前ではなかったということができる。しかし、不運にも、匿名を是とするこのような態度があったために、建築や装飾芸術の分野で修道士が果たした本当の役割が分かりにくくなってしまったのである。

空間とイメージ

修道院《モナスティシズム》が社会や普通の人々に与えた影響を検証するという我々の目的のためには、建築物を飾るものよりも建築物そのものの方が重要であるように思われる。実際、自然環境に直面した場合には、建物は個人のもっとも基本的な欲求の一つになる。人間や動物から我が身の安全を確保する必要があるように、極端な気候の変化に対しては家が必要である。しかし、修道院建築には単にこのような生存の問題を解決するだけで、ほかに目的はなかったのであろうか。答えは否である。したがって、修道院建築は、ほかのタイプの建物を造るときの建築技術とは根本的に違うものであるということを意味することになる。

自然石が乏しかったり、まったく手に入らないために石の値段が高価な地域では――少なくとも中世初期においては――教会建築だけが実質的に唯一の耐久建築資材で建てられたものであった。このような例としては、修道院ではないが、パリのサン・ステファン聖堂がある。ここは、近年発掘されたメロヴィング朝時代の聖堂で、ノートルダム大聖堂の前身であるが、その遺跡はパルヴィ・ノートルダム（前庭）の真下に存在している。

これに対して、考古学的にはアーヘンにカロリング朝の王宮があったことが知られている。このことは、都市の建築活動を物語るものとして重要であると指摘する向きもあるかもしれない。この王宮は一一世紀に至るまで、アルプスの北側地域においてもっとも精巧な建築複合体《コンプレックス》であった。王侯のもっとも崇高な願望をもっとも高度に表現した建築物という意味では、これは今なお例外的な存在である。

しかし、このような例外的な建築物のことを記載するリストが最終的にどんなに長いものになっても、やはり建築上の中心は修道院や聖堂の建築であった。北フランスにあるカロリング朝時代のサン・リキエ修道院を思い出してみよう。この修道院の建物は、後世に幾度も破壊されたり修復を繰り返した結果、今日まで残ることにはなかったが、ここには近代初期に描かれた銅版画が保存されている。それには、三つの聖堂と三〇〇人以上の修道士や修道士見習いを居住させるための住居棟からなる、巨大な修道院複合建築物が描かれている。(＊1)

修道院建築の理想的な姿を示すさらに驚くべき例としては、今日のスイスのザンクト・ガレン修道院に保存されている九世紀に描かれた修道院の平面図がある。ここでは、聖堂と修道士棟が作業場の建物に完全に取り囲まれるように設計されている。その結果、外側の俗世界から完全に遮断された自給自足の領地を構成するようになっている。これらの建物は、「世俗世界の汚れに晒《さら》されることなく修道士が聖務日課を実践することができるような霊的要塞《モナスティシズム》」としての修道院を表しているのである。(＊2)

最後に、一部現存している例として、ボーデン（コンスタンツ）湖畔のライヘナウ修道院の複合体建築がある。ここには一〇世紀に建てられた三つの聖堂が残っているが、当時の修道士居住棟は残っていない（＊3）。

以上のように、修道院建築のリストにはほかにもたくさんの例を付け加えることはできる。しかし、このように例を挙げても、一般的には修道院に起源をもつ建築物が保存され、また修道院という環境においては、修道士の居住用建物よりも聖堂の建物の方が保存される可能性が高かったという我々の主張をしっかりと裏付けることにはならない。

では、これまで述べた事実は単なる偶然ということになるのか。そうではない。実際、答えは簡単であるが、それを説明することはどちらかといえば難しいといえよう。文書史料の場合に当てはまっていた条件と同じように、災害などの外的条件に加えて、修道生活、

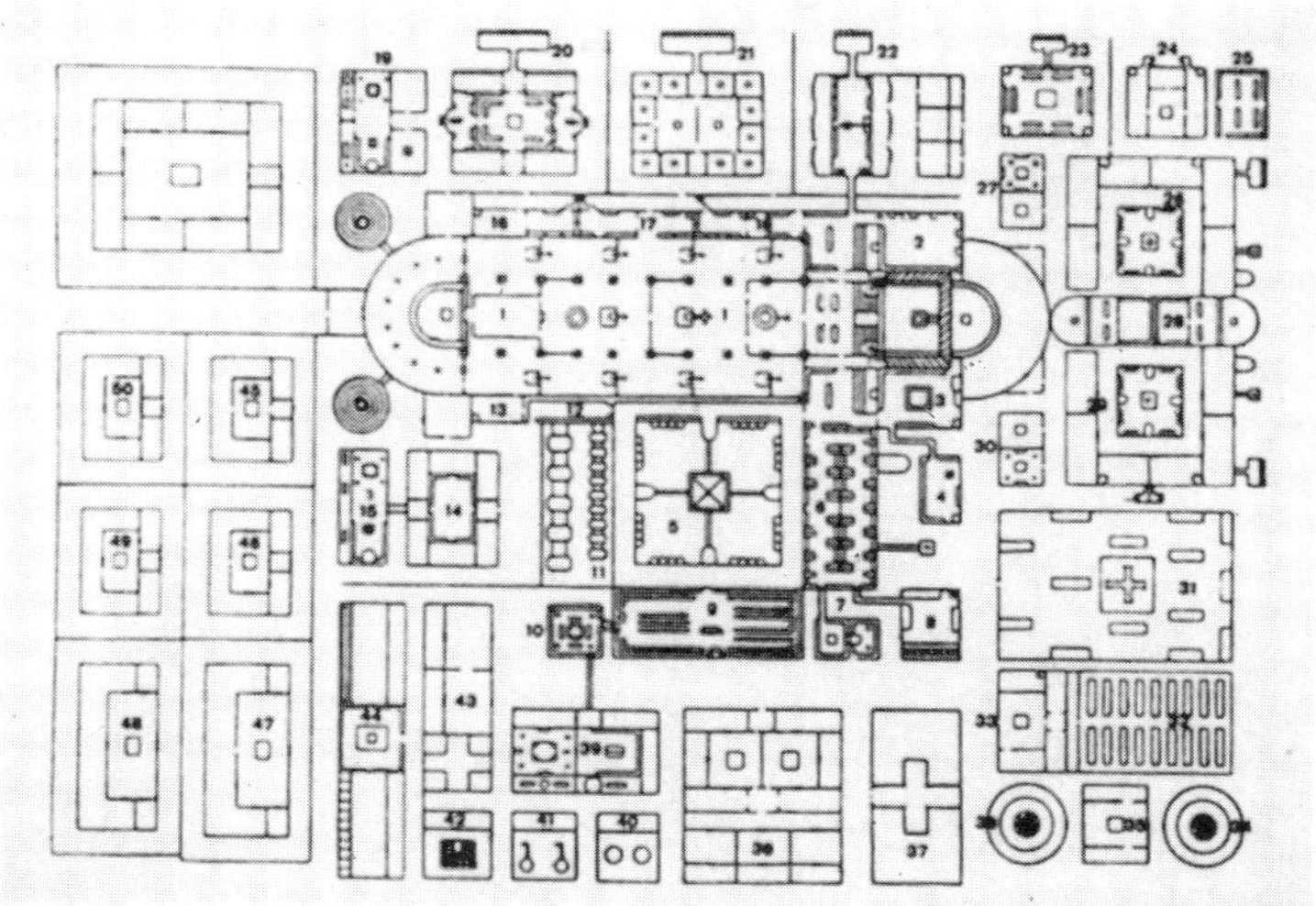

ザンクト・ガレン修道院の平面図（13世紀、フランス・ブルゴーニュ）。ベネディクト修道会の修道院の理想的な建築平面図といわれ、すべての修道生活が聖堂と回廊を中心になるよう設計されている。

制度、役割、構造物の資材などが恒久的に存続しているか否かという内的条件も、建物の存続や破壊に関係していたと思われるからである。

このような豪華絢爛たる建築活動が行われたことに対する最大の理由——実際、唯一の本質的な理由でもあるが——は、神の賞賛（Laus Dei）であった。言い換えれば、言葉を永遠に残すために文書《ライティング》を使ったように、永遠を求める気持ちが永遠に残る建物を創造したのである。神の家だけが「一所定住」と「堅実」に値するものであった。あたかも、建物の耐久性が修道士の一所定住の誓願を遵守しやすくするかのようであった。修道生活に入る際に修練士は——生命の安全には何の保障もないあのような時代にあって——神にささげた人生を終え、神の平和につつまれて修道院で死を迎えることは、人生の理想的な生き方であると納得させられたのである。

一方、庶民の住居建物は脆弱《ぜいじゃく》な資材で建てられていた。石が手に入らない地域や輸送に経費のかかる地域では、なおのことそうであった。長い間、ヨーロッパ大陸の広範な地域に中世初期の村落——家というよりは、雨露をしのぐ小屋の寄り集まりともいうべきもの——が存在したが、実際のところ村落そのものは定住形態ではなく、いわば農耕の生化学的必要性に応じて移動する形態であった。

中世初期の数百年に関しては、恒久的な建物を建てることは例外的活動であり、ゲルマン系民族やスラヴ系民族の伝統にとってもケルト文明にとってさえも馴染みのないものであった。このことが意味することは、古代の建築に関する知識はこの時代に失われたということである。それは野蛮な「退廃《たいはい》」のために失われたのではなく、優先事項《プライオリティ》が変化したためである。地中海文化と大陸文化との間で文化変容が起こったために、堅固な建築が不必要でしかも奇抜で稀なものとして扱われるようになったのである。この時期に、建築活動と技術の低下が起こった。その結果、カロリング朝以後になると、一つの理想とされた過去の時代の遺物を再利用するために、古代遺跡から資材を略奪することが建築活動と同義語になったのである。この再利用は、南フランスやイタリアでとくに顕著であった。

それでは、ロマネスク様式の荘厳な建築はどのようにして出現したのであろうか。この点に関しては、我々のもっている情報はきわめて少ない。また、美術史研究家の間でも意見が分かれているというのが実状である。その少ない情報の中でも、クリュニー修道会はもっとも顕著な例として取り上げることができる。クリュニー修道会では、一〇世紀から一二世紀初頭にかけての二〇〇年の間に三つの修道院複合体建築が次々と建設されたが、建設されるたびに規模が大きくなり、前の建物よりも厳粛さや自尊心の表出が増していった。(*4)

このことから、クリュニー修道会の独裁的支配体制が、あたかも独自の建築様式までをも押し付けるかのようにクリュニー様式なるものが存在していたのではないかという議論が学者の間でなされたことがあった。同じような特徴を示す芸術の分野についてならば確

かにクリュニー様式なるものを特定することができるかもしれないが、現在ではこの学説は支持されていない。(＊5)

一九世紀に支持された学説——中世修道院の連帯性を伝奇的《ロマンティック》に誇張する風潮から影響は受けてはいた——は、修道士たちが自ら修道院を実際に建造したという主旨のものであった。しかし現在では、クリュニー会士やほかの黒のベネディクト会士に関するかぎり、もはやこのような学説を支持する者はいない。実際、どの基準に照らしても小規模としかいいようのない修道院長と一二人の修道士で構成される修道院共同体が、どのようにして野心的な建築と、『戒律』に規定されている肉体労働の決まりとを一致させていったのか理解できない。

どのようにして建築に必要不可欠な専門的技術と労働力を、社会的に地位が高く年齢もまちまちな断食修道士の小さな集団の中から調達することができ

ベネディクト会修道院の牧歌的なロマネスク様式の回廊（13世紀、サンクトゥス・クアトロ・コロナティ修道院。イタリア）

たのであろうか。たとえば、ザンクト・ガレン修道院の場合、王が手配した職人たちが建設現場で仕事をしていたことがはっきりと記録されている。(＊6) しかし、これ以上の史料がないので、これらの職人たちの職務分担や専門についてははっきりと記述することはできないが、普通の石工がほかの地域から仕事のために修道院に集まってきたとは考えられない。石工は、その地域で雇われていたものと考えられる。事実、修道士たち自身が建設の労働に携わっていたのか、雇われ人夫に仕事を任せていたのかという問題が解明されたところで、全体像のほんの一部しか分かったことにはならない。

建設活動には、一つのはっきりとした反作用がある。すなわち仕事は、全部であろうと一部であろうと、他人に依頼しなければならないということである。たとえば、建築資材には運搬が必要であったが、これは建設が行われている期間ずっと続く仕事であった。この意味では、修道院は一時的にせよ間違いなく雇用者としての役割を果たしていた。というのは、建設活動は、資金、野心、壊滅的災害の発生などによって左右されていたからである。

もう一つの注目すべき根本的な疑問点は、修道院世界は建築技術を独占していたのか否かということである。これに対する答えは否定的である。つまり、独占されていたという証拠はどこにもないのである。建築に関する知識は、一所定住を実践している修道士よりは俗世界の人間が所有していたと考える方が可能性としては高い。伝統的ベネディクト修道会に関しては、とくにそうである。

シトー修道会の考え方については、また別の観点から吟味する必要がある。(*7) というのは、少なくとも一二世紀には自分たちの労働だけで建築を行った修道院が多数あったことをはっきりと物語っている証拠がある反面、雇われ労働力の存在を証明する史料も存在するからである。前者の場合には、修道士の陰で働き、修道院の自給自足を支えていた半修道的人間の小集団である労務修士《コンウェルシ》も含めなければならない。労務修士たちは、修道院から修道院へと渡り歩くことがあったとしても——この慣行にはシトー修道会内部で反対があった——特殊技能をもった者だけが移動していたのである。言い換えれば、建築様式がベネディクト修道会やクリュニー修道会のような非典型的建築から典型的建築——シトー修道会には共通の様式があった——へ移行していったという事実は、職人の雇用構造に変化があったことを示すものである。つまり、修道院所属の労務修士がある程度まで地域の職人たちに取って代わるようになったということである。したがって、初期のころを除いては、職人の徴募《ちょうぼ》要員もほとんど地域ごとに限定されていたと仮定すれば、修道院が（俗の家族もちの労働者などの）職人の全般的な雇用に及ぼす影響は労務修士《コンウェルシ》に対してだけという限定された形の影響に置き換わったということになる。

以上のように、シトー修道会の修道院のニーズとその機能の仕組みが特殊でかぎられたものであったために、外の社会に与える修道院の影響は減少していった。

ホーリー・クロス修道院（イングランド）。この巨大なシトー会修道院はおよそ50人の修道士を収容することができた。

フォントネイ修道院の一部（フランス）。

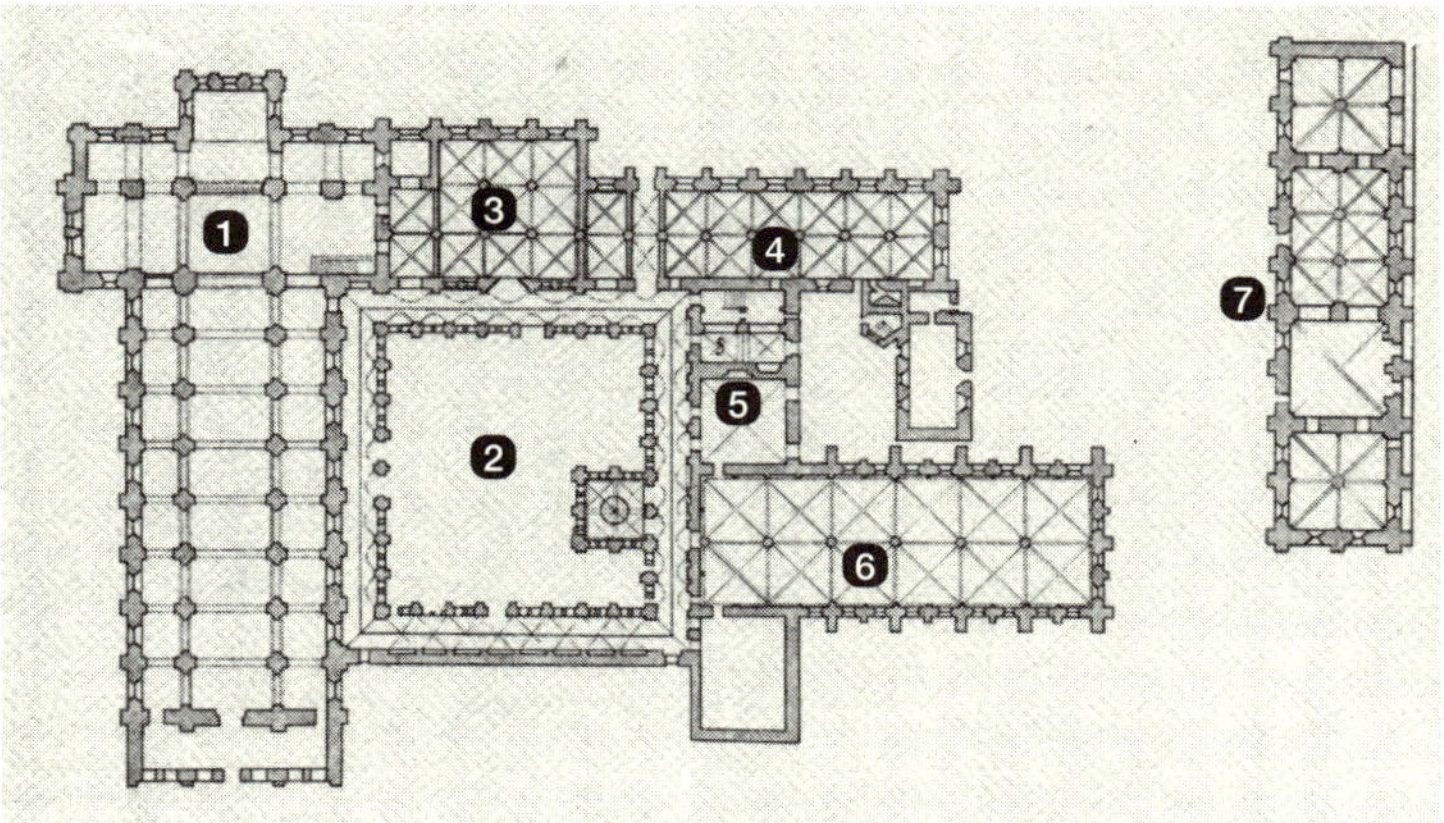

シトー修道会フォントネイ修道院の平面図。1＝聖堂、2＝回廊、3＝聖堂参事会、4＝談話室、5＝ボイラー室、6＝食堂、7＝補修作業棟

修道院の建物を設計したのはどのような人間なのか、その社会的背景は何か、というような根本的な疑問に対して答えるのは残念ながら難しい。もちろん、ときには修道士や修道院長が設計することもあったに違いない。とくに、聖堂などのような建物を霊的な構造に仕上げることは、修道士――シトー会士の場合――や修道会の指示がなければならなかったはずである。霊的構造とは、典礼、修道生活、象徴などを通して修道理念が実践される過程で決定される建築様式やその装飾のことである。

次に、修道院の建築活動が社会に対してどのような意味をもっていたのかという問題を考えてみたい。ある程度までは、修道院の建築活動は俗平民の雇用に対して明らかに地域的な影響力をもっていた。しかし、この影響力は、労務修士を抱えるシトー修道会が出現したことによって減少していったことは当然考えられる。また、修道院の建築様式が、一般個人の建物に刺激を与えることはなかったと考えられる。農民が小屋を建てるのに、修道院の建築技術を参考にすることはなかったからである。

では、公の建築活動はどうであろうか。中央の権力は非常に弱かったので、公権力にふさわしく、それを象徴するような相対的に大規模な建造物を造る必要性はなかった。聖堂――世俗の目的にもしばしば使われることがあったが――がすでに石で建造されるようになっていたのに対して、城や要塞などは、まだしばしば木造建築物と土塁《どるい》で建造されていた。したがって、これらの建造物は、暴力行為を抑止することが役割であったことを考えると脆弱《ぜいじゃく》なものであった。

これに対して、永遠の生は現世の死よりもはるかに大きな意味をもっており、その対立関係は実際に目で見えるように表現する必要があった。危険が迫ったときは、「汝の隣人を愛せよ」という徳にかんがみて、修道院の門は人々を救済するために確かに開かれたのである。ヴェズレー修道院の史料は、この点に関しては非常に明確に物語っている。(＊8) また、有用な人間と動物を守るという経済的な考慮も、修道院が堅固な造りになっていたというこの問題の一部分である。

建築における装飾的要素を占めるのは、彫刻、絵画、金細工である。これらは想像の産物である。聖ベルナルドゥスは、『アポロギア』の中で伝統的な修道院芸術を非難している。それこそ、修道士の関心を神との合一《ごういつ》を求める祈りという必須事項から混血の怪物や動物が住む世界へと向けてしまった元凶と彼は考えたからである。(＊9)「人はこのような不条理を恥じることはないのだろうか」と、彼は問うている。言い換えれば、建築装飾はその本来の目的を達成し、神の賞賛というその建物に込められた意味を強めることになったのだろうか。装飾を肯定する態度と否定する態度、これら二つの態度は互いに矛盾はするものの、神と超越的世界を希求する同じ中世的心性《メンタリティ》を明確に表現している。

聖ベルナルドゥスが求めていたことは俗事を否定することで、すでに失われたと思われていた神と人間との合一という理念を復活させることであった。一方、彫刻が施された柱頭に見る不気味な生き物の姿は、いまだに現実と虚構の区別ができない原始的な世界観が修道士の意識の中に存在していることを示していた。またそれは、彼らの科学的知識が充分に発達していないために、そして現実の恐ろしい世界と恐ろしそうに見えるけれども現代人にとっては架空にすぎない形而上的世界との区別ができないために、これら二つの世界が渾然一体となって存在していると彼らが信じていたことを物語っている。

神の真理を含むと考えられていた「黙示録」には、恐ろしい雰囲気が漂っている。この恐ろしい雰囲気のために、現実と虚構が一つに溶け込んだ世界の存在をかたくなに信ずる態度が長い間廃れずに残ってきたのだと私は個人的に確信している。人々は、醜い悪魔や奇妙な怪物が実際に存在し、しかもそれらがどこにでもいるものであるということを信じていたのである。しかし、このような態度は、根本的にルネサンスの態度とは異なるものである。ルネサンスの時代になると、あのように写実的に描かれた古代の神々の存在を受け入れる者は誰もいなくなっていたからである。

芸術のための芸術か、それとも実用のための芸術か

中世の「ars」は技術という意味であった。この言語学的記述から言えることは、芸術

のための芸術という発想は、中世の技術《アルス》においては創造の原動力ではなかったということである。技術は最終的結果である作品に比重があり、あくまでも実用を目的とする。それに対して、建築物の構造的要素としての柱頭やかなめ石、あるいは典礼用備品としての洗礼盤や聖杯などの装飾芸術は、それが施されている対象を浮き上がらせる働きをする。たとえば、ユイのレニエ(1)が鋳造した銅製の見事な洗礼盤に見られるように、装飾は本質《エッセンス》を強調するのである。この作品は、リエージュにあるサン・バルトロメオ修道院の聖堂に現存している。この洗礼盤に施されている装飾は、ヨルダン川の神聖な水でキリストが洗礼を受けているところを表してる。

装飾には教育的な働きもある。すなわち、見る者に言葉を想像させたり、イメージを抱きやすくさせる働きがあるということである。「神」、「聖三位一体」、「聖母マリア」、「聖人」をどのようにとらえなければならないのか。地獄や悪魔は、その恐ろしい現実ではどのような姿なのか。装飾はこのような事柄を視覚的に教えていたのである。

これらの芸術作品を見ることがどの程度の社会的影響――この場合の社会的影響とは、見る者の脳裏に反復して起こる宗教的な刺激のことであるが――を与えていたのかを測るということになると、どうしても懐疑的にならざるを得ない(原注2)。確かに、洗礼盤の装飾のように、中には装飾によるメッセージがはっきりと読みとれるものもあるが、大半の場合は、ほとんど教育的な目的を果たすことができなかった。柱頭は位置が高すぎ、聖堂は照明が

(1)(生没不詳)ベルギーの工芸作家。この作品は1107年から1118年にかけて、ノートル・ダム・オー・フォン聖堂(現サン・バルトロメオ聖堂)のために製作された。

(原注2)建築活動に携わる専門の職人に対するのと同様に、社会・経済的な次元での影響は明らかにあったはずである。

暗すぎてよく見えなかったからである。平信徒が典礼の儀式に参列を許されたとしても、それは彼らの目からは遠く離れ、見えないように隔離された聖堂内陣で行われていた。さらに、一般にメガネが使われるようになるのは一五世紀になってからのことであるが、そのころでもメガネは贅沢品であった。

普通の男女にとって、壮大な修道院の聖堂やその装飾宝物を見る機会は一生の間にどれほどあったのだろうか。運よく見ることができた者は何を感じたのであろうか。それは、何よりもまず恐怖ではなかっただろうか。というのも、怪物の住むこの想像の世界は現実に存在する世界と思われており、この恐怖こそが聖人の取りなしを通じて彼らを神に近づけてくれるものであると思われていたからである。

では、彼らは何を理解したのであろうか。あまり多くのことは理解していなかったのではないかと思いたくなる。というのは、使われている象徴技法があまりにも秘義的であったからである。それでは、彼らはどんなことを想像したのであろうか。聖人が祀られている祭壇——たとえば、南フランスにあるコンク修道院の守護聖人、聖女フォア・フィデス(2)の聖廟に祀られた宝石のちりばめられた黄金のマネキン——の周りを歩いているときに感じた、強烈で忘れ難い瞬間の雰囲気を思い出したのかもしれない。

聖ベルナルドゥスは『アポロギア』の中で、聖堂の装飾に経費がかかりすぎていることを嘆いて、「なぜ、経費のことで頭を悩ますことがないのだろうか」と言っている(*10)。この

(2)（年代は不詳）3世紀後半のアキテーヌのアジャンの殉教少女。特に、中世のイングランドとフランスで崇拝された。

12世紀の彫刻感覚と技術の粋。聖書のテーマ「ライオンの檻の中のダビデ」を表現している

シトー修道会建築の完璧な調和。ポンティニー修道院の初期ゴシック様式のインテリア

シャテル・モンターニュのクリュニー修道会の修道院の外壁彫刻（フランス）

言葉の中にも、もともとはまったく同じ中世的な宗教感情と思想に源を発しながらも相反する二つの側面が存在している。一つには、神に対する無限の賞賛は、装飾のような無限の引喩的な美をもってしか表現できないという感情である。しかし、城は美的装飾がなされることはなかった。時代が下がって王宮として使われるようになってからも華美になりすぎることはなかった。もう一つの側面は、何事も神との本質的な合一《ごういつ》を妨げることはできないとする感情である。

しかし、一般の平信徒は、自分たちの属する教会のことしか知らなかった。彼らは、彫刻やステンドグラスに描かれた動きのない線画のメッセージしか見ることができなかったのに加えて、彼らの目線の高さの問題や、単純なことしか理解できないという理解力の問題、さらには教区の——不充分な教育しか受けていない——司祭の直接的で単純な説明しか聞くことができないというようなさまざまな環境的要因に制約されていた。しかし、これらのことと修道院《モナスティシズム》はどうかかわっているのだろうか。テーマや様式は、たいてい地域的な影響を受けていたから遠く離れた地域の建築様式に使われている装飾技術は、まったく浸透してはいなかったのである。（原注3）

（原注 3）ウィリアムズ（［256］ 93〜101頁）は、かなり正確に、スペインの美術作品の中にはクリュニー修道会が介在した結果造られたものがあることを特定しているが、それだけでなく、その影響力の限界についても論じている。

深い意味

ここまでは、修道院が社会に及ぼした影響について、暗黙に当時の社会の視点からの解釈を試みてきたが、後世に受け継がれる文化遺産としての視点からの解釈は試みていない。たとえば、写本の一部分をなす装飾に関してこれまで何も述べてこなかったのはこのような理由のためである。また、写本がいかに希少であったか、いかに貴重なものであるか、また写本が一般的にはなかなか手に入れることができないものであったことなどについても同様である。

細密画の施された豪華な写本は、貴重品保管室か図書室の所蔵になっていた。これら保管室や図書室は、修道院そのものがすでに聖廟《シュライン》であったのだから、聖堂の中の聖堂ともいうべきものである。修道院芸術の発展の紆余曲折を我々に楽しく物語ってくれる装飾写本の価値については多言を要しないが、写本の装飾が、技術という意味でも美という意味でも、当時の平信徒に何らかの影響を与えたとは考えられないことである。どんなに懐疑的な人間でも、建築物ならば少なくとも実際に見たり中を歩いたりすることはできる。彫刻やステンドグラスは、ときどきはそれらのメッセージを読みとることもできる。しかし、写本の細密画は無理である。このような細密画を描くときの精根尽き果てるほどの労働は

9 世紀の豪華なカロリング朝期の写本の例（サン・ヴァースト修道院の『福音書』、アラース・市立図書館、ms.233/1045）

――もちろん、戒律の肉体労働規定の一部として修道士が行っていたものであるが――何よりも神への賞賛の証としてなされたものである。細密画は、写本の内容のみならず、永遠の生を希求して行われる肉体労働としての彼らの執筆活動をも如実に物語っているのである。

さらに、もう一つ根本的な問題があったために、装飾芸術や建築は社会に影響を与えることができなかった。その問題とはシンボリズムである。中世の文書を読んですぐに気が付くことは、言葉のもつ深い意味に彼らがいかに高い関心をもっていたかということである。建築や装飾は、数字に纏《まつ》わる因習、色彩、記号、星座などを用いてシンボリズムを表現していただけではない。さらに一般的にいうならば、中世の思考様式そのものがシンボリズムの傾向をもっていたのである。天地創造の基本構造は、理解したり再解釈することは可能であり、象徴の体系を用いて把握することができるという確信がまだ生きていた。聖アウグスティヌスは『神の国』で、「されど汝はよろずのものを、量と、数と、重さとにて定めたまえり」（「ソロモンの知恵」(3) 11・20）という韻文を引用しているが、これはシンボリズムに基づく知的アプローチの聖書的裏付けとなっている(*11)。

ちなみに、ベネディクト会士の間でよく知られていた七世紀の作家セビリヤのイシドルスと九世紀のベネディクト会士ラバヌス・マウルスは、このテーマについて論文を書いている。また、たとえば、建築デザインに不可欠な特質として象徴数字が使われていたとい

（3）「旧約聖書外典」と訳される「アポクリファ」に含まれる一書である。元来これらは、ギリシャ語の旧約聖書の正典の一部として伝えられてきたものである。

うことをうまく証明しようと思えば、理想的な修道院複合建築の平面図として知られるザンクト・ガレン修道院の設計図を調べてみればよい（＊12）。さらには、象徴数字がいかに重要な意味をもっていたかを示す例としては、ドゥオダという名の並み外れて有能な貴婦人が書いた教範《マニュアル》を挙げることができる。これは、騎士になるための訓練を受けた彼女の息子のための教育の鏡として書かれただけでなく、俗社会にあてた教範でもあった（＊13）。

　装飾芸術のほとんどは、象徴的言語の表現であったことは明らかである。であるとすれば、たとえば、柱頭に描かれた場面はいろいろと違ったレベルでの解釈が可能であったということになる。少なくとも、このレベルには二つのことが考えられる。一つは、一目ですぐに分かる外面的なレベルである。この場合は、描かれている場面はあるがままのとらえ方をすることができる。もう一つのレベルは、深い意味をもった象徴的なレベルである。これは、象徴を読みとることができるようになった者だけにしか理解できない内容である。ベズレーやモワサック修道院の崇高な修道院聖堂やロマネスク様式の建築や彫刻の素晴らしい作品を目の当たりにすると、旅行者は彫刻作品のもつ純粋で心に響く美しさに感動したり、恐ろしい死後の世界を子どものように恐れている自分の姿に思わず吹き出してしまったりすることがある。

　八世紀も九世紀も昔にこのような場所を訪れた平信徒にとっては、恐怖はまさに現実そのものであったが、現代に生きる我々と同じように第一のレベルの意味しか理解できなかった。シンボリズムそれ自体が中世の人間にとっては理解し難い知的工芸であり、科学とすら映っていたのである。幸運を表す数字や不幸の数字などのような、今日でもなお我々が理解し信じ続けている数少ないシンボリズムの名残から判断すると、今日我々が考えるシンボリズム以上に当時は難しいものであったと言うことができる。

要約すると、修道士が修道院の聖堂建築にかかわっていたか否かという問題に関しては確定的なことは言えないが、装飾に用いられていたシンボリズムは修道士が決定していたということは間違いのないことである。装飾はもちろん、建物のコンセプトも修道士が考えたものであった。したがって、実際の建物の配置が霊的な平面図に基づいていることは疑う余地のないことである。だから、シンボリズムが使われれば使われるほど修道院の影響が大きいと言えるのである。ここでの大きな問題は、美術史研究家にとっても同様であるが、どのようすればこのシンボリズムの体系にメスを入れることができるかということである。

結論を述べる。一般的に言って、物質的にも霊的にも、また機能の点から見ても、当時の普通の人々が建築やその装飾にとって必要と考えていたことに対しては、修道院《モナスティシズム》は何も影響を与えなかったと言える。また、修道院が用いていた建築技術は、中世後期の複合型の家屋や王宮を除いては、俗の目的には応用されることはあまりなかった。装飾的メッセージの奥義は、一般俗人には理解できなかったからである。最後に、修道院の建物やその装飾は、修道的隔絶と神の希求を強調するものであったということである。だからといって、論旨に矛盾するようだが、広い層の俗人に対して開放されていた修道院芸術の例を見つけることができないということではない。修道院の壁画のように、教区社会に開放されていた例もあるのである。要するに、歴史においては白か黒かの二律背反は存在しないのである。

修道院の建築活動は、修道士自身が関与していないときにこそ、一般の俗の信徒に対して社会的、経済的影響を与えたと言えるのである。

第九章
修道生活

地上の天国と地獄——共住する人間たち

中世修道院の年代記や編年史に詳しい歴史家ならば、修道院の塀の内側で、修道士が仲間を傷つけたり殺したりするような暴力沙汰がいかに頻繁に起きていたかは当然知っていることである。これは、どういうことを意味しているのであろうか。この本では、修道院《モナスティシズム》は地上の天国を実現しようとする試みであると述べてきたが、このような一般論は愚直すぎる考えということになるのであろうか。また、結果的には、修道院の社会的影響力が減少してしまったにもかかわらず、神を希求する生活形態の特質を我々はあまりに強調しすぎているということなのであろうか。あるいは反対に、修道士といえどもごく普通の人間にすぎず、異常な社会環境に生活しているために普通の憎しみや妬みの感情を抱いたり、ときには攻撃的になることもあるということを表しているのであろうか。

理想的な組織と平凡な人間集団との間には、落差があることを我々は認識しておかなければならない。これには、研究する上で方法論上の問題がかかわってくるからである。たとえば、実際にはどの修道院の史料にも見つけることができることだが、性的倒錯者に関する記録などは歴史家はどう評価すればよいのだろうか。ほかの仲間たちには何も問題がなく、これまでも何も問題が起きなかったとして、単なる例外として扱えばよいのだろうか。あるいは反対に、修道院の全体的な道徳的退廃としてこのような性的倒錯の記述を扱えばよいのであろうか。

この二つの考え方が存在すること自体に歴史家は気が付いておらず、史料に書かれている事実を単に書き直しているにすぎないということもあり得るのではないだろうか。中世研究で、もっとも難しい側面の一つをここで指摘しておきたい。中世研究家は、少なくとも中世初期に関しては統計的な研究ができないので、必然的に分析的な記述を強いられがちになる。その結果、歴史上の出来事のみを考慮し、社会組織のかかわりや反応をしばしば無視してしまうということが起こるのである。

私は、修道院の社会的関連性を考察しようとするときには、鳥瞰的視点からものを見ようとするが、その理由として、特定の偶然の出来事が強調されることがなくなるという利点が挙げられる。空からでは、鳥たちは忙しい蟻たちのコロニーしか見えない。修道院はそのようなコロニーなのである。修道院は、天と地を結ぶことをとくにめざして活動するコロニーのような構造物なのである。もちろん、その構成員の振る舞いを組織化するのであるから、

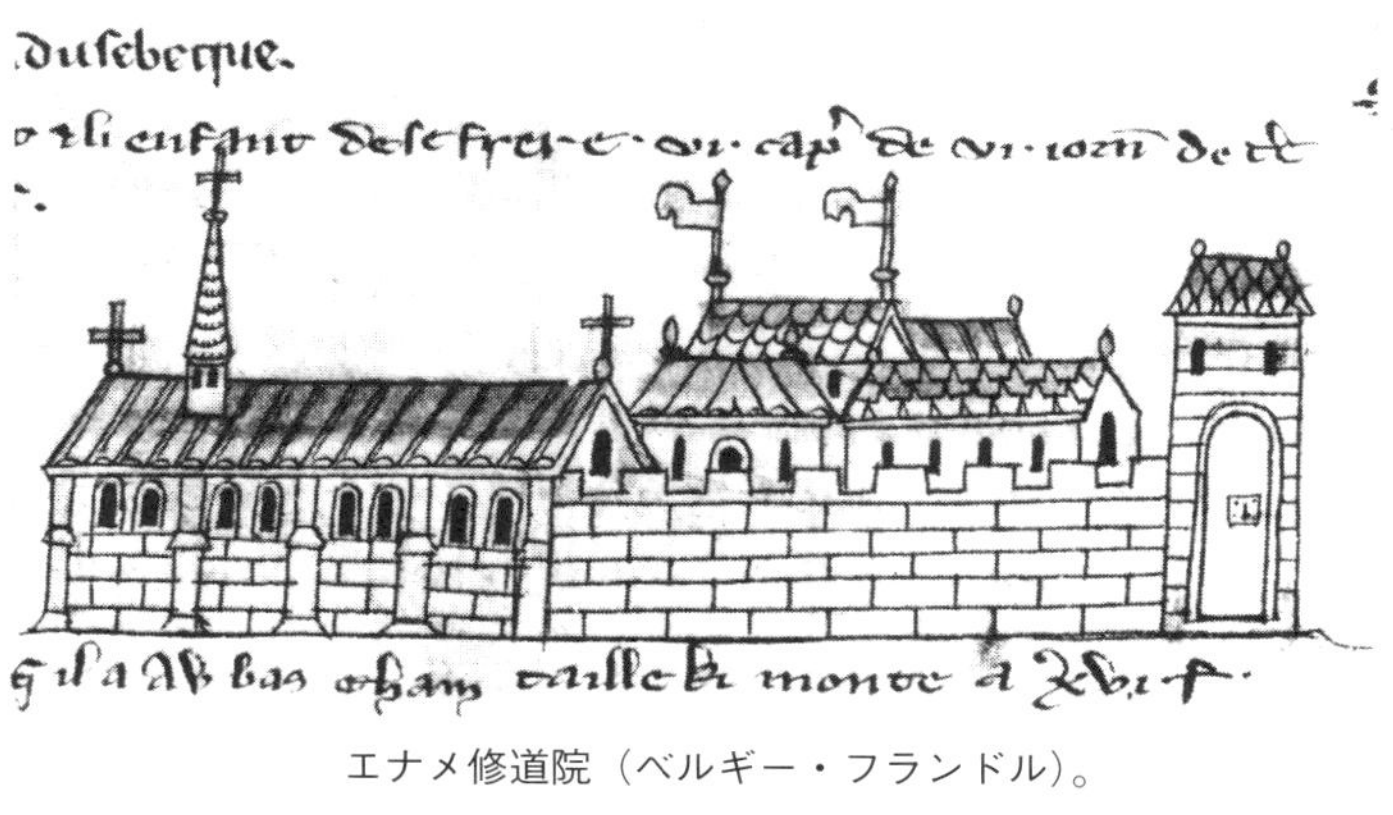

エナメ修道院（ベルギー・フランドル）。

それは社会的構造物である。

修道士や修道女が共通の生活を分かち合う修道院は、天と地を結ぶという目的を達成するために考え出された解決方法の一つである。食堂で食べたり、寄宿舎で寝たり、聖堂で聖務日課の祈りや儀式を行うなどの共通の活動が特徴となる場合には、生活は「共同《コモン》」と呼ばれることになる。したがって、これらすべての活動が共通であり、その活動は一日の二四時間すべてにわたるため、共通の活動の合間の時間も含めて組織形態が必要になるのである。残った時間は、肉体労働、読書、そのほかの私的な祈りの時間である。

近東にキリスト教以前から存在した隠住修道制《エレミティズム》(1)もう一つの解決策であった。三一三年にキリスト教が公的に許容され、同じ四世紀の後半にローマ帝国の国家宗教になってから、この新しい宗教の信徒は急激に増加していった。その結果、この宗教に帰依《きえ》することに付随していた危険は減少することになった。

当時、狂信者たちは社会を捨て、ひとり聖人の生き方を求めてシリアやエジプトの砂漠をめざした。時代によって変動はあるものの、古代から近代初期に至るまでのすべての時代を通じて隠住者は存在してきたし、今日でも存在している。その意味では、一一世紀後半から一二世紀前半は重要な時期である。この時代に隠住修道制《エレミティズム》が復活したために、長い間独占状態を保ち続けてきたベネディクト修道会の修道院が大打撃を受けることになったからである。隠住修道制の復活は、少なくとも古典的ベネディクト修道会に対する反発で

(1)E.eremitism：隠者が単独あるいは集団で、砂漠や人里離れた荒涼とした地に住み、俗世との接触を断って神との合一を求める修道形態。

あり、同時に、新しいシトー修道会運動の出現を可能ならしめる出来事の一つであった。すでに述べたように、聖ベネディクトゥスの『戒律』は、隠住修道制の危険性について警告を発していた。砂漠で経験するような孤独は（現実には砂漠ではなく、単に人里離れた場所であっても）恐ろしいながらも魅力のある考えであった。「悪魔（the Great Enemy）」の伏兵がたくさん徘徊しているとの思いから砂漠の孤独は恐怖であった。これらの悪魔の伏兵がいかに危険なものであったかは、砂漠で過ごした四〇日間にキリスト自身が誘惑されたことからも想像できる。(原注1) また、バプティスマのヨハネ(2)や改心者マグダラのマリア(3)の例もあった。

修道士たちは、ベネディクト修道会の修道院では必読書になっていた『教父伝』を読んでいたので、聖アントニウス(4)やほかの隠修士が受けた誘惑のことを知っていた。だから、絵画の世界においては、『誘惑を受ける聖アントニウス』や『砂漠の聖ヒエロニムス』は、中世後期と近代初期を通じて馴染みのあるテーマであった。

一方、隠修士たちは、刺激的な戦闘的ヒロイズムを理想的な環境で実践できるという理由で砂漠に引きつけられていった。それこそが、まさしく聖ベネディクトゥスの恐れていたことであった。聖ベネディクトゥスの目には悪魔との戦いはあまりに熾烈すぎて、すべての力を結集しなければ悪霊に打ち勝つことができないと思われたのである。そのために、「キリストの騎士」といわれる修道士は、悪魔と戦うために一つの軍隊にならざるを得な

（原注1）修道院が抱いていた道徳的イメージを示すよい例は、ジュアン・ドゥ・フランドゥの絵画『キリストを誘惑する悪魔』に見ることができる。フランシスコ会士に姿を変えている悪魔には、誘惑すると同時に、中世後期の托鉢修道士のイメージを悪くする意図が含まれている。

かったのである。

共住生活を送る修道院《モナスティシズム》の別名である共住修道制《セノビティズム》の使命は、修道院の本来の目的である地上の天国が、すべての人間、すべての修道士がもつ邪悪な気質によって人間地獄に堕落しないようにすることであった。したがって、修道士は三つのレベルで自分の立場を明確にしておかなければならなかった。同輩修道士、上長修道士、そして自分自身である。しかし、同輩の修道士の間でも年齢に基づいた差別があったから、本当の意味の平等は存在していなかった。ただし、これは生物的な年齢ではなく、修道生活に入ってからの年月という意味である。

　この事実から分かることは、修道院は横一線の関係は初めから念頭になく、そのことは組織にも反映されていないということである。すべての人間関係は、縦の役割体系に組み込まれていたのである。同僚と同じものを手に入れるという意味での平等意識は、聖ベネディクトゥスの『戒律』には存在しない。(原注2) また、修道生活を規定したほかのどの文書にも欠落しているのである。自分にとって利益になると思われることに従うのではなく、他人のためになると思われることに従わなければならないという規定（72章）はあったけれども、全体としては、仲間の霊的成就に関して気を遣う必要がなかったのである。その意味では修道士の生き方は自己中心的なものであった。したがって、これも縦の人間関係の表れであるが、修道士は自分自身の救済と目上として監督責任のある後輩修道士たちの救済

修道生活の側面。サン・ベネディット修道院フレスコ画（イタリア・スビアコ）

（2）紀元1世紀。『新約聖書』の「福音書」およびヨセフスの「ユダヤ人の古代の制度」に書かれている預言者。

（3）ガレリア出身の女性。七つの悪鬼に悩むが、イエスによって奇跡的に快癒する。その後、イエスに従う（「ルカ伝」8・2－3）。

（4）（251－356）キリスト教修道制の父。20歳で荒野に退き、隠修士の生活を送る。

（原注2）34章のタイトル「すべての修道士は必要なものを同じ量だけ受け取るべきか」という内容が、否定的な答えを含意していることに注意されたい。しかし、これに対する平衡錘《カウンターバランス》として、2章では「したがって、修道院長はすべての……に対して平等に愛を示さなければならない」と言っている。

だけを考えていればよかったのである。

修道院の生活は確かに「共同」であったが、この言葉の解釈を間違ってはならない。共同であっても、修道院全体のシステムは可能なかぎり同輩からの介入行為を避けようとする。修道士たちが「互いに従う」（71章）という表現をする場合は、後輩が先輩に従属しなければならないという意味なのである。『戒律』は、縦のコントロールを何よりも重視するのである。修道院の原則の一つに「他人の平和を乱さない」ということが謳《うた》ってあるが、共同体の生活が長く機能するための大切な要素として「沈黙」が義務として課されていた[＊1]。さらに、沈黙は砂漠を思い出させるものでもあった。その意味では、沈黙は隠住修道生活がめざした「孤独の恐怖」の唯一の生き残りでもある。このように、修道院は群衆の中の孤独という人工的な砂漠をつくり出していたのである。

自己否定のピラミッド構造――個人と共同体

沈黙は従属の印であり、謙遜の印でもあった。一般俗社会においては、貧者や弱者が従属を強いられていたのと同じように、従属の徳が修道士の行動を律していた。修道生活は、静的なヒエラルキー的階層にのっとって組織された共同体の一般理念を驚くほど見事に反

（原注3）［28］604～613頁。かつて、シトー修道会の修道院長で黙示的霊性で知られるフィオーレのヨアキムは、「天のエルサレムのモデルに倣う第三の国にかかわる神の新しい人間」と呼ばれる理想的な修道院の概念をつくった。［130］142～148頁。

映していたのである。もちろん、これは偶然の一致ではない。明らかに、天国のような社会を地上に創造するという修道生活の目的から生まれたものである。この場合、「天国のような」ということは、科学的観点から見て「人間の理想にのっとって造られた」という意味である。楽園《パラダイス》は、それぞれの存在がヒエラルキー上に並ぶようにつくられていると考えられていた。初めに三位一体の神があり、その下に幾つかの天使のグループ、さらに人間のグループが並んでいると考えられていたのである（原注3）。中世の絵画にしばしば描かれている天国は、まさにこのような序列を表しているのである（原注4）。

従属は慰めを求める。どのようにキリストのメッセージがこのような慰めを提供していたかについては、すでに別の章で述べたことである。自己否定は従属の徳を実践可能にする理念であった。したがって、社会理念としての自己否定は、俗社会よりも修道院の超越的な環境の方が実現しやすかったのである。新しい修道士が修道生活に入るとき、彼はそれまでの俗の人間性を放棄するシンボルとして俗の衣服を脱ぎ捨てなければならなかった。これは、「古い自分をその古い行いとともに捨て、新しい自分を身に着け……」（「コロサイの信徒への手紙」3・9〜10）という聖パウルスの比喩的な言葉を指している。

それ以後は、修道院のヒエラルキー構造がこの新人修道士のすべての世話をすることになる。この修道士は、修道院長である父の子どもとなってすべての問題を解決してもらい、すべての欲求を満たしてもらうことになるのである。それに対して、この修道士は従属と

（原注4）これらの絵画の中でも最も素晴らしいものは、間違いなく、1420年代にヘントのサン・バヴォー修道院の大聖堂に描かれた、ユベルトス・ヤン・ヴァン・エイックのヘント・オールターピース（祭壇背後にある壁飾り）である。

いう返礼をする。いろいろな仕組みが修道士の振る舞いを規制しており、彼が命令に背くようなことがあると、一連の強制措置や罰則が働いて彼をより厳格な遵守《じゅんしゅ》へと導くことになる。

修道士には従属が義務として課されていたので、その代わりとして修道院長は正義を提供しなければならない。しかし、すべての修道士に対して同じ物品を平等に配給するということは修道院長の考えにはない。すでに見たように、修道院《モナスティシズム》は決して平等主義イデオロギーを表現したものではないからである。修道士の欲求は一人ひとりみな違うものであるから、修道院長はそのことを充分考慮しなければならないと聖ベネディクトゥスは述べている（34章）。

「新しい自分を身に着ける」ということは、過去を捨てるということでもある。すなわち、私的所有物は貧しい者たちに与えるか修道院の共有財産としなければならないのである。修道士は共同体という新しい家族の一員となり、それが彼の全人生を死ぬまで決定することになるのである。その死に際してすら、全員で儀式が行われる。死期の迫った修道士を仲間の修道士が取り囲み、祈ったりや聖歌を歌ったりして天国のような地上から本当の天国へと導いてあげるのである。その修道士は、修道院の創設後援者の名前と一緒に過去帳に登録され、永遠に仲間の修道士の記憶の中で生きることになる。毎年、その死者の命日には追悼が行われるが、生前彼が修道院において重要な立場の修道士であったならば、修

14世紀初頭の「死者の名簿」、聖ベネディクトゥスが死んだ修道士のために祈っている場面。背後には、4人の守護聖人が現れて死者を守っている。サン・バヴォー大聖堂所蔵（ベルギー・ヘント）

道士たちの食事の割り当てがその日だけ特別に割り増しを受けるのである。

一方には、このように自己を否定し、家族との生物学的縁《えにし》を断ち切る生き方があった。また他方には、先に指摘したように、一族《クラン》と修道院との間には役割上の互恵関係が明らかに存在していた。この矛盾はどう説明すればよいのだろうか。だが実際には、これは外面だけの矛盾にすぎない。なぜなら、前者――自己否定――は修道生活のイデオロギー、すなわち修道院の制度を指すものであるのに対して、後者は日常の現実のことであり、権力者がその制度を利用、乱用していた事実を指すものだからである。

修道院長の権力は上意下達の縦方向だけではなく、部分的にはピラミッド構造的でもあった。神の前では修道院長だけが唯一の責任者であったが、組織運営や管理にかかわる活動によっては、ほかの役員にゆだねられているものもあった。中でも、もっとも重要な役員が副院長である。修道院長が幾つかの重責を兼ねていて、修道院に居住することができない時期――このような状況は、一般的には腐敗の証拠と考えられていた――には、副修道院長が修道院の院長代理を務めたのである。ほかの役員としては、副院長補、聖歌係、聖堂参事会長などがあり、通常は修道院長がこれらの役職を指名した。また、修道院長は指名を取り消すこともできた。

このシステムは、中世の世俗の行政に求められた理想像――あるいは、世界中のすべての政治機構が理想として求めるもの――にかなり類似したものを示していた。すなわち、行政上の有能な役人という理想像である。しかし、封建制では、貨幣の流通がかぎられていたことに起因する特有の世襲や不忠《ふちゅう》という弱点が内在していたために、修道院のような行政スタッフは発達しなかった。それならば、修道院の組織形態がこの問題を解決する模範例として役立ったはずであるが、実際にはそのようなことを示す史料は何もない。

正義が傲慢という悪に転ずるのを避けるために、修道院長の権力は二重のチェック機構で管理されていた。決定事項によっては、修道院長は長老（seniores）や最大の知恵をもつ者（saniores）に相談しなければならなかった。そのほかの決議事項については、毎日開かれる参事会場での修道士の全体会議に諮らなければならなかった。修道院長の行政や政策決定については民主的に協議する機構が存在していたが、それらは必ずしも、民主主義や多数決などに見られる民主的権力執行の制度があったということを示すものではない。むしろ、聖ベネディクトゥスの「神はしばしば、若い修道士にこそよい考えをお示しになることがある」（3章）という言葉に呼応したものである。このシステムは、「神→修道院長→修道士」という流れの独裁的管理体制が正当に機能するように考えられたものなのである。

この点に関しても、今述べたことは、現実よりは理念によって左右されるのではないかという反論が出るかもしれない。確かにその通りである。修道院《モナスティシズム》にどのような意味があったのかを研究する場合には、その霊的モデルに基づいてなされるべきであって、修道院が日常生活においてつくり上げた制度を基準にしてはならないのである。このような慣習・制度は、常にその理念を不完全な形でしか反映しておらず、理念に背いていることすらあり得るからである。また、修道士が修道生活をどのように見ていたかを研究するには、彼らの指導者が残したイメージを検討すれば分かることである。

当時の修道院史料に書かれた「よい修道院長」とはどのような人間のことを言うのか[*2]。「よい」という形容詞は、しばしば富を蓄積したり、財を築いたりした修道院長に対して使われる言葉であった。しかし、修道院史料を見るかぎりは、修道院の利害意識がこのような俗事にばかり目を向けていたというふうに考えるのは間違いである。確かに、修道士は、富を増やし蓄積する必要があることは充分意識していた。彼らの制度は永遠に存続しなければならないのであるから、生き残りの手段を確保しておかなければならなかったのである。

一三世紀の作家であるカンタンプレのトマス[5]は、ローマ・カトリック教会を、よい意味で「きちんと組織され、つましい生活をする蜜蜂[*3]」にたとえた。数百年後、彼の北海沿岸低地帯の同郷人であるザンクト・アルデゴンデのフィリップは、ローマ・カトリック教会を悪い意味で「我慢できないほど豊かな蜜蜂の巣」と形容した[*4]。両者ともそれぞれ違った意味で、カトリック教会の蓄え——これはイエス・キリストの正統なメッセージに対する大きな弱点の一つであるが——に注目していたのである。

（5）（1201－1272）聖アウグスティノ修道会律修聖堂参事会員。後に、ルーヴァンのドミニコ会士となる。

しかし、もう少し詳しく調べてみると、よい修道院長はよい行政者であるとする考え方は後代の解釈であったことが分かる。実際、同時代の年代記や史料を見ると、修道院長の敬虔《けいけん》さや模範としての優れた資質などの霊的資質の方がむしろ頻繁に強調されているのである。この点からも、修道生活を評価する際には、史料そのものの特徴をも考慮しなければならないと言える。

特定の修道院長が生きていた時代とそれに関する史料が書かれた時代の時間的開きが大きくなるにつれて、口承的な情報は失われていった。当時は、たとえば建築物や勅許状の内容のように、具体的に検証できるような事実しか活動の証明にはならなかった。敬虔さというような特質は、例外的な環境や例外的な人間でもないかぎり、その人間の死後も人々の記憶にとどまることはなかったのである。

例外的ということは、聖人の置かれた環境のことである。後世の修道士と同じように俗世界の人々は、修道院長が富と栄光を示すことができたときに彼を重要人物と評価したのである。しかし、修道院《モナスティシズム》にとっては、よい修道院長とは霊的自己完成という唯一の目的に向かって修道士を鼓舞し、正義で思いやりのある父として最大限の仕事をする修道院長のことであった。

魂と肉体——個人の戦い

修道生活に入る人々は改宗《コンウェルシオ》をすると言われた。その文字通りの意味は、上下が逆さまになるということである。我々は、修道院に入る際に衣服を取り換えるという行為が、新しい人間の誕生を象徴する行為であることを論じてきた。修道院《モナスティシズム》の霊的目標によれば、修道士は現世を超越しなければならない。正確には、修道士は自分の肉体を離脱しなければならなかったということである。それは、すべての物質と同じように、人祖《じんそ》の堕落と罪源を連想させたからである。

共住修道生活の意味は、共同体全体の刺激と支援があれば悪は克服できるというところにあった。正義と従属という価値の相互作用についてはすでに述べたが、もう一つの心理的コントロールの要素が共同生活の中では重要な役割を果たしていた。つまり、躓《つまず》き（scandalum）ということである。(6) 修道士は、ほかの修道士たちのどのような振る舞いにも躓いてはならない。この感情は修道院の世界だけにとどまらず、キリスト教徒全般の行動を規制する重要な要素となった。

異教からキリスト教に改宗させるプロセスの第一の段階——集団としての外面的な振る舞いをキリスト教化し、そのあとで個人の外面的振る舞いをキリスト教化するという段階

（6）罪への誘いとなる「躓《つまず》き」を指す。直接能動的躓き、間接能動的躓き、受動的躓き、相手の悪意のために躓きのもととなるもの、また、相手が幼少、無知、道徳的虚弱であるために躓きとなるもの（scandalum passivum pusillorum）などがある。

――においては、躓きは社会的コントロールの要素であった。後の段階になって、改宗のプロセスが個人の内面的振る舞いにまで影響を与えるようになり、さらには潜在意識にまで浸透する段階になると、痛悔、贖罪、恥辱という全体的な枠組みとのかかわりにおいて、自分自身で考えたことや感情、夢で見たことなどで躓くことも自己規制の手段となった。

躓きというこの遍在的な危険を避けるために、修道生活は二つの面から均質化が図られた。修道士は、短絡的な修道士の不注意な行為や発言にも、用意周到で狂信的な修道士の誇大妄想的な行為や発言にも、躓いてはならないというものである。戒律や慣習規則集は慣習的にこの危険性に気が付いていたために、もっとも望ましい――均一化を促すような――禁欲生活の実践を修道士に課していたのである。

事実、修道院には隠修士に特有の英雄的な禁欲主義の場は存在しない。餓死するほどの断食修行を行ったり、あるいは性欲のために苛立ちのたうつことなどは、日常生活が律修計画にのっとって規定されている共同社会では許されることではなかった。このような壮絶な戦いは、聖ベネディクトゥスが砂漠に向かうことを許した高度の修行を積んだ修道士だけが実践するものであった。

新しい修道士を修道院に受け入れることは、中世を通じてずっと存在し続けていた二つの両極端なシステムのバランスの上に成り立っていた。この二つのシステムは正反対のものであったので、それぞれのシステムにおける修道士の受け入れに関する許諾、否認の判断にはいろいろな考え方の違いが随所に現れている。第一のシステムは、「児童奉献制《オブラティオ》」と呼ばれるものである。これは、両親が子どもを、通常五歳から七歳の年齢で修道院に与えるものである。二番目は、成人が修道院に入る場合のシステムである。

我々にとっては、児童奉献制《オブラティオ》は確かに驚くべき現象である。というのは、現代社会では当然の人権である個人の自由意思をこの制度はまったく考慮していないからである。(＊5) さらには、たとえ自由意思という考え方が神に背き、神の全能性を制限する可能性があっても、この自由意思という概念は常にキリスト教神学の重要な争点であった。これまですでに指摘したように、中世の社会構造は一族《クラン》が強力に支配する構造であった。個人の権利はその個人が属する一族《クラン》の権利に従うものであった。女や下層階級の男などの個人が解放されるのは、中世後半になって初めて起こったことである。これは一族制度が崩壊し、それに代わって（まだ部分的には効果のない）核家族が出現したことに呼応して起こったことである。

子どもを修道院に提供する家族の側から見ると、この行為には何も侮辱的なものはない。そして、社会・宗教的な観点からは役割上の「互恵《ごけい》関係」の一つの要素である。また、純粋に宗教的な観点から見ても何ら障害となるものはなかった。実際、アブラハムは、一人息子のイサクを神に喜んでささげようとしていたではないか（「創世記」22）。さらに、罪なき完徳をめざす修道生活のイデオロギーという観点から見ても、邪悪な社会との接触で

息子を奉献児童（オブレート）として提供する父親（ブリュッセル・王立図書館、ms.5668ー5669）

汚されることをいまだ知らない純潔な子どもを修道院に受け入れることほど、神への素晴らしい奉仕はなかったのである。子どもたちは、天使のような修道士の軍団をつくるために、理想的な徳の鋳型に完璧に流し込むことができるのである。また、子どもは、神とその超絶世界に近づく潜在性を秘めていると考えられていた。(*6) つまり、子どもの純潔さには力があるという信仰が広く行き渡っていたのである。このような考え方は一三世紀になっても存在しており、たとえば、あらゆる常識に反してイスラム教徒に対する子どもの十字軍が組織されたほどである。彼らは霊的には純潔であったが、戦闘という意味では失敗に終わることは必定の組織であり、実際その通りに失敗している。

カロリング朝の皇帝たちが「二つの国」のイデオロギーをとりわけ強調し、また、児童奉献制を容認する聖ベネディクトゥスの『戒律』(30、37章)を広めたこともあって、子どもを修道院に受け入れることは九世紀では一般的な制度になっていた。(*7) しかし、奉献児童《オブレイト》を受け入れる習慣は、時間とともに変化し批判にさらされるようになった。子どもたちのもつ強みである天使のような性質が、自由意思という問題のために疑問視されるようになったのである。自分の意志で選択した結果でなければ、修道生活には何の価値があるというのであろうか。

もう一つのシステムとして、成人してから修道生活が始まる場合もあった。このような形で修道生活に入ろうとする者は俗世を知っており、すでにその邪悪さを経験していた。

したがって、彼らの改宗《コンヴェルシオ》は個人の自由意思に基づく決断であり、過去に犯した罪の贖罪の方法であった。たとえば、騎士が修道生活に入る事例などはこのような理由のためである(原注5)。

一般的に言って、宗教熱が高まった時代には奉献児童《オブレイト》の慣習は風当たりが強くなった。修道院改革運動が高まった一一世紀後半から一二世紀前半には、子どもの出家よりも大人の出家の方が重要であると考えられたからである。大人の性格や生活習慣をつくり替えようとすることは矛盾ではあったが、修道生活に対する感覚は大人の方が純粋で強いと考えられていた。以後、修道院の慣習規則集では、一八歳以上という最低年齢制限が定められるようになる。

にもかかわらず、奉献児童《オブレイト》の慣習は一三世紀まで続いたのである。しかし、当時の新しい修道院運動ではもはや奉献児童《オブレイト》の慣習はなくなり、ベネディクト修道会の修道院でも一三世紀までには廃止されていたようである。この習慣が廃れたということは、自らの意志とは関係なく押し付けられた出家によって確保されてきた天使のような純真さよりも、自らの意志で出家して一人で悪魔と戦う方が霊的には有効であるとカトリック教会が考えるようになったことを意味していた。しかし、このような自由意思による選択が、どの程度有効であったのかは疑問が残る。

修道院改革運動の時代に書かれた史料には、一族全体が新設の修道院に出家してしまった事例が述べられている。このような状況では、一人ひとりの個人がすべて自分の自由意

(原注5)充分検証された例としては、フランドルにあるベネディクト修道会のアフリヘム修道院の創設がある。デスピー(他)([107] 21～24頁)を参照のこと。さらに、悔い改める騎士はよく知られたテーマである。

思で出家したとは考えにくいことである。(原注6)　これらの新しく創設された修道院では、宗教的・制度的な改革が迅速にすすめられたが、同時に失敗も多かった。このことから、宗教感情の向上、発展のために支払われるべき代価として、不都合なしきたりや制度が速やかに廃止されていったことはほぼ間違いないと言うことができる。

九世紀と一二世紀の二つのルネサンスが、それぞれ独自に天国の生を求める気持ちに反応していたということは驚くべきことである。その理由は、これら二つのルネサンスの性格がきわめて対照的であったからである。九世紀のルネサンスにはエリート主義という特徴があったが、一二世紀ルネサンスはより大きな大衆に根ざしていた。カロリング・ルネサンスは、社会的ピラミッドの頂点から下に向かって押し付けられた計画的な政策の結果であったので、社会全体に広範な影響を与えるほどの強い力はなかった。これに対して一二世紀ルネサンスは、人口、経済の変化という広範で総合的な基盤から始まっていたため、多種多様な刺激と可能性をもっていたのである。

「教えることではなく、悲しむこと（non docere, sed lugere）」が聖ヒエロニムス(＊8)と大教皇聖グレゴリウス（一世）の影響を受けた黒のベネディクト会士の哲学であり、この考え方はシトー会士クレルヴォーの聖ベルナルドゥスによっても繰り返し何度も説かれていた。だから、地上の生は天国の生を予示するものでなければならないとされた。聖務日課の内容が、天国の生のシミュレーションに相当していた。また、地上の生は天国に至らなけれ

（原注6）具体的な例については、ミリス（［191］39～80頁）。（ただしこれは、律修聖堂参事会員について述べたもので修道士ではない。）［90］239～264頁、［129］325～345頁も参照のこと。

ばならなかった。そのためには肉欲を制御し、敬虔な祈りの生活をする以外に方法はなかったのである。断食、祈りのために中断される睡眠、性欲の完全な否定という管理枠組みが修道院の日々の生活をつくり上げていた。このような振る舞いに関する『戒律』の規定違反については、参事会の会議場で毎日行われる修道院全体の会議が規制する役割を果たしていた。ほかの逸脱行為に関しては、個人的な告白の分野が処理する問題であった。

　断食や性欲の抑制など修道院で行われていた行為の多くは、ローマ・カトリック教会によってほかの社会階層、すなわち在俗聖職者や俗社会に対してもノルマとして全般的に課されていたことである。このことは、修道院が果たしていた役割をはっきりと証明することにはならないであろうか。修道院の価値観は、現世における理想的な振る舞いを成就《じょうじゅ》するための解決策として示されており、時代とともに、ますます強い主張となってカトリック教会の教義に組み込まれていったことは確かである。

　しかし、このような価値観を実現しようとする試みにおいては、修道士は何ら重要な役割を果たしてはいなかったのである。俗の信徒の間でキリスト教生活の質が向上し、より深淵で内在化されたものとなってゆくのは中世後期になってからのことであるが、この内的改宗が成功したのは世俗教会や托鉢修道士の功績によるものであり、一般の共住修道士の影響ではなかったからである。

安易な道か、それとも困難な道か
——下界との比較

修道院《モナスティシズム》と社会をテーマとして研究する場合、修道士が自分たちの生き方をどう見ていたのか、また、我々はこの問題をどう評価すればいいのかという問題については避けて通ることができない。修道生活こそ神との合一に至る理想的な道である、と説く高度に霊的なテクストから記述を引用するだけではどうにもならないのである。事実、修道生活に逆行するような怒り、逃避行動、暴力沙汰などの現実を書き記したまったく反対の視点と動機から書かれたテクストは枚挙にいとまがないほどである。個々それぞれの修道士は隔絶された修道生活を必死に送っていたのであるから、極端な幸福と極端な不幸の間のあらゆる可能性がいつでもどこにでも存在していたのである。

児童奉献《オブラティオ》制の受け入れ制度をもう一度検討してみたい。現代の視点から見れば、個人の意志に反して血族や一族に強制された人生は当然不幸なものであり、個人の人生目標の実現を制約するものであると我々は考えがちである。しかし、この考え方は中世に関しては妥当ではない。事実、社会全体のシステムが一族の意思決定に基づいて動いている文化に対しては、我々のこのような考え方はまったく妥当性を欠くものである。A・モルホが示唆的に言っているように、「自由選択と強制は同じ枠組みの一部分をなしていた」のである。(＊9) したがって、強制されて修道院に入ることは全体の仕組みに適合していたのである。今日我々は「召命《しょうめい》（vocation）」を「神が宗教生活へ呼び出す」という意味で理解しているが、このような考え方は中世修道院の文書にほとんど見ることができない。実際、この言葉は存在しておらず、一般的に使われていた「コンウェルシオ（conversio）」という表現は同じ意味ではなかった。この言葉は、まさに修道生活に入るという実際の行動を表すものであった。中世や自分の意志が自分の行動を決定すると考えられていた時代の近代期の本を調べると、召命は、すでに素因のある一族に多いことがはっきりと読みとることができる。素因のある一族とは、自分たちの子どもが出家したために、修道会派や修道院とすでに接触をもっている一族のことである。言い換えれば、召命とは、一般的には社会に基づいた現象であると解釈することができる。

　中世の修道院に出家した子どもにとっては、下界はやがて奇異な世界に転じていった。接触することがあっても、もはや安らぎを感じる普通の社会環境ではなくなっていたのである。(原注7) 修道院こそが彼らの家であり、天国を希求することが彼らの仕事であった。これに対して、成人後に出家した者にとっては、状況はまったく違っていた。しかし、従属、貞潔、清貧、一所定住の誓願に見るように、これら二つのグループの帰依は一般的には変更不可能なことであった。それでも、後の時代の修道院慣習規則集には、出家した修道士が再び俗世界へ回帰することを許すための手続、手段が現れてくることを予見しているもの

（原注７） そのような奉献児童（oblate）のよい例として、オルデリック・ウィタリスがある。彼は、1075年にイギリス人の母とフランス人の父の息子として、メルシャン地方の田舎で生まれ、10歳でノルマンのサン・テヴルー修道院に引き取られた。（［85］3～41頁。

もあった。本来、一度かぎりの公式修道誓願[7]のシステムは、近代期になって、一時的な誓願から恒久的な誓願まで含めていろいろな誓願の形態に置き換わることになるのである。

規律の安易な修道生活に変わることはもちろん、俗世界に戻ることは困難なことであった。教会法——厳密には教皇令——によれば、修道士が所属の修道会から別の修道会に移ることができるのは、その新しい修道会がより厳格で禁欲的な場合にかぎられていた。教会法の文面では、このような移動のことを「より厳格な生（**arctior vita**）への道」と述べている。したがって、律修聖堂参事会員はベネディクト会士に変わることはできた。そして、黒のベネディクト会士はシトー修道会に変わることができた。しかし、それぞれ逆の方向に変わることは許されなかったのである。

修道院の物質生活は、俗世界よりも安楽なものだったのであろうか。考古学、モニュメント、実録からの証拠に基づいて中世の人間模様を描き出してみよう。

さて、我々の目の前——心の中——には厚い壁に囲まれ、高い塔のそびえる修道院が見えている。比較的贅沢な造りの巨大な居住施設や衛生設備さえ頭に浮かんでくる。農民の小さな家々も見えている。それらは、荒打ち壁と木や石造りの家である。しかし、修道士の住む立派な住居とこのような小屋や俗世のつらい生活とを比較するのは、公正ではないし正しいことでもない。このようなタイプの家に住んでいた農奴や下層階級の人々には、修道生活に入る機会がなかったからである。

(7) religious vows：通常、清貧、貞潔、従属（順）の三つについて誓願を立てる。誓願には、「通常誓願（votum simplex）」と「公式誓願（votum sollemne）」がある。

修道生活は、貴族階級のために用意されたものであった。比較的容易に修道院に入れるようになった後の時代でも、修道生活に入ることができたのは貴族以外には富裕な階級の人間までであった。下層階級から徴募した労務修士《コンウエルシ》がシトー修道会の一般的特徴になってからは、修道院の者たちにとっては、その生活は俗世界の生活よりは確かに安楽な物質的環境になっていた。一二世紀後半から一三世紀にかけて、労務修士が修道士に対して反旗を翻すことがしばしば起こったが、これは客観的に見て彼らの低い生活水準に対する不満から発生したことではなく、修道士が彼らに差別的態度をとったことに対する反抗であった。

今スケッチした風景画は、城が加わることで完成する。その防衛用の城壁の内側には、しばしば修道院や女子修道院、あるいは聖堂参事会が置かれていた。もちろん、どちら側の物質的生活水準もほぼ同じだったはずである。当時の基準によると、修道院は人間の軋轢や荒々しい気候から人々をしっかりと守り、そこで生活する人々に充分な食料を保障していた。断食は修道生活上の義務の一部ではあったが、現実には、飢えを意味するほどのことではなかった。修道院の年代記に飢饉――神の怒りの印としての飢饉には彼らは多大な注意を向けていた――のことが記録されることがあっても、修道士の飢えを嘆くことはなかった。(原注8)なぜなら、飢餓が実際に修道院を襲うことはなかったからである。まさにそのような苦難のときには、備蓄食糧が慈悲の行為――通常は儀礼的で不充分であった――と

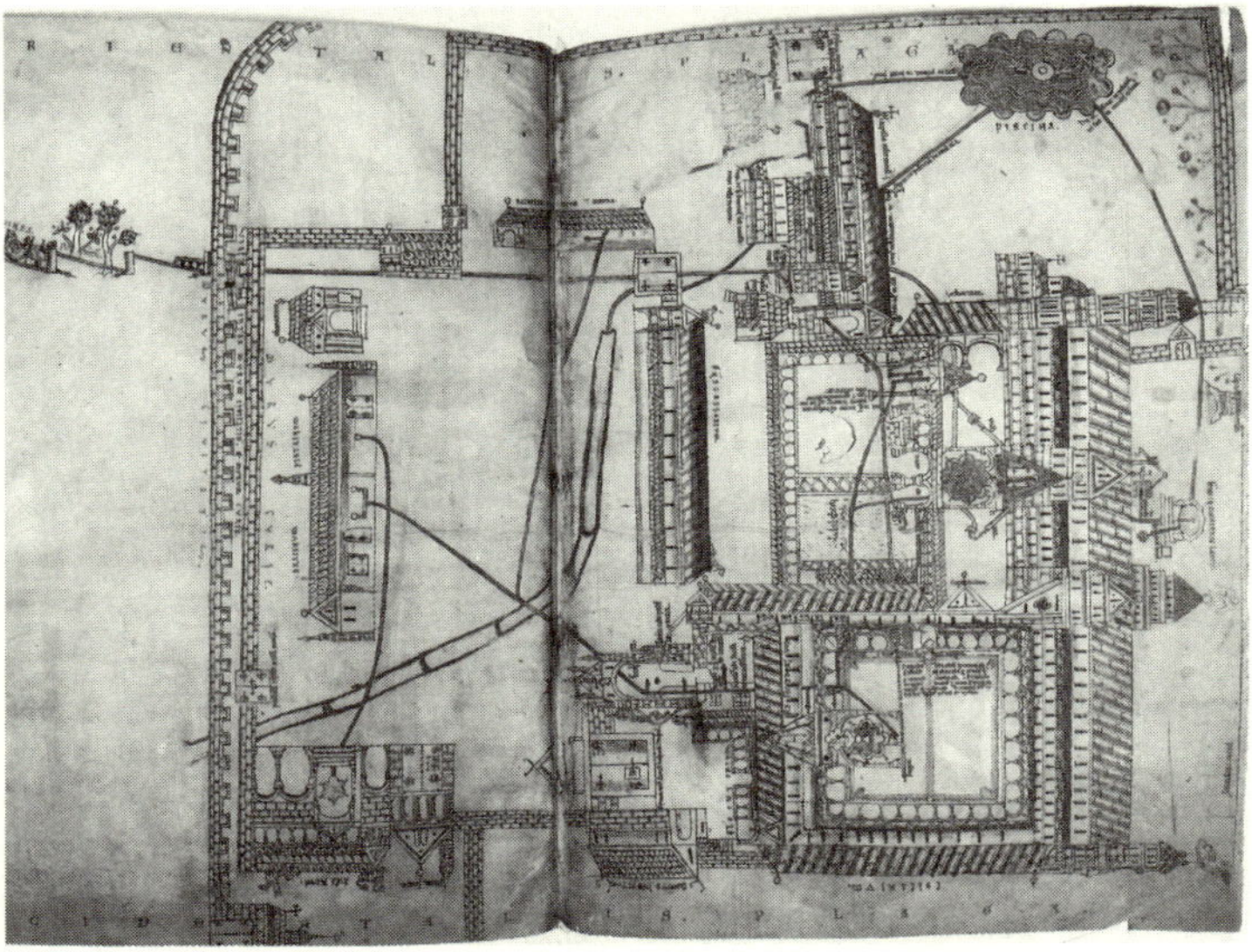

カンタベリーのクライスト・チャーチ修道院設計図とその水道設備（トリニティ・コレッジ、ケンブリッジ、ms. R.17. 1.、ff.284/285）

(原注 8) グレーバー（[48] 184〜192頁）によれば、1033年には飢饉がひどく、貴族でさえ死ぬということが起こっているが、修道士のことは語っていない。スピッツ（[237] 867〜892頁）は、食料を生産する者たちが最も直接的に飢饉に打ちのめされた人々であったのに対して、軍人や商人、修道士はほとんど影響を受けなかった人間であると述べている。[146]、[227] を参照のこと。

して実際の救難にあてられたのである。

断食は粗末な食事をとるということでもなかった。意図的に食事を制限し、肉を食べることは避けていたが、たとえば、魚の種類――クリュニー修道会では沈黙が義務であったので、手渡してもらうのに特殊な手話を使って料理された魚の名前を呼んでいたが――は驚くほど豊かであった。(*10) この例は、道徳的退廃とは関係がないものの、義務として課された修道生活であることに変わりはないということを示す利点がある。正当な修道生活における堕落や退廃の証拠は、いつの時代にもどこにでも見いだすことはできるが、(*11) 初めに述べたように、私としては一般的証拠と逸話的な証拠を混同したり、活気と退廃の間の揺れにばかり注意を向けることは避けたいと思うところである。

将来、考古学者が今よりももっと厳密な科学的方法論を応用するようになれば、中世の人々の相対的な寿命や健康というような社会史研究に直接かかわる未検討の問題を解決することができるようになるであろう。歴史病理学では、骸骨を調べれば個々の人間の性別、年齢、治療歴あるいは病歴が分かる。したがって、共同社会の構成内容も分かることになる。しかし、生活形態の違い、平均寿命や生活の快適さの違いなど、修道院の人々と俗世界に暮らす人々との比較が可能になるような有意義なデータは現時点ではほとんど入手できない状態である。もしそれが可能になれば、はるかに説得力のあるデータになることは間違いない。(原注9)

(原注9)ビリー([68]63～74頁)は、修道院に埋葬されている中世の人々の平均寿命を「異常(アブノーマル)」と呼び、修道院という共同社会のもつ特質や、同じ時代に生きる他の人々と比べて、修道士たちの、明らかに特権的と思われる状況での座業的な生活形態がその理由であるとしている(69頁)。

サン・バヴォー修道院（ベルギー・ヘント）の12世紀の食堂。

(原注10)ハッチャー（[137] 21～26頁）は、修道院での死亡率は45%であるのに対して、農民の死亡率は50%を超えていたと述べている。ジーグラー（[263] 224～231頁）では、23～45%の死亡率を挙げているが、修道士の死亡率はおよそ44%であったと思われる。ハッチャーのデーターを見るかぎり、貴族は疫病を逃れるために移動したということになるのであろう。修道士たちは一所定住に縛られていたため、共同生活が危険を助長することになった。したがって、修道士の死亡率が（農民のそれと比べて）低いということは彼らが隔絶していたことを証明するものであるが、だからといって高い数字が逆のことを証明することにはならない。

一四世紀のイングランドは、ヨーロッパを襲った黒死病《ブラックデス》に大打撃を受けていたけれども、修道院は俗社会の人々ほどひどい影響を受けることはなかったと主張する歴史家もいる。（原注10）この意見がもっと一般的に認められれば、我々がこの本の中で歴史的に主張してきたことを、それは生物学的に主張することになるであろう。すなわち、俗世から隔絶し、社会に巻き込まれることを嫌って、参加することを拒み続けた態度こそが中世修道院《モナスティシズム》のもっとも重要かつ本質的な特徴であったということである。

おわりに

ローマ帝国後期に始まり、中世を通じて営まれた修道院《モナスティシズム》は、地上の修道士に天国のイメージを提供することがその目的であった。このような理想の生活形態を提案した人々は、超越的な生の徳を賛美し、罪深い物性の悪を非難した。肉体と自己の意志をひたすら否定することだけが、勝利を勝ち取るためのひ弱な武器であった。修道生活は霊的エリートのために用意された生き方であり、このエリートは同時に俗社会のエリートでもあった。

本書で私が調べようとしたことは、中世の物言わぬ集団である大多数の一般俗平民の生活や行動に、修道院がどれほどの影響を与えたのかということである。たとえば、修道士が地主や富裕な消費者でもあり、普通の人々が農民や職人でもあった社会では、生活のさまざまな分野で修道士は普通の人々と接触していた。しかし、このような人間関係においては、彼らはとくに修道士として振る舞っていたわけではなかった。この点こそ、私が評価しようとしてきたことである。

また、文字の読み書きなどほかの分野では、修道士はひたすら神を崇める一方で古代をも振り返っていた。しかし、どちらの場合でも、修道士は平民の関心事からは顔を背けていた。聖書の教えによれば、キリスト教信徒は貧者と弱者の世話を義務づけられていたが、キリスト教信者の中でももっとも完徳に近い存在である修道士は、貧者や弱者の世話をしていたという意味ではこの聖書の教えに従っていたと言うことができる。しかし、一般的に言えば、修道士の生活水準は高かったが、彼らの行う援助はかぎられたものであった。神の賞賛とそのために必要な経費が、博愛主義的配慮をはるかに超えていたからである。

修道院《モナスティシズム》は、確かに道徳的価値観が形成されてゆく過程に影響を与えた。これはたいていの場合、世俗教会というバイアスを通してなされたものである。しかし、修道院はあまりにも超越しすぎていたために、キリスト教社会を治めることができなかった。社会は、ある理論家が「地上の国」の青写真で予言したような、地上の天国を思わせる「普遍修道院」になることはなかったのである。

修道院の目的は完徳である。というのは、天国は完全であるが、完徳は、それが達成されるかに見える瞬間に一歩遠のいてしまい、本質的に到達不可能なものだからである。修道院、とくにベネディクト修道会の修道院は、自己否定という手段によって個人の聖別化という問題に充分な回答を提供していた。これは我々の文化圏内では、最良かつもっともよく均衡のとれた解決策であった。修道院は、俗世界と人間の悪から逃れるための申し分のない手段であった。しかし、概して人間は人間から逃れなければならないのであろうか。

ルドー・J・R・ミリス

訳者あとがき

近ごろでは、教会で結婚式を挙げることがすっかり日本社会の制度《インスティテューション》の一部になった感がある。純白のウエディングドレスに身を包んだ新婦とタキシードを着た新郎が十字架の前で指輪を交換する。しかし、そのときの教会はカトリックだろうか、それともプロテスタントだろうか。誓いの言葉を聞きとどけるのは神父だろうか、牧師なのだろうか。どちらであろうと大差はない。いや、たぶんどうでもよいのであろう。カトリックであろうとプロテスタントであろうとキリスト教には違いない。我々日本人の大半にとっては、キリスト教や宗教組織としての教会も、仏教や神道と同じように、日常生活上の「方便としての場」にすぎず、宗教に対する理解や関心は観光旅行的なのかもしれない。

一方、ヨーロッパの歴史と文化に関心をもつ者にとっては、キリスト教に関する知識は不可欠なものである。しかし、キリスト教の世界――とくに中世のカトリシズムの世界――に一歩足を踏み入れれば、そこには厳然として修道院という存在がその自己を主張してくる。職業柄、私は中世ヨーロッパの修道院に関して内外の数多くの著作に触れてきたが、高度に専門的な学術論文を除けば、一般読者向けに書かれたものはほとんどが修道院運動の理念の変遷を記述した通史や概論である。俗世を捨てた人間としての修道士たちが、何を食べ、何を想い、どのような日常を送り、どのように社会とかかわっていたのか（いなかったのか）というような修道院の「塀の内側の現実」に関して、しっかりと史料に基づいて一般読者向けに書かれたものはほとんど目にすることができなかった。修道院あるいは修道会を論じた本は数多いが、修道士そのものを論じたものはほとんどと言っていいほど見あたらない。

確かに、修道院のこのような「通史」や「概論」を読むかぎりでは、修道院が社会に与えた影響はやはり絶大であったに違いないという印象を与えることになるかも知れない。しかし、実際、絶大な社会的影響を与えたのはローマを中心とするキリスト教会の方であって、自己の完徳と神との合一を求めてキリストの福音を実践するために俗世間との交渉を絶った修道院ではないのである。中世のローマ・カトリック教会と修道院が必ずしも同一線上にあったわけではない。物理的には両者の区別は困難であるが、教会と修道院は中世キリスト教の両輪を成しており、組織対個人の関係と言えようか。

この点では、平均的な欧米人のキリスト教会と修道院に関する認識も冒頭で述べた日本人の宗教認識と大きく異なるものではないのかもしれない。ある学会の親睦会で、シェークスピアを専門とするアメリカの研究者と話をする機会があった。お互いの専門の話をしているうちに、話題は『ハムレット』の「ゴースト」や「シェークスピアの宗教観」、さらには「煉獄」の問題や「中世ヨーロッパのカトリシズム」にまで発展した。私が、中世ヨーロッパの修道院に関心があり、「修道院は社会に対して大きな影響を与えることはなかった」というテーマの本を翻訳している旨を話すと、彼は「中世の修道院は社会に対して計り知れない影響を与えたはずだ」と切り返してきたのである。これこそ著者ルドー・ミリス教授が本書を執筆する直接の動機になった議論（プリンストン大学の研究者と交わした議論）そのものであり、偶然にも私自身もミリス教授と同じ議論を体験したのである。

ミリス教授は、序文の中で次のように述べている。

「本書の目的は……修道士の態度に現れた修道理念が普通の人々に及ぼす特定の影響を考察することである。この影響に対して本書が示している懐疑的な態度は、これまで固く信じられてきたことを根底から覆すようなことに映るであろう」

「これまで固く信じられてきたこと」を打ち壊し根底から覆すこと、すなわち、史料を科学的、現実主義的にとらえ、修道士の活動の姿に可能なかぎり「焦点のあったレンズ」で接近することが本書の主張である。たとえば、「慈善活動のように、中世の社会福祉は修道院の人々によって実践されており……それは社会保障である」という社会学者レオン・ムーランの主張に対して、「これは修道生活の主たる目的が、苦しみに喘ぐ俗の人々に充分な医・食・住を提供することであるかのような印象を与える」と著者は述べる。そして、「都市や村から遠く離れ荒涼とした場所に意図的に設けられた修道院が、その門前で巨大な群衆に食べ物を施すことは果たして現実的に可能かどうか」という鋭い問いかけをする。

このように、史料に現れるデータが現実に「あり得る」ものか否かということに読者の注意を促しながら、修道院の内面を一つ一つ明らかにしてゆく著者の記述には説得力がある。気が付くと、我々はこれまで誤解されてきた「塀の中のさまざまな現実」に引き込まれ、映画『薔薇の名前』（ウンベルト・エーコ／河島英昭訳、東京創元社、一九九〇年）の一つ一つのシーンを納得して思い出しているのである。

本書の原著者であるルドー・ミリス氏は、西洋中世史（とくに修道院史）を専門とするヘント大学（ベルギー）の教授である。大学では「中世概史」、「中世史原典研究」、「中世文化史」を講じ、大学院では「中世史研究方法論」の講座を長く担当しておられる。本書の随所で史料に現れる数字や記述の読み違えに対して警鐘を鳴らしているのは、ミリス教授が中世史研究の方法論の講座を担当していることから、史料の誤読・誤認が歴史家にとっていかに重大な問題であるかという認識を反映してのことであろう。

業績については、本書のほかに、中世宗教史、文化史および史料研究方法論に関する多数の論文があり、『異教的中世（*The Pagan Middle Ages,* [edited by Milis] The Boydell Press ,1998）』という非常に興味深い本も著している。

本書の翻訳にあたっては、日本の読者にとって馴染みが薄いと思われる項目については網羅的に訳者による注釈を付した。また、図版や写真も大幅に増補して、中世の修道院がより近づきやすいものとなるよう配慮した。そういう意味では、原書よりもはるかにヴィジュアルな本になったと自負している。この訳者の要請に快くこたえて、数多くの追加図版や写真を送っていただいた原著者のミリス教授に改めて感謝を申し上げたい。

最後になったが、まず、本書の翻訳出版を熱心にすすめていただいた防衛大学校助教授の角田安正氏には特段の感謝を申し上げたい。氏の励ましがなかったならば、原書は書架で埃をかぶっていたであろう。同じく同僚の國分光一、荒井潔の両氏からはドイツ、フランスの地名に関してご教示をいただいた。特筆して感謝申し上げる。また、一般読者の立場から翻訳原稿を読み、率直なコメントをしてくれた妻美知子の労も多としたい。

最後に、本書の翻訳出版を快くお引き受けいただき、いろいろと不手際の多い訳者を懇切丁寧に出版まで導いていただいた株式会社新評論社長の武市一幸氏に厚くお礼を申し上げる次第である。

二〇〇一年　一月

武内信一

(7) [36] 116頁
(8) [175] 5～12頁
(9) [176] 235～249頁
(10) [123] 28～40頁
(11) [13] 59～60頁
(12) [188] 211～270頁
(13) [92] 349～389頁
(14) [161] 284～298頁
(15) [14] 122頁
(16) [249] 33～34頁
(17) [119]
(18) [147] 46頁、[167] 169～194頁
(19) [17] 253頁、[118] 92頁、[205] 65～78頁、[224] 321～350頁
(20) [151] 56～87頁
(21) [38] 211頁、220頁、271頁、[63] 23～34頁
(22) [166] 1～20頁
(23) [43]、[44]、[45]

第7章

(1) [165] 1～8頁
(2) [254] 1006～1069頁
(3) [195] 151頁
(4) [116]
(5) [228] 328～352頁

第8章

(1) [139] 335～344頁
(2) [141] 356頁
(3) [262]
(4) [89]
(5) [115] 3～15頁
(6) [141] 332頁
(7) [117] 165～172頁、[79] 11～23頁
(8) [41] 264頁
(9) [221] 125～132頁
(10) [221] 127頁
(11) [5] 350頁
(12) [141] 119～125頁
(13) [23] 326～336頁

第9章

(1) [122] 393～405頁、[157] 214～218頁
(2) [246]
(3) [50]
(4) Den Biënkorf der H. Roomsche Kercke. S.I., (1569)
(5) [91] 99～100頁
(6) [155] 384～93頁
(7) [102] 298～321頁
(8) [32]
(9) [196] 71頁
(10) [145] 56～70頁
(11) [73] 794～825頁

⑵ ［154］68頁
⑵ ［46］16頁、［208］
⑵ ［151］489～490頁、［153］679頁

第4章

⑴ ［138］741～752頁
⑵ ［76］247～254頁
⑶ Dictionnaire de droit canonique, v, 453～454頁
⑷ ［15］145～146頁、［22］28頁
⑸ ［75］
⑹ ［75］299頁、［160］66頁
⑺ ［78］69～70頁
⑻ ［190］43～63頁
⑼ ［198］29～81頁
⑽ ［88］205～219頁
⑾ ［72］
⑿ ［41］386～391頁
⒀ ［200］290～293頁
⒁ ［16］25頁
⒂ ［53］698頁
⒃ ［141］342～345頁
⒄ ［49］372～373頁、［251］91～123頁、233～269頁
⒅ ［200］290～295頁
⒆ ［258］184～199頁
⒇ ［13］310～311頁
(21) ［151］310～340頁（特に311頁）
(22) ［245］329～353頁
(23) ［182］
(24) ［220］49～53頁

第5章

⑴ ［215］35～50頁
⑵ ［40］364～375頁
⑶ ［103］77～90頁
⑷ ［24］11～30頁
⑸ ［34］197～199頁
⑹ ［27］1610～1612頁
⑺ ［25］114～115頁
⑻ ［193］82～92頁
⑼ ［194］503～514頁
⑽ ［179］291～313頁
⑾ ［142］470～487頁
⑿ ［244］152～155頁
⒀ ［65］
⒁ ［96］99～135頁
⒂ ［160］127～129頁
⒃ ［30］9頁
⒄ ［112］

第6章

⑴ ［214］79～93頁（特に79頁）
⑵ ［37］、［42］の序文を参照のこと
⑷ ［18］212～214頁
⑸ ［222］
⑶ ［34］191頁
⑹ ［34］

引用出典一覧

（［　］内の数字は、「参考文献一覧」の行頭の数字を表す）

序文

(1)［153］
(2)［81］
(3)［247］269〜304頁
(4)［261］
(5)［201］1032頁
(6)［144］415〜419頁
(7)［114］111〜113頁
(8)［144］365〜371頁

第1章

(1)［86］
(2)［125］［243］
(3)［86］43頁

第2章

(1)［172］97〜144頁
(2)［83］［207］
(3)［156］23〜30頁
(4)［184］24〜28頁
(5)［9］112頁
(6)［190］43〜63頁
(7)［233］113〜131頁

第3章

(1)［74］6頁
(2)［124］303頁
(3)［96］9〜31頁
(4)［211］
(5)［199］99〜149頁
(6)［103］
(7)［111］212〜213頁
(8)［14］123〜124頁
(9)［240］175〜199頁
(10)［252］183〜199頁
(11)［94］
(12)［67］
(13)［14］123頁
(14)［152］78〜85頁
(15)［21］37〜51頁
(16)［153］679頁
(17)［163］152〜176頁
(18)［177］93頁
(19)［126］82頁、［189］93〜102頁
(20)［110］70頁
(21)［177］64〜65頁
(22)［160］63頁
(23)［109］336〜349頁、［154］32〜35頁
(24)［111］240〜248頁

邦訳文献一覧

［５］出村　彰訳『神の国』日本基督教団出版局、1968年。

［５］服部英次郎訳『神の国(1)～(5)』岩波書店、1982～1991年。

［９］野村良雄訳『クレールヴォーの聖ベルナルド著作選集』中央出版社、1964年。

［26］矢内義顕訳『対話』（中世思想原典集成５）平凡社、1993年。（部分訳）

［37］樋口勝彦訳『物の本質について』岩波書店、1961年。

［42］藤井　昇訳『恋の手ほどき』角川書店、1971年。

［42］樋口勝彦訳『恋の技法』平凡社、1995年。

［87］杉崎真一郎訳『人口増加と土地利用』農政調査委員会、大明堂（発売元）、1969年。

［202］村本詔司訳『女性的なるものの神学』新水社、1999年。

［207］絹川久子、出村みやこ訳『アダムとエバと蛇』ヨルダン社、1993年。

［214］西村賀子、吉武純夫訳『古典の継承者たち』国文社、1996年。

［253］大塚久雄訳『プロテスタンティズムの倫理と資本主義の精神』岩波書店、1988年。

243 Tombeur P., *Thesaurus Linguae Scriptorum Operumque Latino-Belgicorum Medii Aevi. Première partie. Le vocabulaire des origines à l'an mil*. Brussels, 1986, 5 vols.
244 Trio P., *De Gentse Broederschappen (1182–1580)*. Gent, 1990 (Verhandelingen der Maatschappij voor geschiedenis en oudheidkunde van Gent, xvi).
245 Van Acker G., 'Abbaye de la Byloque à Gand', in: *Monasticon belge. Tome VII. Province de Flandre orientale*, 3. Liège, 1980, pp. 329–53.
246 Van Daele P., *De goede en de slechte kwaliteiten van de middeleeuwse abt, bezien door de ogen van zijn monniken*. Ghent, 1984 (Unpubl. thesis State University Ghent).
247 Van Engen J., 'The "Crisis of Cenobitism" reconsidered: Benedictine Monasticism in the Years 1050–1150', in: *Speculum*, 61, 1986, pp. 269–304.
248 Van Engen J., *Rupert von Deutz*. Berkeley, 1983.
249 Vansina J., *Oral tradition*. Harmondsworth, 1973 (Penguin University Books).
250 Verhulst A., 'Agrarische revolutie: mythe of werkelijkheid', in: *Mededelingen Faculteit Landbouwwetenschappen Rijksuniversiteit Gent*, 53, 1, 1988.
251 Verhulst A. & Semmler J., 'Les statuts d'Adalhard de Corbie de l'an 822', in: *Le Moyen Age*, 68, 1962, pp. 91–123, 233–69.
252 Ward B., 'The Desert Myth. Reflections on the Desert Ideal in early Cistercian Monasticism', in: M. B. Pennington (ed.), *One yet Two. Monastic Tradition East and West*. Kalamazoo, MI, 1976, pp. 183–99 (Cistercian Studies Series 29).
253 Weber M., *Protestant Asceticism and the Spirit of Capitalism*, in Max Weber, *Selections in translation*. Ed. W. G. Runciman, transl. E. Matthews. Cambridge, 1978, pp. 138–73 (Translation of *Die Protestantische Ethik und der 'Geist' des Kapitalismus*. 1905).
254 Weber M., *Wirtschaft und Gesellschaft. Grundriss der verstehenden Soziologie* (ed. J. Winckelmann). Tübingen, 1972[5], pp. 122–76 (translation: *Economy and Society*, ed. G. Roth & C. Wittich. New York, 1968, 3, pp. 1006–69).
255 White jr L., *Medieval Technology and Social Change*. Oxford, 1962, (New York, 1966[2]).
256 Williams J., 'Cluny and Spain', in: *Gesta*, xxvii, 1–2, 1988, pp. 93–101.
257 Witters W., 'Pauvres et pauvreté dans les coutumes monastiques du moyen-âge', in: M. Mollat (ed.), *Études sur l'histoire de la pauvreté (Moyen Age – XVIe siècle)*. Paris, 1974, I, pp. 177–215 (Publications de la Sorbonne. Série Études, 8).
258 Wollasch J., 'Konventsstärke und Armensorge in mittelalterlichen Klöstern. Zeugnisse und Fragen', in: *Saeculum*, 39, 1988, pp. 184–99.
259 Wollasch J., 'Parenté noble et monachisme réformateur', in: *Revue historique*, 104, 1980, pp. 3–24.
260 Wollasch J., *Mönchtum des Mittelalters zwischen Kirche und Welt*. Munich, 1973.
261 Zarnecki G., *The Monastic Achievement*. London, New York, 1972.
262 Zettler A., *Die frühen Klosterbauten der Reichenau. Ausgrabungen – Schriftquellen – St. Galler Klosterplan*. Sigmaringen, 1988.
263 Ziegler Ph., *The Black Death*. London, 1969.
264 *Encyclopedia of Monasticism* ed -W. M.Tohnslon. Chicago & London, 2000. 2vols.

221 Rudolph C., 'Bernard of Clairvaux' Apologia as a Description of Cluny, and the Controversy over Monastic Art', in: *Gesta*, xxvii, 1–2, 1988, pp. 125–32.
222 Samaran Ch. & Marichal R., *Catalogue des manuscrits en écriture latine portant des indications de date, de lieu ou de copiste*, ii. Paris, 1962.
223 Schama S., *The Embarrassment of Riches*. New York, 1987.
224 Schneider R., 'Studium und Zisterzienserorden', in: J. Fried (ed.), *Schulen und Studium im sozialen Wandel des hohen und späten Mittelalters*, pp. 321–50.
225 Schwarz G. M., 'Village Populations according to the polyptyque of the Abbey of St. Bertin', in: *Journal of Medieval History*, 11, 1985, pp. 31–41.
226 Searle E., *Lordship and Community. Battle Abbey and its Banlieu. 1066–1538*. Toronto, 1974.
227 Sebeok J., *Monastic Sign Language*. Berlin, 1987 (Approaches to Semiotics, 76).
228 Seguy J., 'Une sociologie des sociétés imaginées: monachisme et utopie', in: *Annales. ESC*, 26, 1971, pp. 328–54.
229 Sheehan M. M., 'Choice of Marriage Partner in the Middle Ages: Development and Mode of Application of a Theory of Marriage', in: *Studies in Medieval and Renaissance History*, i, 1978, pp. 1–33.
230 Sheils W. J. (ed.), *Monks, Hermits and the Ascetic Tradition*. Oxford, 1985 (Studies in Church History, 22).
231 Sheils W. J. & Wood D. (edd.), *The Ministry: Clerical and Lay*. Oxford, 1989 (Studies in Church History, 26).
232 Simons W., 'The Beguine Movement in the Southern Low Countries: A Reassessment', in: *Bulletin de l'Institut historique belge de Rome – Bulletin van het Belgisch Historisch Instituut te Rome*, lix, 1989, pp. 63–105.
233 Smalley B., 'Ecclesiastical Attitudes to Novelty *c.* 1100–*c.* 1250', in: D. Baker (ed.), *Church Society and Politics*. Oxford, 1975, pp. 113–31 (Studies in Church History, 12).
234 Smith R. A. L., *Canterbury Cathedral Priory. A Study in Monastic Administration*. Cambridge, 1969.
235 Snape R., *English Monastic Finances in the Later Middle Ages*. Cambridge, 1926.
236 *Sous la Règle de Saint Benoît: structures monastiques et sociétés en France du moyen âge à l'époque moderne*. Genève, Paris, 1982.
237 Spitz P., 'Silent Violence: Famine and Inequality', in: *International Social Science Journal*, 30, 1978, pp. 867–92.
238 Stock B., 'Schriftgebrauch und Rationalität im Mittelalter', in: W. Schluchter (ed.), *Max Webers Sicht des okzidentalen Christentums*. Frankfurt-am-Main, 1988, pp. 165–83.
239 Stutvoet-Joanknecht C. M., *Der Byen Boeck. De Middelnederlandse vertalingen van Bonum universale de apibus van Thomas van Cantimpré en hun achtergrond*. Amsterdam, 1990.
240 Sullivan L. M., 'Workers, Policy-makers and Labor Ideals in Cistercian Legislation', in: *Cîteaux. Commentarii Cistercienses*, 40, 1989, pp. 175–99.
241 Thoen H. & Milis L., 'Het site Ten Duinen te Koksijde: archeologisch, geologisch, historisch', in: *Handelingen van de Maatschappij voor geschiedenis en oudheidkunde te Gent*, 28, 1974, pp. 1–35.
242 Toepfer M., *Die Konversen der Zisterzienser*. Berlin, 1983 (Berliner Historische Studien, 10, Ordensstudien iv).

198 Moorhouse S., 'Monastic Estates: their Composition and Development', in: *The Archaeology of Rural Monasteries*, ed. R. Gilchrist & H. Mytum. Oxford, 1989, pp. 29–81 (BAR British Series 203).
199 Morimoto Y., 'État et perspectives des recherches sur les polyptyques carolingiens', in: *Annales de l'Est*, 40, 1988, pp. 99–149.
200 Moulin, L., *La vie quotidienne des religieux au moyen âge. Xe–XVe siècle*. [Paris], 1978.
201 *New Catholic Encyclopedia*, ix. New York, 1967.
202 Newman B., *Sister of Wisdom. St. Hildegard's Theology of the Feminine*. Berkeley, Los Angeles, 1987.
203 Noonan Jr J. T., 'Gratian slept here. The Changing Identity of the Father of the Systematic Study of Canon Law', in: *Traditio*, xxxv, 1979, pp. 145–72.
204 *Nouveau Wauters*. Brussels, Louvain-la-Neuve, 1989, 4 vols.
205 Obert C., 'La promotion des études chez les Cisterciens à travers le recrutement des étudiants du Collège Saint-Bernard de Paris au moyen âge', in: *Cîteaux. Commentarii Cistercienses*, 39, 1988, pp. 65–78.
206 Pacaut M., *Les Ordres monastiques et religieux au Moyen Age*. Paris, 1970.
207 Pagels E., *Adam, Eve, and the Serpent*. New York, 1988.
208 Peaudecerf M., 'La pauvreté à l'abbaye de Cluny d'après son cartulaire', in: M. Mollat (ed.), *Études sur l'histoire de la pauvreté*, Paris, 1974, i, pp. 217–27.
209 Penco G., 'Senso dell' uomo e scoperta dell' individuo nel monachesimo dei secoli XI e XII', in: *Benedictina*, 37, 2, 1990, pp. 285–315.
210 Penco G., *Medioevo monastico*. Roma, 1988 (Studia Anselmiana 96).
211 Poirier-Coutansais F., *Les abbayes bénédictines du diocèse de Reims*. Paris, 1974 (Gallia Monastica. i).
212 Prevenier W., 'En marge de l'assistance aux pauvres: l'aumônerie des comtes de Flandre et des ducs de Bourgogne (13e–début 16e siècle)', in: *Recht en instellingen in de Oude Nederlanden tijdens de middeleeuwen en de Nieuwe Tijd. Liber amicorum Jan Buntinx*. Louvain, 1981, pp. 97–120 (Symbolae A 10).
213 *Religion dans les manuels scolaires d'histoire en Europe (La). Actes . . .* Strasbourg, 1974, p. 111.
214 Reynolds L. D. & Wilson N. G., *Scribes and Scholars. A Guide to the Transmission of Greek and Latin Literature*. London, 1968.
215 Richter M., 'England and Ireland in the Time of Willibrord', in: P. Bange & A. G. Weiler (edd.), *Willibrord, zijn wereld en zijn werk*. Nijmegen, 1990, pp. 35–50 (Middeleeuwse studies, vi).
216 Rosenwein B. H., 'Reformmönchtum und der Aufstieg Clunys', in: W. Schluchter (ed.), *Max Webers Sicht des okzidentalen Christentums*, pp. 276–311.
217 Rosenwein B. H. & Little L. K., 'Social Meaning in the Monastic and Mendicant Spiritualities', in: *Past and Present*, 63, 1974, pp. 4–32.
218 R. H. Rouse & M. A. Rouse, *Preachers, Florilegia and Sermons: Sudies on the Manipulus florum of Thomas of Ireland*. Toronto, 1979 (Studies and Texts, 47).
219 Roussel H. & Trotin J., 'Invective aux clercs et satire anti-cléricale dans la littérature du moyen âge', in: *Acta Universitatis Wratislaviensis*, 265, 1975, pp. 3–36.
220 Rubin M., *Charity and Community in Medieval Cambridge*. Cambridge, 1987 (Cambridge Studies in Medieval Life and Thought. Fourth Series).

178 Lohrmann D., *Le moulin à eau dans le cadre de l'économie rurale de la Neustrie (VIIe–IXe siècles)*, in: *La Neustrie. Les pays au nord de la Loire de 650 à 850*, ed. H. Atsma. Sigmaringen, 1989, pp. 367–404 (Beihefte der Francia 16/1).
179 Longère J., 'La fonction pastorale de Saint-Victor à la fin du XIIe et au début du XIIIe siècle', in: *L'abbaye parisienne de Saint-Victor au moyen âge*. Paris, Turnhout, 1991, pp. 291–313 (Bibliotheca victorina, i).
180 Lynch J. H., *Simoniacal Entry into Religious Life from 1000 to 1260. A Social, Economic and Legal Study*. Columbus, 1976.
181 Madden J. E., 'Business Monks, Banker Monks, Bankrupt Monks: the English Cistercians in the Thirteenth Century', in: *The Catholic Historical Review*, 49, 1963, pp. 341–64.
182 Maréchal G., *De sociale en politieke gebondenheid van het Brugse hospitaalwezen in de middeleeuwen*. Kortrijk, 1978 (English summary on pp. 309–12) (Anciens Pays et Assemblées d'États – Standen en Landen, lxxiii).
183 Marnix van St. Aldegonde Ph., *Den Biënkorf der H. Roomsche Kercke*. S.l., (1569) (Zutphen, 1974).
184 Marsch E., *Biblische Prophetie und chronographische Dichtung. Stoff- und Wirkungsgeschichte der Vision des Propheten Daniels nach Dan. VII.* Berlin, 1972.
185 McCrank L. J., 'The Cistercians of Poblet as Landlords: Protection, Litigation and Violence on the Medieval Catalan Frontier', in: *Cîteaux. Commentarii Cistercienses*, xxvi, 1975, pp. 255–83.
186 McDonald J. & Snooks G. D., *Domesday Economy. A New Approach to Anglo-Norman History*. Oxford, 1986.
187 McKitterick R., 'Town and Monastery in the Carolingian Period', in: D. Baker (ed.), *The Church in Town and Countryside*. Oxford, 1979, pp. 93–102 (Studies in Church History 16).
188 McKitterick R., *The Carolingians and the Written Word*. Cambridge, 1989.
189 Milis L., 'Charisma en administratie', in: *Archives et bibliothèques de Belgique – Archief- en Bibliotheekwezen in België*, 46, 1975, pp. 50–69 and 549–66.
190 Milis L., 'Dispute and Settlement in Medieval Cenobitical Rules', in: *Bulletin de l'Institut historique belge de Rome – Bulletin van het Belgisch Historisch Instituut te Rome*, lx, 1990, pp. 43–63.
191 Milis L., 'Ermites et chanoines réguliers au douzième siècle', in: *Cahiers de Civilisation médiévale*, xxii, 1979, pp. 39–80.
192 Milis L., 'La conversion en profondeur: un processus sans fin', in: *Revue du Nord*, 69, 1986, pp. 487–98.
193 Milis L., 'Monks, Mission, Culture and Society in Willibrord's time', in: P. Bange & A. G. Weiler (edd.), *Willibrord, zijn wereld en zijn werk*, pp. 82–92.
194 Milis L., 'Pureté et sexualité', in: *Villes et campagnes au moyen âge. Mélanges Georges Despy*, ed. J.-M. Duvosquel & A. Dierkens. Liège, 1991, pp. 503–14.
195 Milis L., 'Reinheid, sex en zonde', in: Milis L. (ed.), *De Heidense Middeleeuwen*. Brussels, Rome, 1991, pp. 143–166 (Institut historique belge de Rome. Bibliothèque, xxxii).
196 Molho A., 'Tamquam vera mortua. Le professioni religiose femminili nella Firenze del tardo medieovo', in: *Società e storia*, 43, 1989, pp. 1–44.
197 Mollat M., 'Les moines et les pauvres', in: *Il monachesimo e la riforma ecclesiastica (1049–1122)*. Milano, 1971, pp. 193–215.

157 Kruithof C. L., 'De institutionalisering van de stilte: een aantekening over heremitisme en cenobitisme', in: *Tijdschrift voor sociale wetenschappen*, 28, 1983, pp. 214–18.
158 Kuchenbuch L., 'Die Klostergrundherrschaft im Frühmittelalter. Eine Zwischenbalanz', in: *Herrschaft und Kirche*, ed. F. Prinz. Stuttgart, 1988, pp. 297–343 (Monographien zur Geschichte des Mittelalters, 33).
159 Kühnel H., 'Beiträge der Orden zur materiellen Kultur des Mittelalters und weltliche Einflüsse auf die klösterliche Sachkultur', in: *Klösterliche Sachkultur des Spätmittelalters*. Vienna, 1980, pp. 9–29 (Österreichische Akademie der Wissenschaften. Philologisch-Historische Klasse. Sitzungsberichte, 367).
160 Lackner B. K., *The Eleventh-Century Background of Cîteaux*. Washington DC, 1972 (Cistercian Studies Series 8).
161 Lawrence A., 'English Cistercian Manuscripts of the Twelfth Century', in: Chr. Norton & D. Park (edd.), *Cistercian Art and Architecture in the British Isles*. Cambridge, 1986, pp. 284–98.
162 Lawrence C. H., *Medieval Monasticism. Forms of Religious Life in Western Europe in the Middle Ages*. London, New York, 1984.
163 Leclercq J., 'Comment vivaient les frères convers?', in: *I laici nella 'societas christiana' dei secoli XI e XII*. Milano, 1968, pp. 152–176 (Pubblicazioni dell' Università cattolica del Sacro Cuore. Contributi. Serie terza. Varia. 5).
164 Leclercq J., 'L'humanisme des moines au moyen âge', in: *A Giuseppe Ermini*. Spoleto, 1970, pp. 69–113.
165 Leclercq J., 'L'Ordine del Tempio: monachesimo guerriero e spiritualità medievale', in: *I Templari: mito e storia*. Siena, 1989, pp. 1–8.
166 Leclercq J., 'Literature and Psychology in Bernard of Clairvaux', in: The Downside Review, 93, 1975, pp. 1–20.
167 Leclercq J., 'Textes sur la vocation et la formation des moines au moyen âge', in: *Corona Gratiarum. Miscellanea . . . E. Dekkers . . . oblata*. Bruges, The Hague, 1975, ii, pp. 169–94.
168 Leclercq J., *L'amour des lettres et le desir de Dieu: initiation aux auteurs monastiques du moyen âge*. Paris, 1957.
169 Lekai L. J., *The Cistercians. Ideals and Reality*. Kent Ohio, 1977.
170 Lemarignier J.-F., 'Structures monastiques et structures politiques dans la France de la fin du Xe et des débuts du XIe siècle', in: *Il monachesimo nell' alto medioevo e la formazione della civiltà occidentale*. Spoleto, 1957, pp. 357–400.
171 Lennard R., *Rural England. 1086–1135. A Study of Social and Agrarian Conditions*. Oxford, 1959.
172 Lerner R., 'Refreshment of the Saints: the Time after Antichrist as a Station for earthly Progress in Medieval Thought', in: *Traditio*, 32, 1976, pp. 97–144.
173 Lesne E., *Histoire de la propriété ecclésiastique en France*. Lille, 1922–1943, 6 vols.
174 Leyser H., *Hermits and the New Monasticism. A Study of Religious Communities in Western Europe, 1000–1150*. London, 1984 (New Studies in Medieval History).
175 Lindgren U., *Gerbert von Aurillac und das Quadrivium*. Wiesbaden, 1976.
176 Little L. K., 'Intellectual Training and Attitudes toward Reform, 1075–1150', in: *Pierre Abélard, Pierre le Vénérable*. Paris, 1975, pp. 235–49 (Colloques internationaux du CNRS 546).
177 Little L. K., *Religious Poverty and the Profit Economy in Medieval Europe*. Ithaca, NY, 1978.

133 Hamesse J., *Auctoritates Aristotelis, Senecae, Boethii, Platonis, Apulei et quorundam aliorum*. Louvain-la-Neuve, 2 vols, 1972–1974.
134 Hamilton B., *Religion in the Medieval West*. Sevenoaks, Kent, 1986.
135 Hartridge R. A. R., *A History of Vicarages in the Middle Ages*. New York, 1930 (1968).
136 Harvey B., *Westminster Abbey and its Estates in the Middle Ages*. Oxford, 1977.
137 Hatcher J., *Plague, Population and the English Economy. 1348–1530*. London, 1977, (Studies in Economic and Social History).
138 Heinzelmann H., 'Sanctitas und "Tugendadel". Zu Konzeptionen von "Heiligkeit" im 5. und 10. Jahrhundert', in: *Francia*, 5, 1977, pp. 741–52.
139 Heitz C., 'Saint-Riquier en 800', in: *Revue du Nord*, 69, 1986, pp. 335–44.
140 Hillery Jr G. A., 'Monastic Occupations: A Study of Values', in: *Research in the Sociology of Work*, 2, 1983, pp. 191–210.
141 Horn W. & Born E., *The Plan of St. Gall. A study of the architecture & economy of, & life in a paradigmatic Carolingian monastery*. Berkeley, 1979, 3 vols.
142 Hubert J., 'La place faite aux laïcs dans les églises monastiques et dans les cathédrales aux XIe et XIIe siècles', in: *I laici nella 'societas christiana' dei secoli XI e XII*. Milano, 1968, pp. 470–87 (Pubblicazioni dell' Università cattolica del Sacro Cuore. Contributi. Serie terza. Varia. 5).
143 *Il Monachesimo nell'alto medioevo e la formazione della civiltà occidentale, 8–14 aprile 1956*. Spoleto, 1957 (Settimane di Studio, iv).
144 *International Encyclopedia of the Social Sciences*, x. S. l., 1968.
145 Jaritz G., 'The Standard of Living in German and Austrian Cistercian Monasteries in the Late Middle Ages', in: E. R. Elder (ed.), *Goad and Nail*. Kalamazoo, MI, 1985, pp. 56–70 (Cistercian Studies Series 84).
146 Jarnecki W., *Signa loquendi. Die cluniacensischen Signa-Listen*. Baden-Baden, 1981 (Saecula spiritalia, 4).
147 Johanek P., 'Klosterstudien im 12. Jahrhundert', in: J. Fried (ed.), *Schulen und Studium im sozialen Wandel des hohen und späten Mittelalters*. Sigmaringen, 1986 (Vorträge und Forschungen, 30).
148 Johnson P. D., *Prayer, Patronage, and Power. The Abbey of la Trinité, Vendôme, 1032–1187*. New York, London, 1981.
149 Kieser A., 'From Asceticism to Administration of Wealth. Medieval Monasteries and the Pitfalls of Rationalization', in: *Organization Studies*, 8, 1987, pp. 103–23.
150 *Klösterliche Sachkultur des Spätmittelalters*. Vienna, 1980 (Österreichische Akademie der Wissenschaften. Philologisch-Historische Klasse. Sitzungsberichte, 367).
151 Knowles D. & Hadcock R. N., *Medieval Religious Houses. England and Wales*. London, 1971[2].
152 Knowles D. & St John J. K. S., *Monastic Sites from the Air*. Cambridge, 1952.
153 Knowles D., *The Monastic Order in England*. Cambridge, 1940 (1963[2]).
154 Knowles D., *The Religious Orders in England*. Cambridge, 1956–1959, 3 vols.
155 Kroll J., 'The Concept of Childhood in the Middle Ages', in: *Journal of the History of the Behavioral Sciences*, 13, 1977, pp. 384–93.
156 Krüger K. H., *Die Universalchroniken*. Turnhout, 1976 (Typologie des sources du moyen âge occidental, 16).

111 Duby G., *Guerriers et paysans*. Paris, 1973, pp. 240–48.
112 Duby G., *The Three Orders, Feudal Society imagined*. Chicago, London, 1980 (*Les trois ordres ou l'imaginaire du féodalisme*. Paris, 1978).
113 Dunn M., 'Mastering Benedict: Monastic Rules and their Authors in the Early Medieval West', in: *The English Historical Review*, cv, 1990, pp. 567–94.
114 Dwyer P. O., *Céli Dé. Spiritual Reform in Ireland. 750–900*. Dublin, 1981.
115 Evans J., *The Romanesque Architecture of the Order of Cluny*. Cambridge, 1938, pp. 3–15.
116 Felten F. J., *Äbte und Laienäbte im Frankenreich. Studie zum Verhältnis von Staat und Kirche im früheren Mittelalter*. Stuttgart, 1980 (Monographien zur Geschichte des Mittelalters, 20).
117 Fergusson P., *Architecture of Solitude. Cistercian Abbeys in Twelfth-Century England*. Princeton, 1984.
118 Ferruolo S. C., *The origins of the University of Paris and their Critics*. Stanford, 1985.
119 Fontaine J., *Isidore de Séville et la culture classique dans l'Espagne wisigothique*. Paris, 1959, 2 vols.
120 Foot S., 'Parochial Ministry in Early Anglo-Saxon England: The Role of Monastic Communities', in: W. J. Sheils & D. Wood (edd.), *The Ministry: Clerical and Lay*. Oxford, 1989, pp. 43–54.
121 Fossier R., *La terre et les hommes en Picardie jusqu' à la fin du XIIIe siècle*. Paris, Louvain, 1968, 2 vols.
122 Fuchs P., 'Die Weltflucht der Mönche. Anmerkungen zur Funktion des monastisch-aszetischen Schweigens', in: *Zeitschrift für Soziologie*, 15, 1986, pp. 393–405.
123 Ganshof F. L., 'Alcuin's Revision of the Bible', in: Ganshof F. L., *The Carolingians and the Frankish Monarchy*. Ithaca, NY, 1971.
124 Ganshof F. L. & Verhulst A. E., 'Medieval Agrarian Society in its Prime. France, The Low Countries, and Western Germany', in: *The Cambridge Economic History of Europe*, i. Cambridge, 1966^2, pp. 291–339.
125 Genicot L. & Tombeur P. (dir.), *Index Scriptorum Latino-Belgicorum Medii Aevi*. Brussels, 1973–1979, 4 vols.
126 Gottfried R. S., *Bury St. Edmunds and the Urban Crisis: 1290–1539*. Princeton, 1982.
127 Graves C. V., 'The Economic Activities of the Cistercians in Medieval England (1128–1307)', in: *Analecta Sacri Ordinis Cisterciensis*, 13, 1957, pp. 3–60.
128 Grégoire R., 'La place de la pauvreté dans la conception et la pratique de la vie monastique médiévale latine', in: *Il monachesimo e la riforma ecclesiastica (1049–1122)*. Milano, 1971, pp. 172–92.
129 Grundmann H., 'Adelsbekehrungen im Hochmittelalter', in: *Adel und Kirche*, ed. J. Fleckenstein & K. Schmid. Freiburg, 1968, pp. 325–45.
130 Grundmann H., *Neue Forschungen über Joachim von Fiore*. Marburg, 1950.
131 Gyon G. D., 'L'état et l'exploitation du temporel de l'abbaye bénédictine Sainte-Croix de Bordeaux (XIe–XIVe siècles)', in: *Revue Mabillon*, n.s. 1 (vol. 62), 1990, pp. 241–83.
132 Hahn A., 'Sakramentelle Kontrolle', in: W. Schluchter (ed.), *Max Webers Sicht des okzidentalen Christentums*. Frankfurt-am-Main, 1988, pp. 229–53.

(reprinted in: G. Constable, *Monks, Hermits and Crusaders in Medieval Europe*. London, 1988).

92 Constable G., 'Monasteries, Rural Churches and the Cura Animarum in the Early Middle Ages', in: *Cristianizzazione ed organizzazione ecclesiastica delle campagne nell' alto medioevo*. Spoleto, 1962 (Settimane di Studi, XXVIII), pp. 349–89 (reprinted in G. Constable, *Monks, Hermits and Crusaders in Medieval Europe*. London, 1988).

93 Constable G., 'Suger's Monastic Administration', in: *Abbot Suger and Saint-Denis. A Symposium*, ed. P. L. Gerson. New York, 1986, pp. 18–32 (reprinted in G. Constable, *Monks, Hermits and Crusaders in Medieval Europe*. Oxford, 1988).

94 Constable G. & Smith B., *Libellus de diversis ordinibus et professionibus qui sunt in Aecclesia*. Oxford, 1972 (Oxford Medieval Texts).

95 Constable G., *Medieval monasticism: a select bibliography*. Toronto, Buffalo, 1976 (Toronto Medieval Bibliographies 6).

96 Constable G., *Monastic Tithes from their Origins to the Twelfth Century*. Cambridge, 1964.

97 Constable G., *Monks, Hermits and Crusaders in Medieval Europe*. London, 1988.

98 Contamine Ph., 'The French Nobility and the War', in: *The Hundred Years War*, ed. K. Fowler. London, 1971, pp. 137–45. (reprinted in: *La France au [sic] XIVe et XVe siècles. Hommes, mentalités, guerre et paix*. London, 1981).

99 Coulton G. G., *Five Centuries of Religion*, New York, 1923–1950 (1979), 4 vols.

100 Courtenay W. J., *Schools & Scholars in fourteenth-century England*. Princeton, 1987.

101 D'Haenens A., 'La quotidienneté monastique au Moyen-Age', in: *Klösterliche Sachkultur des Spätmittelalters*. Vienna, 1980, pp. 31–42 (Österreichische Akademie der Wissenschaften. Philologisch-Historische Klasse. Sitzungsberichte, 367).

102 de Jong M., *Kind en klooster in de vroege middeleeuwen. Aspecten van de schenking van kinderen aan kloosters in het Frankische Rijk (500–900)*. Amsterdam, 1986 (Amsterdamse historische reeks, 8).

103 de Vogüé A., *The Rule of St. Benedict. A Doctrinal and Spiritual Commentary*. Kalamazoo, MI, 1983 (Cistercian Studies Series 54).

104 Décarreaux J., *Les moines et la civilisation en Occident. Des invasions à Charlemagne*. Paris, 1962 (Signes des temps, xiii)

105 Dereine Ch., *Les chanoines réguliers au diocèse de Liège avant saint Norbert*. Brussels, 1952 (Académie royale . . . de Belgique. Classe des Lettres . . . Mémoires 47, 1).

106 Despy G., 'Les richesses de la terre: Cîteaux et Prémontré devant l'économie de profit au XIIe et XIIIe siècles', in: *Problèmes d'histoire du Christianisme*. Brussels, 1976, pp. 58–80.

107 Despy-Meyer A. & Gérard C., 'Abbaye d' Affligem à Hekelgem', in: *Monasticon belge. Tome IV. Province de Brabant. Premier volume*. Liège, 1964, pp. 17–80.

108 Donkin R. A., 'Settlement and Depopulation on Cistercian Estates during the twelfth and the thirteenth Centuries', in: *Bulletin of the Institute of Historical Research*, xxxiii, 1960, pp. 141–64.

109 Duby G., 'Le monachisme et l' économie rurale', in: *Il monachesimo e la riforma ecclesiastica (1049–1122)*. Milano, 1971, pp. 336–49.

110 Duby G. (dir.), *Histoire de la France urbaine*. Paris, 1980–1985, 5 vols.

70 Blockmans W. P. & Prevenier W., 'Poverty in Flanders and Brabant from the fourteenth to the mid-sixteenth century: sources and problems', in: *Acta historiae Neerlandicae*, x, 1978, pp. 19-57.
71 Bloomfield M. W., *The Seven Deadly Sins: An Introduction to the History of a Religious Concept*. East Lansing, 1952.
72 Boeren P. C., *Étude sur les tributaires d'Église dans le comté de Flandre du IXe au XIVe siècle*. Amsterdam, 1936.
73 Bonde S. & Maines C., 'The Archaeology of Monasticism: a Survey of recent Work in France, 1970–1987', in: *Speculum*, 63, 1988, pp. 794–825.
74 Bosl K., *Armut Christi, Ideal der Mönche und Ketzer, Ideologie der aufsteigenden Gesellschaftsschichten vom 11. bis zum 13. Jahrhundert*. Munich, 1981 (Bayerische Akademie der Wissenschaften. Philosophisch-Historische Klasse. Sitzungsberichte 1981, 1).
75 Boswell J., *The Kindness of Strangers. The Abandonment of Children in Western Europe from Late Antiquity to the Renaissance*. New York, 1988.
76 Bouchard C. B., *Sword, Miter, and Cloister. Nobility and the Church in Burgundy, 980–1198*. Ithaca, London, 1987.
77 Boyd C. E., *Tithes and Parishes in Medieval Italy. The Historical Roots of a Modern Problem*. Ithaca, NY, 1952.
78 Brooke C., 'Priest, deacon and layman, from St Peter Damian to St Francis', in: Sheils W. J. & Wood D. (edd.), *The Ministry: Clerical and Lay*. Oxford, 1989, pp. 65–97 (Studies in Church History, 26).
79 Brooke C., 'St Bernard, the Patrons and Monastic Planning', in: C. Norton and D. Park (edd.), *Cistercian Art and Architecture in the British Isles*. Cambridge, 1986.
80 Brooke C., *The Medieval Idea of Marriage*. Oxford, 1989, pp. 186–202.
81 Brooke C., *The Monastic World*. London (1974). The second edition (New York, 1982) was published under the title *Monasteries of the World*.
82 Brooke R. & C., *Popular Religion in the Middle Ages, Western Europe, 1000–1300*. London, 1984.
83 Brown P., *The Body and Society*. New York, 1988.
84 Chadwick O., *Western Asceticism*. London, 1958 (Library of Christian Classics, 12).
85 Chibnall M., *The World of Orderic Vitalis*. Oxford, 1984.
86 Clanchy M. T., *From Memory to Written Record. England 1066–1307*. London, 1979.
87 Clark C., *Population Growth and Land Use*. New York, 1977.
88 Coleman E., 'Medieval Marriage Characteristics: A Neglected Factor in the History of Medieval Serfdom', in: *The Journal of Interdisciplinary History*, ii, 1971–1972, pp. 205–19.
89 Conant K. J., *Cluny; les églises et la maison du chef d'Ordre*. Mâcon, 1968.
90 Constable G., 'Eremitical forms of monastic life', in: *Istituzioni monastiche e istituzioni canonicali in Occidente, 1123–1215*. Milano, 1980, pp. 239–64 (reprinted in: *Monks, Hermits and Crusaders in Medieval Europe*. London, 1988).
91 Constable G., 'Liberty and Free Choice in Monastic Thought and Life, especially in the Eleventh and Twelfth Centuries', in: *La notion de liberté au Moyen Age*, ed. G. Makdisi, D. Sourdel & J. Sourdel-Toumine. Paris, 1985, pp. 99–118

49 *Statuta seu Brevia Adalhardi abbatis Corbeiensis*, ed. J. Semmler. Siegburg, 1963, pp. 365–408 (Corpus Consuetudinum Monasticarum i).
50 Thomas of Cantimpré, *Bonum universale de apibus*. Cologne, (1480), (The Hague, 1902).
51 Udalric, *Antiquiores consuetudines Cluniacensis monasterii*, ed. J. P. Migne, *Patrologia Latina*, 149. Paris, 1882, cc. 635–778.
52 Walter of Arrouaise, *Fundatio monasterii Arroasiensis*, ed. O. Holder-Egger, *Monumenta Germaniae Historica, Scriptores*. Hannover, 1888, xv, 2, pp. 1117–25.
53 William of Andres, *Chronica Andrensis*, ed. I. Heller, *Monumenta Germaniae historica, Scriptores*, xxiv, Hannover, 1879, pp. 684–773.
54 Wolfram von Eschenbach. *Willehalm. Titurel*, ed. Schröder N. J. & Hollandt G., Darmstadt, 1971.
55 *Ysengrimus*, ed. J. Mann. Leyden, 1987 (Mittellateinische Studien und Texte xii).

Secondary Works

56 *Apocalyptic Spirituality*, transl. B. McGinn. New York, Ramsey, Toronto, 1979.
57 Auberger J.-B., 'Spiritualité de l'architecture cistercienne du XIIe siècle', in: *Visages cisterciens*. Paris, 1990, pp. 64–72 (Sources vives, 33).
58 Aubrun M., *La paroisse en France des origines au XVe siècle*. Paris, 1986.
59 Avril J., 'Moines, chanoines et encadrement religieux des campagnes de l'Ouest de la France (fin XIIe – début XIIIe siècle)', in: *Istituzioni monastiche e istituzioni canonicali in Occidente (1123–1215)*. Milan, 1980, pp. 660–78.
60 Avril J., 'Recherches sur la politique paroissiale des établissements monastiques et canoniaux (XIe–XIIIe s.)', in: *Revue Mabillon*, 59, 1980, pp. 453–517.
61 Batselier P. (ed.), *Benedictus Pater Europae*. Antwerp, 1980.
62 Becker A., *Papst Urban II. (1088–1099). Teil 2. Der Papst, die griechische Christenheit und der Kreuzzug*, Stuttgart, 1988.
63 Becker P., 'Erstrebte und erreichte Ziele benediktinischer Reformen im Spätmittelalter', in: *Reformbemühungen und Observanzbestrebungen im spätmittelalterlichen Ordenswesen*, ed. K. Elm. Berlin, 1989, pp. 23–34 (Berliner Historische Studien, 14).
64 Bell D. N., 'The English Cistercians and the Practice of Medicine', in: *Cîteaux. Commentarii Cistercienses*, 40, 1989, pp. 139–74.
65 Berings G., 'Transport and Communication in the Middle Ages', in: *Kommunikation und Alltag in Spätmittelalter und Frühneuzeit*, ed. H. Kühnel, Krems, 1992 (in press).
66 Berlière U., 'Le nombre des moines dans les anciens monastères', in: *Revue bénédictine*, 41, 1929, pp. 231–61 et 42, 1930, pp. 19–42.
67 Berman C. H., *Medieval Agriculture, the Southern French Countryside, and the early Cistercians. A Study of Forty-three Monasteries*. Philadelphia, 1986 (Transactions of the American Philosophical Society, 76, 5).
68 Billy G., 'Les restes humains de l'abbaye de Saint-Martial de Limoges (Fouilles de 1966–1967)', in: *Bulletin de la société archéologique et historique du Limousin*, ciii, 1976, pp. 63–74.
69 Blake E. O. & Morris C., 'A Hermit goes to War: Peter and the Origins of the First Crusade', in: W. J. Sheils (ed.), *Monks, Hermits and the Ascetic Tradition*. Oxford, 1985, pp. 79–107 (Studies in Church History 22).

23 Dhuoda, *Manuel pour mon fils*, ed. P. Riché. Paris, 1975 (1990²) (Sources chrétiennes, 225).
24 *Disticha Catonis*, ed. M. Boas & H. J. Botschuyver. Amsterdam, 1952.
25 Francis of Assisi, *Écrits*, ed. Th. Desbonnets *et al.* Paris, 1981 (Sources chrétiennes 285).
26 Gregory the Great, *Dialogues*, ed. A. de Vogüé. Paris, 1978–1979 (Sources chrétiennes, 251, 260).
27 Gregory the Great, *Moralia in Iob. Libri XXIII–XXXV*, ed. M. Adriaen. Turnhout, 1985 (Corpus Christianorum. Series Latina, cxliii B).
28 Hildegard of Bingen, *Scivias*, ed. A. Führkötter & A. Carlevaris. Turnhout, 1978, 2 vols (Corpus Christianorum. Continuatio mediaeualis, xliii, xliii A).
29 *Historia miraculorum in circumlatione per Flandriam*, ed. J. Ghesquierus & I. Thysius, *Acta Sanctorum Belgii*. Tongerlo, 1794, vi, pp. 295–309.
30 Hockey S. F. (ed.), *The Cartulary of Carisbrooke Priory*. S.l., 1981.
31 Isidore of Sevilla, *Etimologías*, ed. J. Oroz Reta & M. A. Marcos Casquero. Madrid, 1982–1983, 2 vols.
32 Jerome, *Liber contra Vigilantium*, ed. J. F. Migne, *Patrologia Latina*, xxiii, cc. 353–68
33 Jocqué L. & Milis L., *Liber Ordinis Sancti Victoris Parisiensis*. Turnhout, 1984 (Corpus Christianorum. Continuatio mediaeualis, lxi).
34 John Cassian, *Conférences*, ed. E. Pichery. Paris, 1955–1959, 2 vols (Sources chrétiennes, 42–62).
35 John Cassian, *Institutions cénobitiques*, ed. J.-C. Guy. Paris, 1965 (Sources chrétiennes, 109).
36 John of Salisbury, *Metalogicon*, ed. J. B. Hall – K. S. B. Keats-Rohan. Turnhout, 1991, p. 116 (Corpus Christianorum. Continuatio mediaeualis, xcviii).
37 Lucretius, *De rerum natura libri sex*, ed. C. Bailey. Oxford, 1922².
38 *Magnum Bullarium Romanum*, ii. Rome, 1740 (Graz, 1964).
39 Margery Kempe, *Memoirs of a Medieval Woman. The Life and Times of Margery Kempe*, ed. L. Collins. New York, 1983².
40 Master, *La Règle du Maître*, ed. A. de Vogüé. Paris, 1964–1965, 3 vols (Sources chrétiennes, 105–07).
41 *Monumenta Vizeliacensia*, ed. R. B. C. Huygens. Turnhout, 1976, 2 vols (Corpus Christianorum. Continuatio Mediaeualis, xlii).
42 Ovid, *Amores, Medicamina faciei femineae, Ars amatoria, Remedia amoris*, ed. E. J. Kenney. Oxford, 1961.
43 Peter the Venerable, *Adversus Iudeorum inveteratam duritiem*, ed. Y. Friedman. Turnhout, 1985 (Corpus Christianorum. Continuatio mediaeualis, lviii).
44 Peter the Venerable, *Contra Petrobrusianos hereticos*, ed. J. Fearns. Turnhout, 1968 (Corpus Christianorum. Continuatio mediaeualis, x).
45 Peter the Venerable, *Liber contra sectam sive haeresim Saracenorum*, in: J. Kritzeck, *Peter the Venerable and Islam*. Princeton, 1964, pp. 220–91 (Princeton Oriental Studies).
46 Peter the Venerable, *The Letters of Peter the Venerable*, ed. G. Constable. Cambridge, Mass., 1967, 2 vols.
47 Prose Role of the Céli Dé, in: Reeves W., 'On the Céli-dé, commonly called Culdees', in: *The Transactions of the Royal Irish Academy*, 24, 1873, pp. 202–15.
48 Raoul Glaber, *Historiarum libri quinque. The five books of the Histories*, ed. J. France & N. Bulst. Oxford, 1989 (Oxford Medieval Texts).

参考文献一覧

（**アミかけの太字の番号**は邦訳のあるもの。末尾に掲載。）

Sources

1 Ambrosius Autpertus, *De conflictu vitiorum et virtutum*, ed. J. P. Migne, *Patrologia Latina*, 40, Paris, 1845, cc. 1091–106.

2 *Annales abbatum monasterii Eenamensis*, ed. U. Berlière, in: *Documents inédits pour servir à l'histoire ecclésiastique de la Belgique*. Maredsous, 1894, i, p. 120–29.

3 *Apologia de barbis*, ed. R. B. C. Huygens, introd. G. Constable, *Apologiae duae*. Turnhout, 1985 (Corpus Christianorum. Continuatio mediaeualis, lxii).

4 *Apophtegmata Patrum*, ed. J. P. Migne, *Patrologia Graeca*, 65, Paris, 1864, col. 71–440.

5 Augustine of Hippo, *De Civitate Dei libri*, ed. B. Dombart & A. Kalb. Turnhout, 1955 (Corpus Christianorum. Series Latina, xiv, 2).

6 Becker G., *Catalogi bibliothecarum antiqui*. Bonn, 1885.

7 Benedict of Nursia, *La Règle de saint Benoît*, ed. A. de Vogüé. Paris, 1971, 6 vols (Sources chrétiennes, 181–86).

8 Benedict of Nursia, transl. Doyle, L. J., *St. Benedict's Rule for Monasteries*, Collegeville, MN, 1948.

9 Bernard of Clairvaux, *Five Books on Consideration. Advice to a Pope*. Kalamazoo, MI, 1976 (Cistercian Father Series).

10 Bernard of Clairvaux, *Opera*, ed. J. Leclercq & H. Rochais, vii. Rome, 1974.

11 Bernard of Clairvaux, *The Letters of St. Bernard of Clairvaux*, transl. B. Scott James. London, 1953.

12 *Book of William Morton, almoner of Peterborough Monastery. 1448–67 (The)*, ed. W. T. Mellows, P. I. Kings & C. N. L. Brooke. Oxford, 1954 (Northamptonshire Record Society 16).

13 Boretius A., *Capitularia Regum Francorum*, i. Hannover, 1883 (Monumenta Germaniae Historica. Leges in-4°).

14 Bouton J. de la Croix & Van Damme J. B., *Les plus anciens textes de Cîteaux*. Achel, 1974 (Cîteaux. Commentarii Cistercienses. Studia et Documenta ii).

15 *Breviarium Caeremoniarum monasterii Mellicensis*, ed. J. F. Angerer. Siegburg, 1987 (Corpus Consuetudinum Monasticarum xi 2).

16 Cesarius of Arles, *Sermones*, ed. G. Morin, Turnhout, 1953, 2 vol. (Corpus Christianorum. Series Latina, ciii, civ).

17 Charvin G., *Statuts, chapitres généraux et visites de l'Ordre de Cluny*, i. Paris, 1965.

18 Choisselet B. & Vernet P., *Les 'Ecclesiastica Officia' du XIIème siècle*. Reiningue, 1989 (La documentation cistercienne, 22).

19 *Conciliorum Oecumenicorum Decreta*. Bologna, 1973.

20 *Corpus Iuris Canonici*, ed. A. Friedberg. Leipzig, 1879 (Graz, 1959), 2 vols.

21 *Cronica et cartularium monasterii de Dunis*. Bruges, 1864.

22 *Customary of the Benedictine Abbey of Eynsham in Oxfordshire (The)*, ed. A. Gransden. Siegburg, 1963 (Corpus Consuetudinum Monasticarum ii).

【ワ】

【マ】

【ヤ】

【ラ】

【サ】

【カ】

索　引

訳者紹介

武内　信一（たけうち・しんいち）

1951年、宮城県白石市生まれ。

青山学院大学文学部英米文学科卒業。国際基督教大学（ICU）大学院修士課程修了。東京都立大学大学院博士課程中退。

1991年より、防衛大学校外国語教育室助教授。

2001年より、愛知大学文学部欧米文学科教授。

現在、青山学院大学文学部英米文学科教授。

専攻：中世イギリスの言語文化史。

天使のような修道士たち
——修道院と中世社会に対するその意味——

（検印廃止）

2001年3月25日　初版第1刷発行
2013年2月28日　初版第2刷発行
2013年3月25日　初版第3刷発行

訳者　武内信一
発行者　武市一幸

発行所　株式会社　新評論

〒169-0051
東京都新宿区西早稲田3-16-28
電話　03(3202)7391
振替・00160-1-113487

落丁・乱丁はお取り替えします。

定価はカバーに表示してあります。

印刷　フォレスト
製本　清水製本所
装丁　山田英春

Printed in Japan
ISBN4-7948-0514-4